STORMIE OMARTIAN

GUÍAME, ESPÍRITU SANTO

El ANHELO *por* ESCUCHAR
la VOZ *de* DIOS

Unilit   Sepa

Publicado por
Unilit
Medley, FL 33166

Traducción: *Mayra Urízar de Ramírez*
Diseño de la cubierta: *Koechel Peterson & Associates, Inc. Minneapolis, Minnesota*
Fotografía de la autora: © *Harry Langdon*

Producto 497006 • ISBN 0-7899-2237-1 • ISBN 978-0-7899-2237-3

Impreso en Colombia / *Printed in Colombia*

Categoría: Vida cristiana /Crecimiento espiritual /General
Category: Christian Living /Spiritual Growth /General

Este libro está dedicado con humilde gratitud
a mi Padre Dios, por amarme;
a Jesús, su Hijo, por salvarme, sanarme y liberarme;
y al Espíritu Santo, quien me ha llenado y me ha
guiado con seguridad y con determinación
por más de cuarenta años.

Mi oración es que tú, Espíritu Santo, me guíes en la
escritura de este libro, de modo que otros puedan conocerte
y amarte como yo.

Si ustedes viven en conformidad con la carne, morirán; pero si dan muerte a las obras de la carne por medio del Espíritu, entonces vivirán. Porque los hijos de Dios son todos aquellos que son guiados por el Espíritu de Dios.

ROMANOS 8:13-14, RVC

CONTENIDO

¿Qué significa ser guiado por el Espíritu Santo?....................... 9

1. **Guiado para recibir** 17
   La relación con Dios que siempre has necesitado
   La promesa del Espíritu de Dios en ti
   La libertad y la plenitud que Dios tiene para ti
   La herencia guardada para ti como hijo de Dios

2. **Guiado para llenarte** 37
   De su poder y su fuerza
   De su verdad y su entendimiento
   De su sabiduría y su revelación
   De su amor y su esperanza

3. **Guiado para escuchar**.. 57
   La Palabra de Dios en tu mente
   La voz de Dios en tu corazón
   La indicación de tu espíritu
   La voluntad de Dios para tu vida

4. **Guiado para adorarle**..77
   Con todo tu corazón
   Con la ayuda del Espíritu Santo
   Con el conocimiento de la verdad

5. **Guiado para estar apartado**.. 93
   De todo el pecado
   Del mundo

Del enemigo
De toda tentación
Del pasado
De todo orgullo
De todo lo que te aleja de Dios

6. **Guiado para transformarte** 121
En tu mente
En tus emociones
En tu carácter

7. **Guiado para ver el propósito** 135
En tu razón ara levantarte cada día
En los dones que Dios ha puesto en ti
En el llamado de Dios para tu vida

8. **Guiado para llevar buenos frutos** 151
En tu vida
En tu trabajo
En tus relaciones

9. **Guiado para discernir** 165
La dirección de Dios
La bendición de Dios
La protección de Dios

10. **Guiado para orar** 183
Por las cargas de tu corazón
Por tu tierra
Por otros
Por los milagros
Por sanidad
Por todo el tiempo que sea necesario

11. Guiado para seguir a Dios 205

Hacia un íntimo caminar diario con Él

Hacia la purificación de las palabras que expresas

Hacia los pasos de la fe que mueve montañas

Hacia la compañía de las personas piadosas

Hacia el cuidado de tu cuerpo

Hacia resistir los ataques del enemigo

Hacia el lugar adecuado en el tiempo apropiado

12. Guiado para guiar 231

A otros para encontrar la esperanza en el Señor

A otros para conocer la verdad

A otros para orar con poder

A otros para cumplir su propósito

¿Qué significa ser guiado por el Espíritu Santo?

Recuerdo mi primer encuentro con el Espíritu Santo.

Ocurrió durante el Movimiento de Jesús, el cual se llevó a cabo a finales de los años sesenta y a principios de los años setenta. En esa época no solo no sabía lo que era el Movimiento de Jesús, sino que nunca había oído de él. Luego, resultó que fui parte del mismo.

Era octubre de 1970. Vivía en Los Ángeles y trabajaba como presentadora en la televisión de Hollywood, pero padecía con lo peor de la ansiedad, el temor, la depresión y de casi todo tipo de emoción negativa. Había sobrevivido a una niñez de maltratos con mi madre, enferma mental, y pensaba que al abrirme paso en el éxito silenciaría a los demonios internos que habían agotado mi fortaleza, mi entusiasmo por la vida y cualquier paz posible que pudiera haber tenido.

No dio resultado.

En menos de cinco años, todo en mi vida llegó a ser insoportable. Habían hecho mella el temor, la ansiedad y la depresión paralizantes que experimentaba cada día. Ya no quería vivir con dolor. Quería morirme.

Mi amiga Terry me llevó a ver a su pastor, Jack Hayford, que me habló de Dios. Dijo que el camino a una vida mejor, tanto ahora como en la eternidad, era teniendo una relación íntima con Dios. Eso solo podría ocurrir por medio de su Hijo, Jesús. Si lo recibía como mi Salvador, Él me salvaría de la caída libre en la que estaba, me perdonaría todos mis pecados y errores pasados, y me liberaría de sus consecuencias para siempre. Podía hacer borrón y cuenta nueva. Y así de sorprendente, Jesús me daría el Espíritu Santo de Dios para que viviera en mí y me cambiara por dentro y por fuera. Sería un trabajo interno, pero los cambios serían evidentes por fuera también.

El pastor Jack también dijo que Dios tenía un propósito para mi vida. Me quitaría todo temor, ansiedad y tristeza, los sustituiría con su amor, paz y gozo, y me permitiría cumplir ese propósito. Nunca antes había escuchado algo tan asombroso. Aun cuando en esa época me parecía como una locura, algo en mí creía que el pastor me decía la verdad. Así que di el paso de fe, y nunca lo he lamentado.

Eso fue hace muchos años, y hasta este día recuerdo con claridad cómo me sentía antes de recibir al Señor. No había nada dentro de mí lo suficientemente fuerte como para combatir el vacío interminable ni el dolor inimaginable con el que batallaba todos los días. No sentía que le pertenecía a nadie ni a nada. Se acercaba el final del festival de las drogas de la década de 1960, y aunque aparentaba ser parte del mismo, nunca sentí que encajaba allí. En realidad, no sentía que encajaba en ninguna parte.

Después de recibir a Jesús como Señor en la oficina del pastor Jack ese día, con Terry que me dio apoyo de oración, comencé a asistir a su iglesia. Por primera vez en mi vida sentí una gran conexión allí. Antes había estado unas cuantas veces en diferentes iglesias, pero siempre me parecieron muertas, y no quería que esa falta de vida me absorbiera. Me hacían sentir mal conmigo misma, y yo ya era buena en eso. Así que nunca volvía. Sin embargo, en esta iglesia percibí algo extraordinario en el momento que caminé hacia el santuario. No pude identificarlo al principio. No obstante, pronto supe que era la presencia del Espíritu Santo de Dios. Y era palpable.

Todos los demás que iban allí percibían lo mismo. Era imposible no notarlo. Era dinámico y transformador. Era el poder del amor, el gozo y la paz de Dios que nos envolvía, y nos tocaba, sanaba, consolaba, edificaba y transformaba a todos. De las personas que conocí allí, que eran serias en cuanto al Señor, nunca salían de ninguna reunión de la misma manera en que habían entrado. No importaba qué pecado, error de pensamiento, mala actitud, tristeza o desánimo tuvieras al llegar, te ibas transformado para mejorar. No importaba cuál era tu condición mental cuando llegabas, cuando te ibas estabas más enfocado, más acertado y más lleno de esperanza. Era la presencia de Dios que te lavaba... y te limpiaba, refrescaba, fortalecía, purificaba, ablandaba, derretía, moldeaba, agrandaba y te impregnaba de Él mismo. Era poderoso e inolvidable. Ninguno de los que asistíamos a esa iglesia lo olvidó jamás.

En esa iglesia nunca pasó nada raro. No había nada de: «¿Qué está haciendo esa persona?», pues la gente no se ponía como centro de atención. Sin duda, el Espíritu Santo era el centro de todo, y la gente absorbía su presencia como esponja. No nos ponía extraños, nos ponía más normales. No nos hacía actuar como locos; nos hacía de mente más sobria. No nos hacía atraer la atención de los demás; nos hacía olvidarnos de nosotros mismos y enfocarnos por completo en el Señor en adoración y alabanza. No critico lo que otra gente experimenta en sus iglesias. Solo digo que los mejores encuentros que alguna vez haya tenido con el Espíritu Santo fueron preciosos, transformadores, no extraños ni atemorizantes.

No recuerdo ninguna vez que hubiera entrado al santuario sin llorar. Y no era la única que tenía esa experiencia. Casi todos los que asistían a un servicio lloraban en algún momento, por la percepción sobrecogedora de la presencia y del amor de Dios. Me hace que recuerde lo que dice la Biblia acerca de cuando estemos por fin con el Señor y que Él secará toda lágrima (Apocalipsis 21:4). En su presencia derramábamos lágrimas de gozo, alegría, agradecimiento, arrepentimiento, libertad y alivio. Su amor nos hace eso.

Sin duda alguna, eso era un movimiento de Dios.

Un movimiento de Dios como ese brota en un tiempo específico. Ya estaba en proceso cuando recibí al Señor, y fui arrastrada hacia el mismo en el mejor sentido de la palabra. Años después, lo recordamos bien todos los que el Espíritu de Dios nos guió para que nos mudáramos a otros pueblos, ciudades, estados y países para iniciar iglesias, ministerios o vidas nuevas. Además, siempre procurábamos encontrar ese mismo derramamiento de su presencia otra vez. Cuando alguna vez nos vemos en distintos lugares del mundo, hablamos de esos días milagrosos en la iglesia durante el Movimiento de Jesús. Y todos buscamos la misma manifestación del Espíritu Santo en dondequiera que estemos. Una vez que experimentas su poderosa presencia, siempre la anhelas. Nunca la olvidas.

Antes de que ocurriera el Movimiento de Jesús, muchos sentíamos que teníamos que ser cierta clase de persona para ir a la iglesia. Teníamos que *ser* buenos, *vernos* bien y *actuar* como es debido. Eso nos eliminaba de inmediato a la mayoría. Por eso es que muchos nunca íbamos a la iglesia. No encajábamos. Y no queríamos encajar. Con el Movimiento de Jesús, en cambio, sentimos que podíamos ir a la iglesia tal como éramos y que se nos aceptaría, aunque Dios no nos iba a dejar así por mucho tiempo.

El Movimiento de Jesús fue único en comparación con cualquier cosa que haya visto desde entonces. Su aire parecía chisporrotear como electricidad porque era muy vivo en el Espíritu. Era innegable. Dios provocó algo transformador en cada uno de nosotros. Lo sentíamos. Lo sabíamos. Y nunca nos dejó.

Un par de años antes de que llegara a ser creyente, conocí a mi esposo, Michael, en una sesión de grabación, pero entonces no salimos juntos. Después que conocí al Señor, volvimos a encontrarnos en esta iglesia y nos casamos como un año más tarde. Estuvimos allí veintitrés años antes de que Dios nos guiara, junto con nuestros hijos adolescentes, a otro estado. Desde entonces, siempre estuvo en nuestro corazón volver a tener esa experiencia: entrar a una iglesia y percibir la presencia del Espíritu Santo.

Es posible entrar a una iglesia en cualquier parte del mundo y percibir si el Espíritu Santo está vivo y se mueve allí, o si hay una negación de su presencia o algún rechazo de su existencia en cualquier forma poderosa. Algunas personas sirven a un Salvador que salva, pero minimizan el don de su Espíritu Santo, un don que Él da de manera expresa a fin de que more en nosotros. La gente se amontona en un lugar donde siente que se permite que fluya el Espíritu Santo; rechaza la iglesia, y hasta la Palabra de Dios, cuando se da cuenta de que nada de eso cobra vida para ella. Eso se debe a que la iglesia y la Biblia solo pueden cobrar vida de verdad con el Espíritu Santo que les da vida. Si al Espíritu Santo lo restringe la incredulidad, la apatía o la falta de receptividad, su presencia no se manifestará en poder.

La iglesia puede llegar a estar llena de orgullo, ya sea con su negación del Espíritu Santo o con una exhibición efusiva de Él. Sin embargo, cuando se invita al Espíritu Santo a obrar en la gente, dando a entender que no se le restringe con nuestro temor, duda, control, ni orgullo, Él no hace que la gente sea rara; la llena de paz. Llega a ser rara cuando lo que domina es el orgullo de la carne humana y no la humildad de un corazón arrepentido. Cuando estás en la presencia del Espíritu Santo, tus ojos se sienten atraídos con reverencia sobrecogedora hacia Dios y Jesús, su Hijo, y no hacia ti mismo ni hacia otros.

He estado en iglesias que pasan por alto al Espíritu Santo, o lo tratan como si fuera una decoración que pueden colocar y quitar a su antojo. Y he estado en iglesias que lo usan como un distintivo de honor, en exhibición, a fin de que lo vean todos. No veo el caso de ninguno de estos extremos en la Biblia. *Nosotros* no decidimos lo que hace el Espíritu de Dios en nuestras vidas ni cómo se manifiesta. Nosotros lo *invitamos* para que haga lo que Él *quiera*. Aun así, no podemos dejar que el temor de que el Espíritu Santo no haga lo que *nosotros* queremos nos haga alejarlo de nuestra vida. Tampoco podemos meterlo en un molde de nuestra propia fabricación para que se parezca a *nosotros*, en lugar de que le permitamos que Él nos moldee a *nosotros* a su imagen.

Este libro no trata acerca de lo que pasa en la iglesia, excepto que la iglesia a la que asistes puede influir en tu concepto de que te guíe el Espíritu Santo. Sin embargo, puedes asistir a una iglesia que apenas reconozca al Espíritu Santo y aun así tengas una percepción dinámica de su dirección en tu vida si lo invitas a que te llene de sí mismo. Conozco a muchas personas que lo hacen.

Demasiados hijos de Dios sienten que pueden vivir sin la influencia del Espíritu Santo en sus vidas. Tenemos una tendencia a pensar que lo sabemos todo. Decimos: «¿Qué *quiero* hacer hoy?» y no «¿Qué quiere *Dios* que haga hoy?». Adán y Eva comenzaron esa tendencia, y la seguimos por su ejemplo. Pensamos que podemos hacer nuestras cosas y vivir sin la dirección del Espíritu de Dios, cuando la verdad es que no podemos hacer nada sin su revelación, su guía y su poder. Quizá podamos lograr algunas cosas por nuestra cuenta, sin reconocerlo, pero nada grande ni duradero. Y de seguro que nada más allá de nuestros propios límites. Nuestra vida siempre estará restringida sin su presencia y su operación en ella.

No debería haber discrepancia entre el Espíritu Santo de las Escrituras, que puede verse con poder en todas partes, y su presencia en nuestras vidas ahora.

Cuando percibí la dirección del Espíritu Santo para escribir este libro, otros dos líderes cristianos que habían tenido una influencia piadosa en mi vida lo confirmaron. Es más, la verdad es que me lo mencionaron antes de que tuviera la oportunidad de decirles algo de lo que pensaba yo. Eso fue una confirmación suficiente para mí.

Al principio, la idea de escribir un libro acerca del Espíritu Santo parecía abrumadora, porque sabía que una enciclopedia de cincuenta volúmenes no podría contener todo lo que hay que saber del Espíritu Santo de Dios, ni siquiera se acercaría a dar información de Él y de sus obras. En cambio, a medida que comenzaba a escribir, dejó de ser abrumador. Llegó a quedar claro de que era imposible por completo. Aun así, al saber que la Biblia me asegura de que nada es imposible con Dios, he orado con fervor a fin de que Él me capacite para escribir este libro de acuerdo con su voluntad. No busco nada menos que la dirección de su Espíritu a lo largo de cada día.

Debido a que en seguida tuve el título de este libro, supe que se iba a escribir desde esta perspectiva única: la de la *guía del Espíritu Santo* en nuestra vida. Hay aspectos innumerables del Espíritu Santo de los que no escribiré porque quiero enfocarme en cómo nos guía, a ti y a mí, de manera personal. Mi mayor deseo es que tú, el lector, llegues a conocerlo mejor, a amarlo más y a crecer en ese conocimiento y amor cada día. En mi corazón ha estado por mucho tiempo que las cosas buenas pasan cuando seguimos la dirección del Espíritu Santo en nuestra vida. Y lo contrario a esto es cierto también. Es decir, demasiadas cosas malas pasan sin necesidad en nuestras vidas, porque *no* seguimos la dirección del Señor.

Cuando atendemos la guía del Espíritu Santo, Él nos lleva a lugares de seguridad y bendición. Cuando no tenemos en cuenta su dirección, o nunca la buscamos ante todo, nos ponemos en situaciones vulnerables y peligrosas donde se nos puede apartar del camino que

Dios tiene para nosotros y despojarnos de su cobertura de protección. ¿Cuántas cosas malas nos han ocurrido porque no seguimos la instrucción del Señor, ya sea porque nunca la buscamos o porque no hicimos caso a lo que nos había susurrado al alma?

Esto no quiere decir que la vida sea perfecta cuando seguimos la guía del Espíritu Santo. Vivimos en un mundo imperfecto, con gente imperfecta, a menudo desorientada y a veces con malas intenciones, que no solo *no* siguen al Espíritu Santo, sino que se burlan de Dios, hablan mal de Él o niegan su existencia y persiguen a su pueblo. Tenemos un enemigo espiritual que quiere destruir nuestra vida, y encuentra demasiada gente para que haga lo que quiera él. La vida no es perfecta cuando te guía el Espíritu Santo, pero la buena noticia es que siempre tendrás la victoria final.

Cuando recibimos a Jesús, tenemos al Espíritu del Creador del universo con nosotros en cada momento, guiándonos hasta el final, más allá y por encima de todo lo que es imperfecto en nuestras vidas. Este conocimiento es el supremo forjador de la confianza. No confianza en nosotros mismos, porque los que no hemos perdido contacto con la realidad conocemos bien nuestros límites, sino confianza en Dios, que está *con* nosotros por el poder de su Espíritu Santo *en* nosotros. ¿Cómo no podemos tener la victoria al final?

No dejes que otra gente ni tradiciones muertas dictaminen tu respuesta al Espíritu de Dios. Olvídate de todas las cosas extrañas, confusas, desconcertantes y sospechosas que hayas oído en cuanto a ciertas personas y sus experiencias con el Espíritu Santo, y solo lee lo que la Biblia dice acerca de Él. Deja todo el temor y el prejuicio que se basa en algo que unos cuantos de sus hijos han dicho o hecho. Tus ideas preconcebidas en cuanto a quién es el Espíritu Santo, y cómo puede manifestarse en tu vida, matizarán tu apertura a Él. Deja que Dios te hable en su Palabra. Escucha lo que está diciendo *Él*.

Percibo con fuerza, y estoy segura de que tú y la mayoría de los creyentes serios también, que un movimiento mayor del Espíritu Santo está a punto de irrumpir como nunca antes lo hemos visto en nuestra vida. Y cuando suceda, queremos estar listos para servir a Dios de cualquier manera que podamos hacerlo. Para hacerlo, debemos oír la voz de Dios que habla a nuestro corazón, alma y espíritu día a día, a través de su Palabra, en oración y en nuestra adoración y alabanza a Él. Debemos permitir que nos guíe su Espíritu Santo y no tratar de abrirnos paso sin Él.

Dios quiere dirigirte a lugares a los que no puedes llegar sin Él, y lo hace por el poder de su Espíritu. Puede llevarte al reino de lo milagroso (no como exhibición, sino como una demostración de su amor y su compasión por los perdidos, los que sufren o los necesitados), ¿y quién no quiere o necesita eso? Él puede llevarte al mundo de lo invisible, que es mayor y más real que lo visible. Dios hace todo esto al hacer que dependas de Él, que te guíe Él y que te capacite Él. Cuando reconoces con claridad su voz que le habla a tu corazón, tu vida jamás será la misma.

Y tú no desearías que lo sea.

1

Guiado para recibir

Dios tiene más para ti de lo que puedes imaginar. En cambio, si no conoces a Dios en cada uno de sus aspectos, no podrás recibir todo lo que tiene para ti.

Antes que nada, debes saber que Dios es uno. Sin embargo, hay tres personas distintas, eternas y coexistentes en la Divinidad:

Dios, que es el Creador de todas las cosas

Jesús, que es el Hijo de Dios... y también Dios

El *Espíritu Santo,* que es el Espíritu de Dios... y también Dios

Dios, su Hijo y su Espíritu son inseparables. Siempre están juntos uno en el otro, pero están separados (Juan 14:10-11). Tres personas separadas, pero un Dios.

Dios siempre ha existido y siempre existirá. El Padre, el Hijo y el Espíritu Santo estuvieron juntos en la creación. Cuando creó al hombre, Dios dijo: «*Hagamos* al hombre a *nuestra* imagen, conforme a *nuestra* semejanza» (Génesis 1:26, énfasis añadido). El hombre se creó a la imagen de Dios.

Dios no fue creado. Él *es.* Siempre ha sido y siempre será.

Jesús, el Hijo de Dios, no fue creado ni hecho. Fue *engendrado* por Dios Padre.

El Espíritu Santo no fue creado ni tampoco hecho. Él *procede* de Dios.

En cuanto a estas tres manifestaciones de nuestro único Dios, debemos reconocer sus distinciones y no separarlas. Son importantes por igual. Si pasamos por alto cualquiera de estos tres aspectos de Dios, es para nuestro propio daño. Nunca entenderemos todo lo que Dios quiere que sepamos acerca de Él, sin tener el conocimiento completo de cada representación de Él. Pasarás toda una vida alcanzado nuevos niveles de entendimiento acerca de Dios, de Jesús y del Espíritu Santo y, aun así, nunca se agotará todo lo que hay que aprender.

Mi meta no es dividir a Dios en partes para enfocarme en una parte más que en otra. Hay un Dios, y no se divide para lograr algo. No obstante, sí quiero que entiendas mejor un aspecto de quién es Él, porque creo que es el que menos se conoce y el más descuidado en nuestra vida personal.

Antes de continuar, dejemos algo claro. Sí, Dios está en todas partes. Y se le ve de maneras innumerables en la tierra que creó. A pesar de eso, el *poder* de su presencia solo se les revela de manera personal a los que creen que existe y deciden tener una relación con Él, de acuerdo a sus condiciones. Él los recompensa con muchas cosas, y la mayor es su presencia.

Cuando oigo a la gente esforzarse por refutar la existencia de Dios, en contra de todas las evidencias de lo contrario, para mí sería algo absurdo si no fuera tan lamentable. Para algunos, su incredulidad ha endurecido sus corazones hasta el punto de que aunque Dios se les apareciera en persona y cayeran postrados ante Él con temor y temblor debido a la magnitud insoportable de su presencia, aun así lo rechazarían.

Siento pena por los enemigos de Dios. Me entristece que nunca vayan a ser testigos de la belleza de Dios que cambia la vida, ni experimenten su amor transformador, ni conozcan la plenitud de su presencia, ni entiendan la seguridad, la confianza y el gozo que se siente al seguir la dirección de su Espíritu en sus vidas. Nunca recibirán el poder para moverse más allá de sus límites, ni se llenarán de compasión por la magnitud y la plenitud de su comunión con ellos. Seguirán siendo muy necesitados, a la vez que creen que no les hace falta nada.

Hay gente que dice que cree en Dios, pero no en Jesús. Esta gente nunca conocerá la salvación, la liberación, la sanidad y la redención que Él tiene para ellos en cada parte de su vida. He oído a gente que dice: «Nunca podría creer en un Dios que envía a alguien al infierno», como si nosotros pudiéramos escoger la clase de Dios en el que deseamos creer. ¿Puedes imaginar a un Dios de diseñador que recibe una transformación a *nuestra* imagen sin importar lo que fuera en ese momento? ¡Qué pensamiento más espeluznante! Además, Dios no *manda* a la gente al infierno. Ese es el lugar al que llegan a parar cuando no creen ni viven de la manera en que deben hacerlo para evitarlo.

Es cierto que hay incrédulos que son buena gente, que actúan mejor que algunos cristianos. Y no parece justo que vayan a parar al infierno por toda la eternidad, mientras que alguna persona horrible, que ha hecho el mal durante toda su vida, pueda recibir a Jesús al final de su vida y termine en el cielo con creyentes que han dedicado toda su vida al Señor. Sin embargo, repito, no tenemos a un Dios que podamos diseñar para nuestros propios propósitos. Él es Dios y nosotros no.

Otros creen en Dios y Jesús, pero niegan la existencia y el poder del Espíritu Santo. Aun así, sin el Espíritu de Dios que obra en sus vidas, nunca pueden ser moldeados a la bella imagen de Cristo. Nunca tendrán la experiencia de que Él logre algo en ellos y por medio de ellos, que es mucho mayor que cualquier cosa que podrían hacer por su cuenta. Negar al Espíritu Santo siempre limitará lo que Dios puede hacer en su vida.

Estoy segura de que quieres saber todo lo que hay que entender acerca de seguir la dirección del Espíritu Santo o no estarías leyendo este libro. El primer paso es asegurarte de que tu relación con Dios esté establecida de la manera en que Él quiere que esté. Aunque ya hayas iniciado una relación con Dios, sigue leyendo para ver cómo puede llegar a ser más profunda. Hay cuatro bendiciones que Dios quiere que recibas ahora mismo:

- la relación con Dios que necesitas
- el don de su Espíritu Santo sin el cual no puedes vivir

- la libertad y la plenitud que Él tiene para ti
- la herencia que Él ha preparado para ti como su hijo o su hija

Guiado para recibir la relación con Dios que siempre has necesitado

Necesitamos aire para respirar, comida para comer y agua para beber. Dios no necesita nada. Él es «todo suficiente». No nos necesita; nosotros lo necesitamos. Sin embargo, Él nos ama. El amor no solo es algo que hace Dios. Es uno de sus atributos. Un atributo de Dios es lo que *es* Él en realidad. Dios no solo *tiene* amor, Él *es* amor. Debido a que nos ama, hizo posible que tuviéramos una relación con Él para siempre.

A fin de establecer esa relación, hay cinco cosas que Dios quiere de ti.

Dios quiere que lo conozcas. Quiere que entiendas quién es Él. Quiere que camines con Él de cerca. Y diseñó la manera para que lo hagas al enviar a su Hijo Jesús a la tierra, para que Él mismo cargara con todo lo que te tocaría a ti, que son las consecuencias que mereces por todos tus pecados. A cambio, Dios te dio todo lo que le toca a Él, y lo más grande de eso es vida con Él ahora y por la eternidad con Dios. Él dijo: «El que cree en mí, tiene vida eterna» (Juan 6:47). Él tomó la caída por ti. Era el único que podía hacerlo.

Cuando recibes a Jesús, se establece la relación con Dios que siempre has necesitado, ya sea que lo reconozcas por completo o no que Él es lo que siempre has necesitado.

Dios quiere que recibas a su Espíritu Santo. Cuando recibes a Jesús, Él envía al Espíritu Santo para que viva en ti. Jesús dijo: «Yo rogaré al Padre, y os dará otro Consolador, para que esté con vosotros para siempre» (Juan 14:16). Entonces, Dios puede comunicarse contigo no solo a través de su Palabra, sino también por medio de su Espíritu Santo en ti. Dios quiere que sigas a su Espíritu todos los días, a fin de que pueda guiarte a donde debes llegar y capacitarte para que hagas lo que Él quiere que hagas.

Una vez que recibes a Jesús, Él te da al Espíritu Santo como un regalo para que viva en ti y te ayude a vivir la vida que Dios tiene para ti.

Dios quiere que lo ames. Dios te ama mucho más de lo que sabes. Y Él sabe lo que es lo mejor para ti. Dice que lo mejor para ti es que lo ames por encima de todas las cosas. Te amó lo suficiente como para enviar a Jesús a morir por ti y te salvará de la separación eterna de Él y del sufrimiento eterno como resultado. Jesús demostró su amor hacia todos nosotros «en que siendo aún pecadores, Cristo murió por nosotros» (Romanos 5:8). Entender la profundidad de su amor por ti solo puede inspirarte a que lo ames más.

Jesús y el Espíritu Santo son las mayores demostraciones del amor de Dios para ti, y sus mejores regalos también.

Dios quiere que lo obedezcas. Él quiere que vivas a *su* manera. Es más, sus leyes y sus mandamientos se establecieron para tu beneficio. Él te pide que le demuestres tu amor al obedecerlo en cada aspecto de tu vida. Jesús dijo: «Si me amáis, guardad mis mandamientos» (Juan 14:15). Más claro no puede ser. Cuando recibes a Jesús y el Espíritu Santo mora en ti, tienes los medios con los que puedes obedecerlo en todas las cosas.

El Espíritu Santo te permite vivir como Dios quiere cuando buscas y sigues su dirección todos los días.

Dios quiere que le des tu vida por completo. Cuando recibes a Jesús, Él debe llegar a ser el Señor de tu vida. Si no lo es, tu relación con Él es débil. Si te interesa más lo que piensa otra gente que lo que piensa Dios, no te has entregado del todo a Él. Si solo te importa lo que *tú* quieres y no lo que quiere *Dios*, tu vida nunca será todo lo que puede ser. Cuando te aferras a tu vida al tratar de mantener el control total de ella, la perderás. En cambio, cuando le entregas tu vida al Señor y la pones bajo su control, encontrarás la vida que Dios tiene para ti. «Toda lengua confiese que Jesucristo es el Señor, para gloria de Dios el Padre» (Filipenses 2:11, RVC).

Darle a Dios el control de tu vida es un acto de tu voluntad, pero el Espíritu Santo en ti te ayuda a llevarlo a cabo en realidad.

Piensa en lo que anhelas más que cualquier otra cosa en tu vida. Confía en que Dios te dará algo aun mayor.

Piensa en lo más doloroso que hayas experimentado alguna vez. Cree en que Jesús no solo sanará esa herida, sino que le dará restauración a ese aspecto de tu vida.

Piensa en todo lo que necesitas ahora mismo. Alaba al Padre, al Hijo y al Espíritu Santo por haber provisto ya para esa necesidad y por darte el regalo que la suplirá.

EL PODER DE LA ORACIÓN

Señor:

Ayúdame a conocerte más. Permíteme entender por completo mi relación contigo por medio de Jesús, tu Hijo. Ayúdame, Jesús, a comprender todo lo que lograste por mí en la cruz. Gracias por tu sufrimiento y tu muerte que me han salvado de las consecuencias de mis propios pensamientos y mis actos malos. Estoy eternamente agradecido porque después que te crucificaron, resucitaste de los muertos para demostrar que eres quien dices que eres y que tus palabras y promesas no fallan. Nadie más ha hecho eso nunca por mí. Solo tú.

Al tocar la puerta de mi corazón, enséñame a oír tu voz y a abrir esa puerta, no solo en un inicio para recibirte en mi vida, sino cada día a medida que quieres que someta mi vida a ti. Declaro que eres Señor sobre cada aspecto de mi ser, tanto ahora como por el resto de mis días aquí en la tierra hasta que vaya a estar contigo para siempre. Tú eres lo que he anhelado sin saberlo siquiera. Gracias por seguir ayudándome a verte por lo que eres en realidad. Gracias por perdonarme todos mis pecados y por darme un nuevo inicio en mi vida. Gracias, Espíritu Santo, por ayudarme a vivir de la manera adecuada, a fin de que pueda demostrar mi amor por el Señor al vivir en obediencia a sus mandamientos.

Te lo pido en el nombre de Jesús.

EL PODER DE LA PALABRA

He aquí, yo estoy a la puerta y llamo; si alguno oye mi voz
y abre la puerta, entraré a él, y cenaré con él, y él conmigo.

APOCALIPSIS 3:20

Y en ningún otro hay salvación; porque no hay otro nombre
bajo el cielo, dado a los hombres, en que podamos ser salvos.

HECHOS 4:12

Guiado para recibir la promesa del Espíritu de Dios en ti

Cada persona que recibe a Jesús tiene al Espíritu Santo en su
vida. Cualquiera que dice que no tiene al Espíritu Santo no ha recibido a Jesús. La Biblia dice: «nadie puede llamar a Jesús Señor, sino
por el Espíritu Santo» (1 Corintios 12:3). También dice: «Y si alguno
no tiene el Espíritu de Cristo, no es de él» (Romanos 8:9). Así que no
pienses que no tienes al Espíritu Santo que obra en tu vida. Él te atra-
jo a Dios en primer lugar. Cuando confiaste en Jesús fuiste «sellado
con el Espíritu Santo de la promesa» (Efesios 1:13).

*Cuando recibimos a Jesús, Él nos da al Espíritu Santo de Dios para
que more en nosotros. No tenemos a Jesús viviendo en nosotros en la carne, pero sí tenemos a su Espíritu que vive en nosotros.*

Uno de mis sobrinos recibió a Jesús en su corazón a una edad
temprana, y no mucho después le dio una fiebre estomacal. Cuando
seguía vomitando, le dijo a su mamá: «Creo que Jesús se quiere salir».
Me encanta esa historia. Su mamá, por supuesto, le explicó que ese
no era el caso. Sin embargo, a veces me pregunto si demasiada gente
cree algo así, como que Jesús entrara y saliera, dependiendo de cuán
buenos sean en cada momento o cómo Él se «sienta» en cuanto a
ellos. En cambio, el sello de nuestro nuevo nacimiento es el Espíritu
Santo en nosotros. Él es la prueba. Es un trato hecho. Él nunca se va.

El Espíritu Santo estuvo presente y activo en la creación cuando
la tierra estaba sin forma «y el *Espíritu de Dios se movía sobre la faz
de las aguas*» (Génesis 1:1-2, énfasis añadido). Se hace evidente de

manera poderosa a lo largo de toda la Biblia hasta casi el fin, donde «el Espíritu y la Esposa dicen: Ven» (Apocalipsis 22:17).

Jesús, que fue concebido por el poder del Espíritu Santo (Lucas 1:35), le pidió a Juan el Bautista que lo bautizara en agua, no porque necesitara arrepentirse de sus pecados, puesto que no tenía pecado, sino porque sabía que el Espíritu Santo vendría sobre Él, y *tenía que recibir la autoridad a fin de avanzar hacia su futuro ministerio.* Cuando Jesús salió del agua, los cielos se abrieron y vio «*al Espíritu de Dios que descendía como palom*a, y venía sobre él*» (Mateo 3:16, énfasis añadido).

Si Jesús necesitaba que el Espíritu Santo lo facultara para hacer lo que tenía que hacer, ¿cuánto más nosotros?

Antes de que lo crucificaran, Jesús les dijo a sus discípulos: «Os conviene que yo me vaya; porque si no me fuera, el Consolador no vendría a vosotros; mas si me fuere, os lo enviaré» (Juan 16:7). El Espíritu Santo se prometió. Después de su resurrección y antes de ascender al cielo, Jesús les dijo: «*Recibiréis poder, cuando haya venido sobre vosotros el Espíritu Santo*» (Hechos 1:8, énfasis añadido). Hay una correlación directa entre el Espíritu Santo y el poder.

Si los discípulos y los seguidores de Jesús necesitaban un derramamiento de su Espíritu en ellos que los facultara para hacer lo que Dios quería que hicieran, ¿cuánto más nosotros?

El Espíritu Santo no podía venir a morar en la gente hasta que Jesús muriera por nosotros y ascendiera al Padre. Eso se debía a que Jesús tenía que pagar por nuestros pecados con su muerte y su resurrección, de modo que a nosotros nos declararan justos. El Espíritu Santo no puede morar en un lugar sin santificar. Así que con la justicia de Jesús somos purificados cuando lo recibimos. Como resultado, el Espíritu Santo puede morar en nosotros.

¿Significa esto que nadie tuvo al Espíritu Santo antes de la muerte y la resurrección de Jesús? Es obvio que el Espíritu Santo estuvo activo en todo el Antiguo Testamento, pero lo hizo junto con Dios, capacitando a ciertas personas para que hicieran cosas específicas. El Espíritu Santo llegó a líderes espirituales como Abraham, Moisés, Josué y David, y los guió. También obró de maneras soberanas, ordenadas por Dios, en las vidas de otras personas fieles para llevar a cabo cosas importantes que Dios quería que hicieran o dijeran. Sin embargo, el Espíritu Santo no fue enviado a morar en todos los creyentes de la manera que lo hace en los creyentes desde el tiempo en que Jesús ascendió al cielo.

En el Antiguo Testamento, el Espíritu de Dios salía de los que le eran desobedientes. Saúl fue un buen ejemplo de eso. Desobedeció a Dios, por lo que «el Espíritu del Señor se apartó de Saúl, y un espíritu malo de parte del Señor le atormentaba» (1 Samuel 16:14, lbla). De modo que con Jesús vino el Espíritu Santo, que vive en nosotros, y nunca nos deja ni nos abandona.

Aunque el Espíritu Santo está en nosotros y no nos deja, somos capaces de entristecerlo y de apagar su obra en nosotros. Lo entristecemos con nuestro pecado. Apagamos su obra en nosotros al no tenerlo en cuenta, al no reconocer su presencia en nosotros o al negarnos a seguir su dirección. Por eso es que debemos responder a su presencia en nosotros cada día y no solo cuando la necesitamos con urgencia.

Jesús habló acerca del pecado imperdonable en contra del Espíritu Santo. Les respondió a los fariseos que habían blasfemado en contra del Espíritu Santo diciendo que lo que había hecho Jesús al sanar a un hombre mudo, posesionado por un demonio, era obra del diablo. Jesús vio esto como un rechazo deliberado de la evidente obra del Espíritu Santo, por lo que les dijo: «A cualquiera que dijere alguna palabra contra el Hijo del Hombre, le será perdonado; pero *al que hable contra el Espíritu Santo, no le será perdonado*, ni en este siglo ni en el venidero» (Mateo 12:32, énfasis añadido).

Si alguna vez estás preocupado porque podrías haber cometido el pecado imperdonable, que es la blasfemia en contra del Espíritu Santo, de seguro que no lo has cometido. Cualquiera que haya recibido a Jesús y tenga al Espíritu Santo en su vida, no va a rechazar a su Ayudador, Guía, Consolador y la fuente de todo lo bueno en su vida. Cualquiera que habla en contra del Espíritu Santo tendría que estar vendido al diablo, y su corazón tendría que estar tan endurecido en contra de Dios que estaría entregado por completo al campo del enemigo, y no le importaría si hubiera blasfemado en su contra. Cualquiera que le ha abierto su corazón a Jesús, que tiene dentro de sí al Espíritu Santo, nunca lo rechazaría. Sería impensable.

Hay algunos que creen que no hay pecado imperdonable. Creen que hasta la blasfemia en contra del Espíritu Santo es perdonable porque Jesús solo hablaba de los fariseos. Es peligroso explicar la Biblia de esa manera (decir que este pasaje solo fue para los fariseos, que solo fue para los discípulos, que este otro pasaje solo fue para los romanos), pues pronto la Biblia es un simple libro de historia. Si Jesús, que es el mismo ayer, hoy y para siempre (Hebreos 13:8), dijo que hay un pecado imperdonable, debemos tomar su palabra en serio.

Si has recibido a Jesús, el Espíritu Santo está obrando en tu vida. Sin embargo, Jesús dijo: «Pues si vosotros, siendo malos, sabéis dar buenas dádivas a vuestros hijos, ¿cuánto más vuestro Padre celestial dará el Espíritu Santo a los que se lo pidan?» (Lucas 11:13). Si ya tenemos al Espíritu Santo, ¿por qué tenemos que pedirlo? La razón es que hay un derramamiento más profundo de su Espíritu que Dios quiere que tengas, y que quiere que se lo pidas.

La Biblia dice: «Llénense del Espíritu» (Efesios 5:18, RVC). Esto significa que *nos mantengamos llenos*. El Espíritu Santo no se deteriora, ni se desgasta, ni se agota, pero Dios quiere que busques una plenitud mayor de su Espíritu para empezar y que después lo busques para una llenura fresca de su Espíritu cuando la quieras. Y la necesitarás porque *el Espíritu Santo en ti es el movimiento de Dios en la tierra*. Él te llena con todo lo que Él es de modo que puedas ser su mano extendida. A cualquier parte que vayas lo llevas contigo. Mientras más lo aceptes, más recibirás de Él, más te guiará, y tú y el mundo que te rodea recibirán su toque.

No puedes vivir bien sin el Espíritu Santo. Podrías haber sido un estudiante sobresaliente, el empleado del mes por todo un año, nunca haber robado un banco y nunca haber asesinado a nadie, pero si no tienes al Espíritu Santo que vive en ti con poder, porque nunca lo has invitado a que lo haga, no tienes acceso a todo lo que Dios tiene para ti. Además, no puedes obtener eso por tu cuenta al ser bueno.

La vida guiada por el Espíritu Santo es la única vida que tiene sentido. Es la única manera de cumplir tu propósito supremo y de recibir todo lo que Dios tiene para ti. Sin embargo, no puedes recibir la dirección del Espíritu si no estás lleno del Espíritu. Él se convierte en tu Guía y tu Consejero. Sin la dirección y el consejo del Espíritu Santo no podrás lograr la vida sorprendente y poderosa, con un gran propósito, que Dios tiene para ti. Una vida llena y guiada por el Espíritu es una vida de poder.

El Espíritu Santo obra a través de ti de maneras que te hacen posible hacer cosas que no podrías hacer solo.

No podemos pensar en el Espíritu Santo como un accesorio para tu vida. Él es nuestra vida. Dependemos de Él que obra a través de nosotros, a fin de que vivamos la vida que quiere que vivamos. La razón por la que Dios quiere que su Espíritu te guíe es porque Él quiere llevarte a lugares a los que nunca llegarás sin Él.

Necesitas a Jesús para tener una relación profunda con Dios. Necesitas al Espíritu Santo para llegar a ser todo para lo que te crearon y hagas todo para lo que te llamaron. Es una decisión que debes tomar para recibir todo lo que el Espíritu Santo tiene para ti. Él es un caballero. Nunca se te impondrá. Nunca viola tu voluntad. Espera a que lo invites a obrar con poder en tu vida.

EL PODER DE LA ORACIÓN

Señor:

Te pido un gran derramamiento de tu Espíritu Santo en mí. Capacítame para «conocer el amor de Cristo, que excede a todo conocimiento», a fin de que pueda ser lleno «de toda la plenitud de Dios» (Efesios 3:19). No quiero nunca tomar a la ligera el hecho de que has enviado a tu Espíritu a morar en mí, para que me guíe y me ayude a vivir la vida que tienes para mí. Enséñame las cosas profundas que quieres que conozca de tu Palabra. Ayúdame a oír la dirección de tu Espíritu que me dice en qué camino debo andar. Dame entendimiento en cuanto a todo lo que quieres que haga en mí y a través de mí.

Gracias, Dios, porque siempre estás conmigo. Anhelo conocerte mejor cada día, por lo que te pido un nuevo y cada vez mayor fluir de tu Espíritu. Te pido que tú, Espíritu Santo, te sientas en casa en mi corazón. No permitas que deje entrar cualquier cosa que te apague o te entristezca. No quiero impedir jamás tu obra en mi vida. Te invito a que te muevas con poder a través de mí, porque sé que tu Espíritu en mí es la manera en que tocas al mundo que me rodea. Haz que siempre sea consciente de esto, a medida que paso mi día y que estoy alrededor de otros. Quiero siempre ser sensible a tu instrucción.

Te lo pido en el nombre de Jesús.

EL PODER DE LA PALABRA

En esto conocemos que permanecemos en él, y él en nosotros, en que nos ha dado de su Espíritu.

1 Juan 4:13

Arrepiéntanse, y bautícense todos ustedes en el nombre de Jesucristo, para que sus pecados les sean perdonados. Entonces recibirán el don del Espíritu Santo.

Hechos 2:38, rvc

Guiado para recibir la libertad y la plenitud que Dios tiene para ti

Jesús dijo que vino para darte una vida más abundante (Juan 10:10). Eso no significa una vida de vacaciones, de cinco estrellas y de primera clase todo el año. No significa un garaje de seis autos, una mesa de centro con incrustaciones de diamantes, suficiente ropa para que nunca uses lo mismo dos veces, ni dinero para quemar. Significa abundancia de lo que necesites para vivir la vida de propósito que Dios tiene para ti. Una de las cosas que necesitas es ser una persona plena. Para lograrlo, debes reclamar la libertad en Cristo que Él tiene para ti.

El Espíritu Santo siempre te guiará a la liberación de cualquier cosa que te separe de Dios y que evite que llegues a ser todo para lo que te hizo Él.

A pesar de que Jesús nos perdonó todos nuestros pecados del pasado cuando lo recibimos, todavía hay hábitos de pensamiento, emoción y acción que deben someterse a la obra purificadora de su

Espíritu Santo. Además, todavía somos capaces de pecar y sufrimos las consecuencias. Sin embargo, Dios nos ha dado una manera de liberarnos de todo eso. Se llama estar en su presencia.

Quiero que recuerdes las siguientes quince palabras por el resto de tu vida y que actúes de acuerdo con las mismas. «El Señor es el Espíritu; *y donde está el Espíritu del Señor, allí hay libertad*» (2 Corintios 3:17, énfasis añadido). Pronuncia esas quince palabras en voz alta tantas veces como sea necesario, a fin de sentir que esa verdad penetra de manera profunda en tu alma y en tu memoria.

El Espíritu Santo es el Espíritu de Liberación, y solo con estar en su presencia trae libertad.

La Biblia nos dice que cuando Dios se hacía presente, la gente a menudo se postraba. No podían estar de pie ante Él. La luz era demasiado brillante para que la vieran; su presencia era demasiado poderosa para que la soportaran. Es más, los podían consumir en su presencia. Debido a que tampoco podemos soportar la presencia de Dios, Él nos da su Espíritu Santo para que esté con nosotros. En la presencia del Espíritu Santo se nos da calor y energía con su luz y su fuego, y no nos consume. Mientras más tiempo pasas en su presencia, más llegas a ser libre.

Jesús es el Libertador que vino a liberarnos. Y el Espíritu Santo sigue guiándonos a una libertad y una liberación cada vez mayores en Cristo; en otras palabras, libertad del enemigo de nuestra alma, de la seducción del mundo y de nuestros propios pensamientos, hábitos y acciones peligrosas y autodestructivas. El enemigo quiere mantenernos en esclavitud, pero Jesús ya nos ha liberado de su control. Jesús dijo: «El príncipe de este mundo ya ha sido juzgado» (Juan 16:11, RVC). Ya se ha derrotado en tu vida. La única manera en que puede tener alguna influencia es haciéndote creer sus mentiras.

Algunos de nosotros experimentamos dolor y sufrimiento por las cosas malas que nos pasaron sin que fuera nuestra culpa, y que estuvieron fuera por completo de nuestro control. Jesús tiene sanidad y restauración total para todo eso. Sin embargo, algunos sufrimos por problemas que son nuestra culpa. Y ninguno de nosotros puede vivir con la culpa que llevamos encima por habernos descarriado de los caminos del propósito de Dios para nuestra vida. La culpa nos destruye. Nuestros hombros no se crearon para cargarla. Muy a menudo no *sentimos* que tenemos culpa, pero a veces sí, ya sea que lo reconozcamos o no. El apóstol Pablo dijo: «Aunque de nada tengo mala conciencia, no por eso soy justificado» (1 Corintios 4:4).

Pablo también dijo: «Ahora, pues, ninguna condenación hay para los que están en Cristo Jesús, los que no andan conforme a la carne, *sino conforme al Espíritu*» (Romanos 8:1, énfasis añadido). Cuando te guía el Espíritu Santo, Él te conducirá lejos de la culpa, la condenación y de las mentiras del enemigo, y te llevará a la confesión, al arrepentimiento y a un corazón renovado ante Él.

A menudo, el dolor en nuestra vida viene de una falta de intimidad con Dios. Y la única manera en que podemos experimentar esa intimidad es estando en comunicación íntima con Él. Debes ser capaz de buscar un lugar tranquilo y privado todos los días. Créeme, sé lo difícil que puede ser eso, sobre todo en ciertas épocas de tu vida, pero inténtalo. Ve ante el Señor y deja en sus manos toda preocupación, interés, persona, temor, obligación o inquietud de mente. Menciónalos de manera específica. Cuando te sientes en su presencia, enfócate en su bondad y su amor, y recibe el consuelo de su Espíritu Santo en ti. Permite que te libere de cualquier cosa que obstaculice el gozo abundante que Él tiene para ti.

Pídele a Dios que te ayude a liberarte de circunstancias negativas y de gente negativa. Moisés tuvo que armar su tienda muy afuera del campamento del «pueblo de dura cerviz» para poder oír a Dios (Éxodo 33:5). Es posible que también tengas que hacer lo mismo. Si tienes gente negativa o incrédula a tu alrededor que te está debilitando, haz lo posible por alejarte de ella para que puedas hablar con Dios y oír su voz.

Cuando dedicas el tiempo para estar en la presencia de Dios, a veces tu dolor o tu incomodidad, física, mental o emocional es tan grande que es difícil concentrarse. Si eso pasa, trae todo obstáculo que se te ocurra ante Él y pídele que los quite. *Cuando* lo haga, dale gracias por eso. *Hasta* que lo haga, agradécele por ser tu Liberador y el Sanador de tu alma. Pídele que te libere de todas tus preocupaciones y que te dé la paz que solo Él puede dar.

Debido a que el Espíritu Santo está en ti, eso significa que nunca estás solo. Nunca estás sin esperanza. Nunca estás sin poder. Debido a que está *en* ti y *contigo* a dondequiera que vayas, Él nunca está distante. Su Espíritu está tan cerca como el latido de tu propio corazón. Cuando necesites tener una mayor percepción de su presencia, toma un tiempo tranquilo ante Él y ora. Puedes liberarte de cualquier cosa que no sea la voluntad de Dios para tu vida. Si no te has liberado *todavía* de cualquier cosa que te ate, sigue buscando su presencia. Puede ser que no te hayas liberado todavía, pero lo harás.

Una vez estés libre de algo, pídele al Espíritu Santo que te ayude a permanecer libre. Pablo dijo: «Estad, pues, firmes en la libertad con que Cristo nos hizo libres, y no estéis otra vez sujetos al yugo de esclavitud» (Gálatas 5:1). Se refería a no tratar de estar justificado por lo que hacemos, sino más bien la persona que conocemos, Jesús. Tenemos que permanecer firmes en todo lo que Cristo ha hecho para liberarnos y no permitir que nada nos quite esa libertad.

Dios quiere que seas más semejante a Él. Por eso es que el Espíritu Santo siempre te guiará a que seas más completo. Debes ser lleno de nuevo, con la plenitud de su Espíritu Santo, a fin de que pueda impregnarte de todo lo que es Él.

EL PODER DE LA ORACIÓN

Señor:

Te agradezco por la vida abundante que has provisto. Necesito una abundancia de todo lo que eres tú. Quiero recibir la plenitud que tú tienes para mí. Gracias por guiarme hacia una libertad mayor de todo lo que obstaculiza para que sea todo lo que tú quieres que sea. Gracias, Espíritu Santo, por ser el Espíritu de liberación, y porque donde tú estás hay libertad (2 Corintios 3:17). Libérame de cualquier cosa *en* mí o *alrededor* de mí que no sea tu voluntad para mi vida. Libérame de cualquier obra mala. Libérame para que permanezca firme y no vuelva a caer en cualquier clase de esclavitud o error. Ayúdame a resistir el impulso hacia una forma de vida que no esté a la altura de tus normas.

Vuélveme a llenar de tu amor, paz y poder hoy. Hazme pleno por dentro y por fuera. Limpia mi corazón de cualquier cosa que no sea de ti. Consume toda oscuridad con el destello de tu luz en mí. Gracias, Jesús, por liberarme. Gracias por llenarme de tu Espíritu Santo. Gracias porque tu poder es mayor que cualquier cosa que enfrente. Háblame, Espíritu Santo, y dime lo que debo saber. Dame una mayor percepción de tu presencia. Tranquiliza mi mente, sana cualquier emoción negativa, habla a mi corazón y saca de mí las cosas que no son de ti.

Te lo pido en el nombre de Jesús.

EL PODER DE LA PALABRA

Pero tuvimos en nosotros mismos sentencia de muerte, para que no confiásemos en nosotros mismos, sino en Dios que resucita a los muertos; el cual nos libró, y nos libra, y en quien esperamos que aún nos librará, de tan gran muerte.

2 Corintios 1:9-10

El ladrón no viene sino para hurtar y matar y destruir; yo he venido para que tengan vida, y para que la tengan en abundancia.

Juan 10:10

Guiado para recibir la herencia guardada para ti como hijo de Dios

Tu Padre Dios tiene una herencia para ti como hijo suyo, que es mucho mayor de lo que cualquier padre terrenal pudiera proveer alguna vez. Tú y yo somos «herederos de Dios y coherederos con Cristo» (Romanos 8:17). Ser coheredero con Cristo significa que cualquier cosa que Dios le haya dado a su Hijo, Jesús, nos la dará a ti y a mí también. Como «heredero de Dios por medio de Cristo» (Gálatas 4:7), tienes una herencia de tu Padre que Jesús hizo posible que recibieras. Tu garantía segura de esta herencia es el Espíritu Santo que mora en ti.

La mejor parte de tu herencia es que pasarás la eternidad con el Señor. «Y si el Espíritu de aquel que levantó de los muertos a Jesús mora en vosotros, el que levantó de los muertos a Cristo Jesús vivificará también vuestros cuerpos mortales por su Espíritu que mora en vosotros» (Romanos 8:11). Por lo general, alguien muere para que recibas una herencia. En este caso, fue Jesús. Y recibes esta parte en particular cuando mueres. Tu herencia es vida eterna con Él.

Así que escucha esto: también heredas una mansión. Jesús dijo: «En la casa de mi Padre muchas moradas hay; si así no fuera, yo os lo hubiera dicho; voy, pues, a preparar lugar para vosotros. Y si me fuere y os preparare lugar, *vendré otra vez, y os tomaré a mí mismo, para que donde yo estoy, vosotros también estéis*» (Juan 14:2-3, énfasis añadido). Jesús ha preparado esta mansión para ti por toda la eternidad cuando dejes esta tierra para estar con Él. Puedes confiar en que esta gran herencia está allí para ti. ¿Alguien quiere alabar a Dios?

Sin embargo, la herencia de tu Padre Dios no solo será para la próxima vida, como si eso no fuera suficiente en realidad para mirar hacia el futuro. También es para esta vida. Ya has recibido una gran parte de tu herencia con la presencia de su Espíritu Santo en ti. Es más, Él es tu garantía de que algún día estarás en el cielo. El Espíritu Santo es la mano de Dios extendida hacia ti desde el cielo. Y cuando sea el momento de que vayas allá, el Espíritu Santo se asegurará de que llegues a casa de una manera oportuna. Así como Él te guía aquí en la tierra, te guiará hacia la eternidad.

Dios dice que los cabellos de tu cabeza están contados y que eres más valioso que cualquier pajarillo (Mateo 10:29-31). Es seguro dar por sentado que Dios cuida de cada aspecto de tu vida. Y parte de tu herencia es su provisión, protección, liberación, capacitación y mucho más. (En los próximos capítulos veremos más de esto). Tienes un destino. La palabra «predestinado» significa que hay un destino designado para cualquiera que recibe a Jesús. Estás destinado para cosas grandes. El Espíritu Santo en ti es la garantía de esa herencia también.

Parte de recibir una herencia es que tienes que saber que está allí para que la recibas. Te pueden enviar cartas acerca de esto (la Biblia), pero si no las abres y las lees, no sabrás lo que has heredado. Y no sabrás qué hacer para poseerlo.

Una de mis maletas tiene un seguro que es difícil de abrir. Primero, debo marcar la combinación adecuada, pero después tengo que presionar el seguro con fuerza hacia abajo para abrirla. Cuando no tenía la certeza de la combinación exacta, no presionaba con la suficiente fuerza porque temía romper el seguro. Sin embargo, cuando sabía con seguridad que tenía la combinación apropiada, me sentía con valor para halar el seguro tan fuerte como me era posible, sabiendo que se abriría el seguro. En cambio, nunca lo habría presionado así de duro si no sabía con seguridad que tenía la combinación precisa.

Hay una ventana en nuestra casa que también es difícil de abrir. Tengo que girar la manija muy duro para abrirla. Si no estuviera segura de que se abriría, no giraría la manija con tanta fuerza. Cuando acabábamos de mudarnos a la casa, di por sentado que el pestillo de la ventana estaba roto. En cambio, se debía a que no lo giraba con suficiente fuerza. Así que por meses nunca abrí la ventana. Un día, alguien me mostró lo duro que debía girarlo para que se abriera, y nunca volví a tener problemas con ella. Habría podido disfrutar de aire fresco todos esos meses, pero como no sabía la verdad, nunca abrí la ventana.

Mi punto es que muy a menudo, debido a que no entendemos la verdad en nuestra vida, no hacemos el suficiente esfuerzo para abrir y poseer lo que está allí para nosotros. No estamos seguros de que tenemos la combinación adecuada ni la fuerza suficiente para abrir el seguro. Solo debemos saber la verdad en cuanto a lo que es posible para nosotros, y lo que debemos hacer, a fin de que suceda en nuestra vida. Cuando conoces la verdad, sabes cuál es la promesa, y entiendes cuál es tu herencia, así que puedes presionar con más fuerza de lo que lo harías con regularidad para recibir lo que ya se te ha provisto.

Dios le dijo a su pueblo que si guardaba sus mandamientos, lo amaba, andaba en sus caminos y lo seguía, Él echaría de delante de ellos a todos los que se les oponían y evitaban que recibieran todo lo que Él tenía para ellos (Deuteronomio 11:22-23). Él dijo: «Todo lugar que pise la planta de vuestro pie será vuestro» (Deuteronomio 11:24). Eso significa que poseerían todo lo que Dios había prometido.

Lo mismo es cierto para ti ahora. Si amas y obedeces a Dios, y sigues la dirección de su Espíritu, puedes poseer la herencia que se te ha prometido como hijo de Dios.

EL PODER DE LA ORACIÓN

Señor:

Vengo ante ti y te agradezco por la herencia que me has dado como hijo tuyo. Profundiza mi entendimiento de lo que Jesús logró en la cruz. Háblame de la herencia que tengo por lo que ha hecho Jesús. Gracias porque soy coheredero con Cristo. Ayúdame a entender todo lo que me has dado y la manera de poseerlo en mi vida. Muéstrame todo lo que debo abrir y ver en tu Palabra. Revela las cosas que no he visto antes y dales vida en mí de maneras que no he visto. Espíritu Santo, enséñame lo que tú quieres que vea. Vengo ante ti y te pido que le hables a mi corazón acerca de lo que tú quieres que oiga.

Gracias, Dios, porque eres mi Padre celestial y has hecho posible que me llamen hijo tuyo (1 Juan 3:1). Permíteme ver lo que significa ser tu hijo y heredar todo lo que tienes para mí. Gracias, Jesús, por la mansión que has preparado para mí en el cielo. Gracias porque tus promesas son verdaderas y tú siempre las cumples a la perfección. Procuro conocerte más cada día. Ayúdame a descubrir todo lo que has provisto para mi vida.

Te lo pido en el nombre de Jesús.

EL PODER DE LA PALABRA

Y todo lo que hagáis, hacedlo de corazón, como para el Señor y no para los hombres; sabiendo que del Señor recibiréis la recompensa de la herencia, porque a Cristo el Señor servís.

COLOSENSES 3:23-24

El Espíritu mismo da testimonio a nuestro espíritu, de que somos hijos de Dios. Y si hijos, también herederos; herederos de Dios y coherederos con Cristo, si es que padecemos juntamente con él, para que juntamente con él seamos glorificados.

ROMANOS 8:16-17

2

Guiado para llenarte

Una de las peores pesadillas que haya tenido jamás desde que me convertí en creyente la tuve cuando apenas tenía unos cuantos años de ser cristiana. Soñé que me había entregado al pecado y que había perdido la plenitud del Espíritu Santo y su unción en mí. Tuve remordimientos terribles y me sentía devastada por eso. Cuando desperté, por las Escrituras supe que esto nunca podía haber ocurrido, porque Dios nos perdona de todo pecado cuando nos arrepentimos y lo confesamos. Sin embargo, creo que ese sueño tuvo que ver con mi llamado y mi ministerio para el futuro. Fue una advertencia de que las tentaciones podrían venir y de que no debía rendirme ante las mismas, ni siquiera en mi mente. El pensamiento de perder al Espíritu Santo es horroroso. Aun así, también lo es el pensamiento de que la gente no sea receptiva a todo lo que Él tiene para ella. Y eso *puede* ocurrir.

No debes ver a Jesús solo y nada más que como tu Salvador, aunque eso sería más que suficiente. También debes verlo como el que te capacita para que vivas la vida que Dios tiene para ti. La manera en que Él lo hace es dándote su Espíritu Santo, a fin de que brote en ti como un manantial que nunca se seca. Solo esta agua es espiritual y eterna, es fresca, fluye sin cesar y te da todo lo que necesitas para la vida entera.

Jesús se refirió al Espíritu Santo como agua viva. Cuando le pidió por primera vez agua a la mujer en el pozo, dijo: «Cualquiera que bebiere de esta *agua*, volverá a tener sed; *mas el que bebiere del agua que yo le daré, no tendrá sed jamás*; sino que el agua que yo le daré *será en él una fuente de agua que salte para vida eterna*» (Juan 4:13-14, énfasis añadido).

El Espíritu Santo es la fuente que Jesús dijo que brota en nosotros por el resto de nuestra vida en la tierra.

Más tarde, Jesús volvió a hablar acerca de un *continuo correr de los ríos de nuestro interior* que proviene del Espíritu Santo. Dijo: «El que cree en mí, como dice la Escritura, *de su interior correrán ríos de agua viva*. Esto dijo del Espíritu que habían de recibir los que creyesen en él; pues *aún no había venido el Espíritu Santo*, porque Jesús no había sido aún glorificado» (Juan 7:38-39, énfasis añadido). Estos ríos de agua viva surgen de un manantial eterno, el Espíritu Santo, y son una fuente constante y provisión interminable de todo lo que es Dios.

El primer derramamiento del Espíritu Santo después de la resurrección ocurrió en Pentecostés, cuando sus discípulos esperaban donde Él les dijo que lo hicieran. «Y de repente vino del cielo un estruendo como de un viento recio que soplaba, el cual llenó toda la casa donde estaban sentados» (Hechos 2:2). Esta manifestación inicial de la presencia del Espíritu Santo viniendo a morar en ellos, tuvo que haber sido maravillosa, la más asombrosa experiencia que cambia la vida. Sin embargo, en el caso de que estés preocupado, esa no es la manera en que ocurre ahora, aunque no dudo que pudiera suceder. Si has recibido a Jesús, tienes al Espíritu Santo en ti. En cambio, hay un derramamiento aun mayor de su Espíritu para el que quiere que estés dispuesto, a medida que te llena de todo lo que es Él.

Esto significa que para ti hay un río de esta misma agua viva de la que habló Jesús. No se acaba. Si la tienes, nunca volverás a tener sed. Aun así, tampoco recibirás todo el río de esta agua viva si nunca tienes sed de ella. Cada vez que buscas un nuevo fluir de su Espíritu en ti, se liberan los ríos de agua viva.

El Espíritu Santo es Dios *con* nosotros. Él es el medio por el que Dios convive con nosotros. No nos ganamos su presencia; *buscamos* su presencia. No tenemos que suplicarle su presencia; Él espera que *escojamos* su presencia. El Espíritu Santo es un don del Señor. De modo que necesitamos confiar y recibir todo lo que Él nos ha dado.

Si tuvieras que preparar el regalo más maravilloso que puedas imaginar para alguien que amas, y luego cuando se lo ofreces a esa persona no quiere aceptarlo, te sentirías herido y rechazado. Sería una bofetada. Pensarías que el destinatario no te ama lo suficiente como para pensar que el regalo que escogiste era en especial para él.

Las razones por las que la gente hace eso son diversas. Quizá sea porque no quiere sentirse comprometida a darte algo a cambio. O no se siente digna de recibir nada. O no quiere darte nada de ese mismo valor. O teme que quieras algo de ella a cambio que no quiere dar. O no le caes bien y quiere que lo sepas. Cualquiera que sea la razón, te lastima, como dador. Te hace sentir que tu regalo no es lo bastante bueno o que no te estima lo suficiente.

Lo mismo es cierto cuando rechazamos el regalo del Espíritu de Dios. Deja ver que no respetamos a Dios lo suficiente como para creer en su Palabra. O que hemos resuelto lo que recibiremos de Él y lo que no recibiremos. Cuando no recibimos todo lo que el Espíritu Santo nos puede ofrecer, rechazamos el regalo que Jesús compró para que lo tuviéramos.

Dios te llena de sí mismo para ayudarte a llegar a ser más de lo que puedes ser por ti mismo.

Hay mucho que entender acerca del Espíritu Santo, pero a medida que te le abras, Él te enseñará acerca de sí mismo. Él tiene innumerables regalos que quiere que recibas, como su poder y fuerza, verdad y entendimiento, sabiduría y revelación, amor y esperanza, solo por nombrar unos cuantos.

Guiado para llenarte de su poder y su fuerza

Cuando el Espíritu Santo mora en nosotros, tenemos la fuente del poder de Dios en nuestro interior. Como creyentes en Jesús, el Espíritu Santo nos da acceso al mismo poder extraordinario que levantó a Jesús de los muertos. Y así como levantó a Jesús al final de su vida en la tierra, ese mismo poder te levantará al final de tu vida también. No hay mayor poder que ese.

Dios puede hacer mucho más en tu vida de lo que alguna vez soñaste que fuera posible, por el poder de su Espíritu que obra en ti.

El poder del Espíritu Santo en nosotros se describe como *dunamis* en el idioma griego. Nuestra palabra «dinamita» se deriva de esta. Pablo dijo: «Nuestro evangelio no llegó a vosotros en palabras solamente, sino también en poder, en el Espíritu Santo» (1 Tesalonicenses 1:5). Eso significa una explosión de poder.

Tú no quieres vivir como los «que parecerán muy piadosos, pero negarán la eficacia de la piedad» (2 Timoteo 3:5, RVC). Quieres una vida dinámica de poder que aviva el Espíritu.

Dios no quiere que solo reconozcas su existencia. Él no quiere una relación contigo sin inspiración; ¡quiere que sea explosiva! Quiere que anheles estar a su lado todos los días y que confíes en Él para todo lo que necesitas. No deberías tener una vida a medias en la que dices: «Soy como nacido de nuevo. En cierto modo recibí a Jesús y a veces tengo un poquito del Espíritu Santo en mí». O bien eres nacido de nuevo o no lo eres, y estás lleno del Espíritu Santo o no lo estás. Él no llena a medias, ni apenas, ni llena de cierto modo. Él llena. No permitas que se diluya en tu vida.

El Espíritu Santo siempre se mueve y sigue llenándote. ¿Sabes que a veces se puede sentir la vida como si estuvieras parado? Si el Espíritu Santo te guía, siempre vas hacia adelante. Como un río. Como un profundo manantial de agua. Si te quedas quieto, vas para atrás en realidad.

El Espíritu Santo tiene el poder de transformar tu vida, y eso comienza refinándote. Juan el Bautista se refirió a Jesús cuando dijo: «Él os bautizará en Espíritu Santo y fuego» (Mateo 3:11). No hablaba de un fuego real en *este* reino. *Es* un fuego real, pero en el reino espiritual. No te va a quemar, sino que es un fuego consumidor en el que el Espíritu Santo consumirá en nosotros toda la escoria, como cuando se «refina», que se supone que no esté allí. Él nos refinará como oro al llenarnos más de sí mismo y al consumir todo lo que no sea suyo.

El Espíritu Santo te da la fortaleza que necesitas para que vivas la vida que Él tiene para ti. Si el Espíritu Santo no nos da su fortaleza, no podemos enfrentar lo que está por delante. No podemos vencer nuestra tendencia hacia el pecado. No tenemos el valor de enfrentar a nuestro enemigo. Si el Espíritu Santo no nos da fortaleza, podemos llegar a ser como «niños fluctuantes, llevados por doquiera de todo viento de doctrina, por estratagema de hombres» (Efesios 4:14). Pablo oró por los creyentes efesios para que fueran *fortalecidos con poder en el hombre interior por su Espíritu*» (Efesios 3:16, énfasis añadido). Nosotros también necesitamos eso.

No es una señal de debilidad depender de Dios, porque nuestra debilidad significa que su fortaleza será evidente. Cuando Pablo le pidió a Dios que le quitara una aflicción que tenía, Dios dijo: «Bástate mi gracia; porque mi poder se perfecciona en la debilidad». Como respuesta a eso, Pablo dijo: «Por tanto, de buena gana me gloriaré más bien en mis debilidades, para que repose sobre mí el poder de Cristo [...] *porque cuando soy débil, entonces soy fuerte*» (2 Corintios 12:9-10, énfasis añadido). Debemos admitir nuestras propias debilidades y reconocer que Dios es la única fuente de nuestra fortaleza.

¡Eso es poderoso!

En el Antiguo Testamento, cada vez que Sansón necesitaba fortaleza sobrenatural, «*el Espíritu del Señor*» venía *«con poder sobre Sansón*», a fin de facultarlo para hacer lo que tenía que hacer (Jueces 14:6, NVI, énfasis añadido). En una ocasión, despedazó a un león con sus manos. En otra mató a treinta hombres (Jueces 14:19). Usó la quijada de un asno para matar a mil filisteos que eran enemigos de Israel (Jueces 15:15). Y Dios lo capacitó para que llegara a ser juez de Israel por veinte años.

Sansón sabía que le habían consagrado al Señor, y que no debía cortarse el cabello o perdería su fuerza sobrenatural. Sin embargo, no obedeció a Dios. Se asoció con Dalila, y su deseo por ella llegó a ser más importante que su amor a Dios. Un estilo de vida inmoral siempre nos despoja de la sabiduría que nos ha dado Dios. Con necedad le contó el secreto de su fuerza cuando le dijo: «Si fuere rapado, mi fuerza se apartará de mí, y me debilitaré y seré como todos los hombres» (Jueces 16:17). Sansón sabía que el Espíritu de Dios lo había facultado, pero no atesoró ese don. Lo dio por sentado y lo derrochó.

Mientras dormía en el regazo de Dalila, los filisteos le cortaron el cabello. Cuando despertó, ni siquiera se dio cuenta de que había perdido toda su fuerza, porque *el Espíritu del Señor se había apartado de él.* Los filisteos le sacaron los ojos y lo encarcelaron. Cuando estaba en la cárcel, su cabello le volvió a crecer y Dios permitió que su fuerza volviera una vez más, por lo que Sansón tuvo una última oportunidad para hacer la voluntad de Dios. Cuando los filisteos lo llevaron a su arena por diversión, él derribó las columnas del templo donde estaban reunidos los filisteos, y mató más en su muerte, incluso a sí mismo, que durante toda su vida.

El Espíritu Santo *te* da el poder y la fortaleza que necesitas para hacer lo que Él te llama a hacer. Sin embargo, nunca debe usarse mal por ganancia egoísta. Solo por la voluntad de Dios.

El Espíritu Santo es el poder de Dios que fluye a través de ti, y que te pone en terreno firme, como una casa construida sobre la roca. La casa en la que vivo ahora está construida en roca sólida. Lo sé porque tuvimos que abrir un agujero con dinamita lo bastante grande como para construir nuestro sótano, y me enteré de esto por todos los vecinos. Dijeron que todo el vecindario tembló. Me sentí mal con ellos por eso, pero me sentí bien por la casa. Cuando estoy en la casa, siempre puedo sentir su solidez. Hemos vivido en otras casas que no se construyeron sobre una roca, y se sentía diferente, como si una tormenta pudiera arrasar con ellas o un terremoto las derribara. Es más, una de ellas se vino abajo. Un terremoto la destruyó. Por fortuna, el Espíritu Santo nos guió a salir de ella antes de venderla y no estábamos en la casa cuando ocurrió el terremoto. Escuché con claridad al Espíritu decirme que debíamos salir de nuestra casa en Los Ángeles, aun cuando me encantaba todo de ella, y que nos fuéramos a Tennessee. Así fue que escapamos del terremoto de Northridge de 1994, al seguir la dirección del Espíritu Santo.

Cuando construimos nuestra casa espiritual sobre la roca sólida de la obra de Jesús en la cruz, estamos llenos del poder firme del Espíritu Santo y nada puede sacudirnos ni destruirnos.

El Espíritu Santo te da acceso a todo lo que es Dios, incluso su poder, pero tú no controlas ese acceso. El Espíritu Santo nos faculta según su voluntad. *Él nos guía. Nosotros* no lo guiamos a Él ni le decimos qué hacer. «¿Quién guió al Espíritu del Señor?» (Isaías 40:13, LBLA).

Dios es omnipotente. Esto significa que es todopoderoso. No es con *nuestro* poder que se logra algo. «No con ejército, ni con fuerza, sino con mi Espíritu, ha dicho Jehová de los ejércitos» (Zacarías 4:6). Él capacita a los que le sirven, según lo estima adecuado, a fin de que hagan su voluntad. Su poder no es para nuestro uso personal, aunque su poder nos beneficia en lo personal.

He visto personas que tratan de obligar al Espíritu Santo para que haga lo que quieren que haga. Quieren que los sane ahora, que se manifieste ahora y que les dé poder ahora. Sin embargo, no quieren llegar con humildad *ante* Él, ni buscarle, ni invitarle, ni rendirse a Él. No podemos ser como el mago de la Biblia que intentó comprar el poder del Espíritu Santo a los discípulos de Jesús. Pedro le dijo: «Tu dinero perezca contigo, porque has pensado que el don de Dios se obtiene con dinero» (Hechos 8:20). El poder del Espíritu Santo no se puede comprar, exigir, ni usar para motivos egoístas. Siempre debemos evaluar nuestras razones para desear que su poder obre a través de nosotros. La clave es estar cerca de Dios y permanecer humildes ante Él.

El Espíritu Santo nos capacita para que hagamos lo que Él quiere que hagamos. El poder del Espíritu Santo es todo suyo. No tenemos nada que ver con la generación del poder, pero debemos cooperar con Él para ver que su poder obre en nosotros y *a través de* nosotros. Cuando cooperamos con el Espíritu Santo, en nuestra vida ocurren cosas que no sucederían si no lo hacemos. Dios quiere que vivamos a su manera, al obedecer sus leyes y sus mandamientos, y al ir a donde nos guíe el Espíritu. Cuando trabajamos con Él al obedecerlo, al invitarlo, al recibirlo y al adorarlo (Padre, Hijo y Espíritu Santo), Él nos da lo que necesitamos para hacer lo que nos ha llamado hacer. Cualquier cosa que Dios nos pida que hagamos se logra solo con el poder de su Espíritu Santo que obra en nosotros.

Dios quiere que entiendas la obra de su Espíritu en tu vida. Él sabe lo que es mejor para ti, y por eso es que quiere que lo reconozcas, que desees conocerlo más, que anheles oírlo y que aprendas a seguirlo. En cambio, no puedes hacer todo esto sin el poder de su Espíritu

Santo que se manifiesta en tu vida. Debes desearlo para servir a Dios y hacer su voluntad.

EL PODER DE LA ORACIÓN

Señor:

Gracias por el don de tu Espíritu Santo en mí. Ayúdame a no restringir nunca el flujo de tu Espíritu que se mueve en mí y a través de mí, transformándome a tu semejanza y tocando a otros para tu reino. Te pido que me llenes de nuevo con tu Espíritu ahora mismo, mucho más de lo que antes hubiera conocido. Gracias, Espíritu Santo, por tu poder y tu fuerza en mí. Gracias porque me das acceso a tu poder para tus propósitos. Sé que no es por mi fortaleza ni mi fuerza, sino por el poder de tu Espíritu que puedo hacer grandes cosas para ti (Zacarías 4:6).

Gracias porque los ríos de agua viva que fluyen en mí evitan que vuelva a tener sed. Gracias por tu poder como de dinamita, que puede cambiar el curso de cualquier cosa en mi vida que se dirija en la dirección indebida. Gracias porque tu Espíritu en mí será «una fuente de agua que salte para vida eterna» (Juan 4:14), y es una fuente de poder mucho más que cualquier cosa que pueda imaginar. No quiero nunca intentar siquiera usar mal tu poder, de cualquier manera egoísta, para ganancia personal. Mantén mi corazón puro ante ti todo el tiempo. Ayúdame a ser una vasija en la que tu poder puede manifestarse para cumplir tus propósitos.

Te lo pido en el nombre de Jesús.

EL PODER DE LA PALABRA

Fortaleceos en el Señor, y en el poder de su fuerza.

EFESIOS 6:10

¡El mensaje de la cruz es una ridiculez para los que van rumbo a la destrucción! Pero nosotros, que vamos en camino a la salvación, sabemos que es el poder mismo de Dios.

1 Corintios 1:18, ntv

Guiado para llenarte de su verdad y su entendimiento

Se habla del Espíritu Santo como el Espíritu de verdad. Jesús dijo: «Cuando venga el Espíritu de verdad, él os guiará a toda la verdad» (Juan 16:13). El Espíritu de verdad te ayudará a conocer la verdad. Hablará palabra de Dios a tu corazón y te dará una percepción de lo que es cierto en cuanto a todo.

El Espíritu Santo nos permite discernir entre la verdad y la mentira. Hay espíritus de engaño en todas partes de nuestro mundo ahora. Incluso, en ciertos círculos se recibe a un espíritu de mentira. La gente en estos grupos cree que es bueno mentir para obtener lo que quiere. Nosotros, por otro lado, creemos en la verdad, la verdad de Dios, y vivimos por ella.

El Espíritu Santo te da gran entendimiento de lo que es cierto y lo que es falso. Él te ayuda a saber en tu espíritu cuando alguien te está mintiendo y cuando te dicen la verdad. Cuando sigues la dirección del Espíritu Santo, obtienes entendimiento de lo que es verdadero y de lo que no lo es como no lo has tenido jamás.

El Espíritu Santo puede darte conocimiento de algún asunto. Tu corazón y tu mente pueden esclarecerse de una manera que no podrían serlo sin su iluminación. Cuando recibes esa clase de entendimiento, no es algo incierto. Tú *sabes* que es de Dios. No queremos estar como los que «siempre están aprendiendo, y nunca pueden llegar al conocimiento de la verdad» (2 Timoteo 3:7). Nosotros queremos *conocer* la verdad, y el Espíritu de verdad nos la dirá.

Acab, rey de Israel, le pidió a Josafat, rey de Judá, que se le uniera y que fueran a la guerra en contra de su enemigo común (2 Crónicas 18:2). Sin embargo, el rey Josafat le dijo al rey Acab que *debía consultarle primero al Señor*. Entonces, el rey Acab reunió a cuatrocientos profetas que dijeron que los dos reyes debían ir a la guerra y que Dios les entregaría al enemigo en sus manos (2 Crónicas 18:4-5).

El rey Josafat, por otro lado, mandó a llamar a Micaías, profeta del Señor, para que le diera palabra de Dios en cuanto a eso. Micaías dijo: «Lo que mi Dios me dijere, eso hablaré» (2 Crónicas 18:13). Él vivía con la verdad de Dios y nunca la violaría. Micaías le dijo al rey Josafat que Dios *había enviado un espíritu de mentira a la boca de todos los profetas de Acab* para que convencieran a Acab de ir a la guerra y lo derrotaran (2 Crónica 18:19-22). Eso ocurrió para que Dios pudiera juzgar a Acab por sus pecados.

Tanto el rey Acab como el rey Josafat no tuvieron en cuenta a Micaías, el único profeta que hablaba la verdad de Dios, y creyeron a los cuatrocientos profetas que fueron guiados por un espíritu mentiroso. Como resultado, el rey Acab murió en la batalla, aunque se había disfrazado para esconder su identidad. Al rey Josafat *no* lo mataron porque *clamó a Dios* cuando vio lo que estaba ocurriendo, y Dios lo ayudó a escapar (2 Crónicas 18:31).

Esta historia ilustra la manera en que debemos buscar la verdad de Dios y no tratar de encontrar a alguien que justifique lo que *nosotros queremos* hacer. Y aunque hayamos creído una mentira y actuado de acuerdo a la misma, cuando buscamos a Dios con todo nuestro corazón, Él es misericordioso para perdonarnos y protegernos de nuestro propio error. Por eso es que siempre debemos orar para que los consejeros que tengamos estén alineados con el Espíritu de verdad.

Cuando vives *en* la verdad y *por* la verdad, el Espíritu de verdad en ti te guiará a toda verdad. Tendrás una percepción de lo que es verdadero y de lo que no lo es. Esto es de suma importancia en estos días en que el engaño está sin control. Sin esa percepción de lo que es verdadero, pueden engañarte y puedes cometer terribles errores en tus decisiones. Puedes confiar en alguien en quien no deberías confiar. Puedes hacer algo que crees que está bien y darte cuenta de que fue lo indebido.

Una vez, mi esposo contrató a un hombre para que hiciera un trabajo en el exterior de nuestra casa. El hombre quería la mitad del dinero por adelantado. Era una cantidad considerable. Mi esposo me dijo que le hiciera un cheque, pero yo percibí que el hombre no nos decía la verdad. Mi esposo insistió y yo hice lo que él quería sin decirle con claridad cómo me sentía en cuanto a eso. El hombre tomó el dinero y jamás volvió. Prometí nunca más ir en contra de lo que el Espíritu Santo me dijera en cuanto a la honestidad de alguien.

Hay veces en las que casi puedes ver la mentira en la cara de alguien cuando te la está diciendo debido a que te lo revela el Espíritu Santo de verdad.

No puedes darte el lujo de tomar decisiones para tu vida basadas en una mentira. Debes ser capaz de discernir entre la verdad y la mentira. No hay duda de que el hábito de la mentira, que ha dominado a tanta gente, es algo con lo que te enfrentarás si no lo has hecho ya. Tendrás que tomar una decisión, habrá una encrucijada en la que necesitas decidir hacia dónde debes ir, alguien en quien no sabes si puedes confiar, una situación en la que no puedes darte el lujo de malinterpretar lo que ocurrió, un papel que debes firmar y necesitas determinar si todo lo que te han dicho es lo adecuado, y a toda costa debes escuchar el silbo apacible y delicado del Espíritu de verdad que te enseña lo que es la verdad y lo que no es la verdad. Pídele que te guíe a toda la verdad y que te dé entendimiento. Algún día podría ser la diferencia entre la vida y la muerte.

EL PODER DE LA ORACIÓN

Señor:

Gracias porque tengo la mente de Cristo, y debido a eso puedo conocer las cosas que necesito entender. Gracias, Espíritu Santo de verdad, porque me has llenado con tu verdad y tu entendimiento. Sé que no puedo comenzar a ver la verdad sin que tu Espíritu me llene de ese conocimiento. Guárdame del engaño. Ayúdame para que nunca influya en mí un espíritu de mentira, incluso en la boca de alguien que se supone que sea tu mensajero. Quiero que solo influya en mí la gente que está decidida a oír solo de ti. No permitas que me confunda. Permíteme oír tu voz por encima de todas las demás, de modo que siempre pueda distinguir entre la verdad y la mentira.

Señor, dame la capacidad de entender tu consejo. Instrúyeme con el poder de tu Espíritu de consejo dentro de mí. Dame consejo en cuanto a todo lo que haga y en cada decisión que tome. Gracias porque «me has guiado según tu consejo, y después me recibirás en gloria» (Salmo 73:24). Dame la verdad, el conocimiento y el entendimiento que necesito a fin de hacer buenas elecciones y tomar las decisiones en cuanto a cada persona y situación. Guíame siempre en el camino de la verdad.

Te lo pido en el nombre de Jesús.

EL PODER DE LA PALABRA

Nosotros hemos recibido, no el espíritu del mundo, sino el Espíritu que viene de Dios, para que conozcamos lo que Dios nos ha dado gratuitamente.

1 CORINTIOS 2:12, LBLA

Cuando venga el Consolador, el Espíritu de verdad, el cual procede del Padre y a quien yo les enviaré de parte del Padre, él dará testimonio acerca de mí.

JUAN 15:26, RVC

Guiado para llenarte de su sabiduría y su revelación

¿Te has dado cuenta de que la gente que no tiene la sabiduría de Dios no tiene sentido común? No discierne nada. Puede tener conocimiento literario, pero nada de sabiduría. Por eso es que hace cosas tan tontas. Cuando no tenemos la sabiduría divina, también hacemos cosas tontas. El Espíritu Santo de Dios en nosotros nos da la sabiduría y la revelación que necesitamos.

Cuando te enteras en las noticias de gente que desperdicia su vida por las razones más tontas, es porque no tiene nada de sabiduría de Dios. O bien son ateos o tienen un dios que diseñaron a su antojo, a su imagen, y que en teoría hace lo que quieren que haga. No conocen al Dios del universo que todo lo sabe; por lo tanto, no están conectados a Él por medio de su Espíritu de sabiduría y revelación que vive en ellos. La sabiduría y la revelación verdaderas solo vienen de Dios por el poder de su Espíritu. Cualquier sabiduría divina produce buen sentido común.

Tener al Espíritu Santo en ti permite que sepas ciertas cosas que no sabrías de otra manera. Por ejemplo, ¿alguna vez has percibido algo inquietante de alguna persona y resultó ser acertado por completo, pero no tenías nada en qué fundamentarlo aparte de algún conocimiento interno? Esa es la dirección del Espíritu Santo. Dios te revelará cosas acerca del carácter de una persona. Es posible que no puedas demostrarlo de inmediato, pero puedes actuar de acuerdo a ese conocimiento debido a eso.

¿Alguna vez has orado para saber qué decisión tomar que transformará tu vida y en algún momento solo supiste qué hacer? Esa es la dirección del Espíritu. Nunca podemos estar demasiado seguros en cuanto a eso, porque no significa que lo sabemos todo. Significa que podemos saber las cosas que Dios quiere que sepamos.

El Espíritu Santo nos dará sabiduría y revelación acerca de algo cuando nosotros se la pidamos.

Se profetizó de Jesús que «el Espíritu del Señor reposará sobre él» (Isaías 11:2, nvi). Ese mismo Espíritu en Él vive en ti. Por eso es que puedes ser sabio y no necio cuando el Espíritu Santo te guía a tomar decisiones.

Pablo les dijo a los efesios que oraba «para que el Dios de nuestro Señor Jesucristo, el Padre de gloria, *os dé espíritu de sabiduría y de revelación* en el conocimiento de él» (Efesios 1:17, énfasis añadido). Oró por eso para que sus ojos se abrieran a la verdad. Pablo no solo le habló a la gente *acerca de* Jesús. Tuvo un encuentro *con* Jesús. Y Jesús le dio a Pablo la revelación que necesitaba para hacer lo que Dios le llamó a hacer. Él sabía de qué estaba hablando.

La sabiduría y la revelación son dos cosas sin las que no podemos vivir. Tener sabiduría divina te ayuda a saber las cosas prácticas que debes hacer para que tu vida resulte. Tener revelación de Dios te da la perspectiva que no tendrías de otra manera. Revelación es cuando Dios abre tus ojos para que veas lo que necesitas ver.

La revelación te da entendimiento de la Palabra de Dios. Y Dios revela cosas de sí mismo también. El reino de Dios es un misterio y no puede comprenderse sin su revelación. Dios dice: «Clama a mí, y yo te responderé, y te enseñaré cosas grandes y ocultas que tú no conoces» (Jeremías 33:3). Puedes tomarle la palabra.

Aquí hay una conexión obvia entre caminar con la dirección del Espíritu Santo y tener la sabiduría de Dios.

Hay muchas historias en la Biblia de gente que carecía de la sabiduría de Dios e hizo cosas necias y terribles. El rey Saúl es un gran ejemplo. Le tenía miedo a David porque veía que *«David se conducía prudentemente* en todos sus asuntos, y *Jehová estaba con él»* (1 Samuel 18:14, énfasis añadido). Saúl reconoció que David seguía a Dios de cerca y él no; que Dios estaba con David y no con él. Saúl vio que Dios amaba a David y también a su hija Mical y a su hijo Jonatán (1 Samuel 18:1, 28). Incluso, David llegó a ser «de mucha estima» entre el pueblo, mientras que la reputación de Saúl disminuyó ante ellos (1 Samuel 18:30). Todo esto alarmó a Saúl e hizo que aumentaran sus celos y su determinación por destruir a David.

Sin sabiduría divina alguna, debido a que ni siquiera trató de buscar la dirección del Espíritu Santo, Saúl continuó hundiéndose en un pecado mayor al planificar el asesinato de David. Sin la presencia de su Espíritu Santo, y sin tener el deseo de su dirección (y sin sabiduría divina como resultado), Saúl llegó a estar locamente celoso de David y lo amenazó, aunque David no le había hecho ningún daño. Cuando Jonatán, el hijo de Saúl, llegó en defensa de David, Saúl trató de matar hasta a su propio hijo.

Conocemos la historia de cómo Dios se le apareció en sueños a Salomón, el hijo de David que le sucedió en el trono. Dios le preguntó a Salomón qué quería, y Salomón con humildad le pidió sabiduría y conocimiento. A Dios le agradó tanto que Salomón pidiera eso que dijo: «Por cuanto esto estaba en tu corazón, y no has pedido riquezas, ni bienes, ni gloria, ni la vida de los que te odian, ni aun has pedido larga vida, sino que *has pedido para ti sabiduría y conocimiento* [...] sabiduría y conocimiento te han sido concedidos. Y te daré riquezas y bienes y gloria, tales como no las tuvieron ninguno de los reyes que fueron antes de ti, ni los que vendrán después de ti» (2 Crónicas 1:11-12, LBLA, énfasis añadido).

Un gran y conocido ejemplo de la sabiduría de Salomón fue la historia de las dos rameras que dieron a luz a sus hijos. La primera fue a ver a Salomón y le dijo que el hijo de la otra mujer murió en la noche y que ella cambió a los bebés para que la primera mujer se despertara con el niño muerto. Sin embargo, ella sabía que este niño muerto no era el suyo. Por lo que le pidió a Salomón que la ayudara a recuperar a su hijo.

Salomón, con su sabiduría, dijo: «Traigan al niño vivo, y pártanlo por la mitad, y den una mitad a una, y la otra mitad a la otra» (1 Reyes 3:25, RVC). Entonces, la primera mujer, a quien le robaron su hijo, clamó y le suplicó a Salomón que le diera el niño a la otra mujer, y que no permitiera que lo mataran. En cambio, la otra mujer dijo: «Ni para ti, ni para mí. ¡Que lo partan por la mitad!» (1 Reyes 3:26, RVC).

Salomón supo al instante que la mujer que clamó para salvar la vida del hijo era la verdadera madre. Por lo que el rey respondió y dijo: «Entreguen el niño vivo a esta mujer, que es la verdadera madre» (1 Reyes 3:27, RVC).

Lo lamentable es que Salomón no siguió buscando la sabiduría de Dios siempre. Con el tiempo llegó a ser lujurioso y le entregó su corazón a muchas esposas extranjeras, sabiendo que Dios había dicho que no se casara con ellas, porque harían que su corazón se volviera a sus dioses falsos. Y eso fue justo lo que pasó. Su corazón ya no le fue leal a Dios, y no siguió la dirección del Espíritu. Hizo lo malo a los ojos de Dios, y eso fue su ruina.

Dios revela cosas. Podría surgir una advertencia que debes oír para tu protección y la de otros, y el Espíritu te lo revelará. Él puede revelar un error de pensamiento, y la verdad de repente se hará muy clara. Él puede mostrarte algo que está ocurriendo, que desconocías por completo y lo ves de repente. Se te revela para tu beneficio y a veces el de otros. La Biblia dice: «Ciertamente el Señor DIOS no hace nada sin revelar su secreto a sus siervos los profetas» (Amós 3:7, LBLA). Así que si él no te lo revela, se lo revelará a otros por ti.

EL PODER DE LA ORACIÓN

Señor:

Te doy gracias por tu Espíritu Santo de sabiduría y revelación que vive en mí. Gracias porque tu sabiduría me da el sentido común y la capacidad para tomar decisiones y hacer elecciones sabias. Gracias porque guardas sabiduría para el recto y eres «escudo a los que caminan rectamente» (Proverbios 2:7). Gracias porque el temor de ti es el principio de la sabiduría, y el conocimiento de ti es la inteligencia (Proverbios 9:10).

Te pido sabiduría en todas las cosas. Gracias porque les das sabiduría a los que te la piden (Santiago 1:5). Ayúdame a buscar siempre tu sabiduría y no la del mundo. Ayúdame a aumentar mi aprendizaje de ti y a siempre recibir el consejo sabio cuando lo necesite (Proverbios 1:5). Te pido que tenga la sabiduría que me mantiene a salvo y me libera del «mal camino» (Proverbios 2:10-12). Ayúdame a no abandonar nunca la sabiduría, para que «no se estrechen» mis pasos y no tropiece (Proverbios 4:12). Dame la revelación que necesito, cuando la necesite. Revélame las cosas que debo entender; las cosas secretas que solo tú sabes y que debo ver.

Te lo pido en el nombre de Jesús.

EL PODER DE LA PALABRA

Dios nos las reveló a nosotros por medio del Espíritu, porque el Espíritu lo examina todo, aun las profundidades de Dios.

1 CORINTIOS 2:10, RVC

Si alguno de vosotros tiene falta de sabiduría, pídala a Dios, el cual da a todos abundantemente y sin reproche, y le será dada.

SANTIAGO 1:5

Guiado para llenarte de su amor y su esperanza

Dios es amor. Por lo tanto, su Espíritu *en* nosotros es amor. Y eso significa que mientras más estemos dispuestos a que el Espíritu *en* nosotros nos llene de nuevo, más tendremos una nueva infusión del amor de Dios que fluye *a través* de nosotros.

El Espíritu Santo nunca exhibe nada menos que amor puro. Si ves que alguien afirma que se mueve en el Espíritu y no manifiesta el amor de Dios, no se mueve en el Espíritu. Se mueve en la carne. Así es que sabes quién es un creyente genuino y quién no lo es. Jesús dijo que se sabrá que somos su pueblo por el amor que tengamos hacia los demás.

La Biblia dice que el amor nunca deja de ser (1 Corintios 13:8). Es decir, el amor *de Dios* nunca deja de ser. El amor humano deja de ser todo el tiempo. ¿Acaso no lo sabemos? La Biblia también dice que debemos *seguir* el amor (1 Corintios 14:1). Eso no significa perseguir a algún hombre o alguna mujer y convencerlos de que *nos* amen. Significa buscar al Dios de amor y avanzar por más de su Espíritu de amor que fluya en nosotros. Cuando lo hacemos, aumenta la percepción de esperanza que tenemos en el Señor. «Y la esperanza no avergüenza; porque *el amor de Dios ha sido derramado en nuestros corazones por el Espíritu Santo* que nos fue dado» (Romanos 5:5, énfasis añadido).

Siempre tenemos razón para esperar el amor inagotable e incondicional de Dios por nosotros.

Ser lleno del Espíritu significa que tienes acceso al amor de Dios. Al abrirte al flujo de su amor en ti, tu corazón se abre para que su amor pueda fluir a otros a través de ti. Entonces, el amor de Dios comienza a guiar y a motivar tus acciones, pensamientos y palabras, a fin de que Él moldee tu carácter y llegues a ser más semejante al Señor. El amor de Dios en ti lo cambia todo. Evapora lo negativo y engrandece lo positivo.

Pablo dijo que solo la fe que obra a través del amor logra algo (Gálatas 5:6). Todo lo que hacemos sin el amor de Dios que fluye en nuestros corazones es insignificante y vano, y no logra nada bueno. Por eso es que debemos mantenernos llenos del Espíritu Santo, de modo que *siempre* estemos llenos del amor de Dios. Cuando todos los días procuras estar lleno de su Espíritu en ti, su amor en ti transforma tu corazón. Entonces su amor que fluye a través de ti a otros transforma *sus* corazones también.

El Espíritu Santo es el canal por el que nos llena el amor de Dios y fluye a través de nosotros. Jesús y el Espíritu Santo son los regalos de amor más grandes de Dios para nosotros.

Recuerdo que en cierta ocasión estuve muy enferma y con mucho dolor en un hospital. Estuve allí algunos días y tuve muchos visitantes que fueron atentos, consoladores y amorosos. Todos eran creyentes llenos del Espíritu de Dios, así como todo el personal de enfermería. Fue un gran regalo. Sin embargo, un día llegó a mi habitación una pareja desconocida que había enviado una iglesia. Se quedaron parados afuera, sin amor y fríos, y parecía como si tuvieran una tarea que hacer y querían salir de ella en seguida. Había otras personas que me estaban visitando a esa hora y también lo observaron. Yo quise animarlos al decirles cómo Dios había salvado mi vida, pero el hombre me interrumpió y dijo: «¡No hable! Estamos aquí para orar y tenemos otras personas que visitar». Me sentí mal por las otras personas que tenían que visitar, porque a menos que su relación con Dios fuera muy fuerte, la visita de esta pareja no iba a ayudarlos.

Si el amor de Dios no nos motiva en nuestro corazón, hasta las cosas buenas que hacemos logran poco o nada. «Si diera todos mis bienes para dar de comer a los pobres [...] pero no tengo amor, de nada me aprovecha» (1 Corintios 13:3, LBLA). Claro que no quiero parecer malagradecida en absoluto por el esfuerzo de la pareja de ir al hospital, pero el encuentro fue más triste que estimulante. Fue un marcado contraste con los demás que vinieron, motivados por el amor de Dios derramado por su Espíritu Santo.

La respuesta a todo lo que hacemos en la vida es el amor de Dios. Necesitamos más amor de lo que somos capaces de generar por nosotros mismos. Necesitamos una mayor esperanza en nuestras vidas de la que alguna vez podamos sacar de la nada o convencernos. Sin el amor *de Dios*, y la esperanza que tenemos en Él, nunca podremos lograr su paz que sobrepasa todo entendimiento.

Debido a su amor constante por nosotros, siempre tenemos esperanza. El amor de Dios en toda su medida, que fluye a través de nosotros por el Espíritu Santo, nos apunta a nuestra esperanza. Es más, podemos rebosar de esperanza porque el Espíritu Santo está en nosotros. Nuestra esperanza está en Jesús (Colosenses 1:27). La esperanza que tenemos en el Señor es «segura y firme ancla del alma» (Hebreos 6:19). Nunca quedaremos decepcionados al poner nuestra esperanza en Él, debido a que demostró su amor por nosotros en la cruz y ahora por su Espíritu Santo en nosotros.

EL PODER DE LA ORACIÓN

Señor:

Te adoro y te doy gracias por tu amor hacia mí. Gracias por tu Espíritu de amor que mora en mi corazón, a fin de que esté arraigado en tu amor (Efesios 3:16-17). Ayúdame a comprender la anchura, la longitud, la profundidad y la altura de tu amor (Efesios 3:18). Permíteme recibir a cada momento el amor de Cristo que excede todo entendimiento, de modo que pueda ser lleno de toda la plenitud de Dios (Efesios 3:19).

Abro mi corazón para recibir más del fluir de tu amor que llena mi vida. Cada día me rindo a ti y te pido que penetres en mi mente, mis emociones y mi corazón con tu amor, de maneras cada vez más profundas. Ayúdame para que tu Espíritu me guíe y me controle cada hora de cada día. Enséñame tu amor asombroso para que pueda ver cómo amar a los demás de la manera en que tú lo haces. Ayúdame a ver cada persona desde la perspectiva de tu amor por ella.

Sé que aunque hable como un ángel, pero no tengo amor, solo estoy haciendo ruido; y que si tengo la fe que mueve una montaña, pero no tengo amor, «nada soy» (1 Corintios 13:1-2). Te pido que tu Espíritu de amor fluya con poder a través de mí todo el tiempo. Ayúdame para que tu amor me motive en todo lo que haga, para que logre lo que tú quieres que logre.

Te lo pido en el nombre de Jesús.

EL PODER DE LA PALABRA

Andad en amor, como también Cristo nos amó, y se entregó a sí mismo por nosotros, ofrenda y sacrificio a Dios en olor fragante.

EFESIOS 5:2

¡Que el Dios de la esperanza los llene de todo gozo y paz en la fe, para que rebosen de esperanza por el poder del Espíritu Santo!

ROMANOS 15:13, RVC

3

Guiado para escuchar

Dios se comunica con nosotros. Eso se debe a que no es un Dios frío y distante que no se puede conocer. Él *quiere* que lo conozcamos. Y quiere que lo escuchemos hablarnos a través de su Palabra, así como cuando oramos y lo adoramos. Por eso es que su Espíritu Santo en ti siempre te guiará a que escuches la voz de Dios en tu corazón.

Al principio de mi caminar con el Señor, el pastor Jack me dijo: «No permitas que donde estés llegue a ser una profecía de donde te vas a quedar». Nunca lo olvidé. Todavía puedo escuchar su voz en mi mente diciendo esas palabras, así como en mi corazón debido al impacto que tuvieron en mi vida.

Es probable que hayas tenido la misma experiencia, cuando alguien te haya dicho algo que debías oír (quizá una advertencia o un consejo que necesitabas), y recuerdas la voz de esa persona. Todavía puedes escuchar que te dice esas palabras en tu mente. Así es escuchar la voz de Dios que le habla a tu corazón. No necesariamente la oyes como una voz audible, aunque es posible, pero no muy probable. En realidad, no quieres oír la voz completa de Dios porque, según entiendo por las Escrituras, es atemorizante.

Recuerdo cuando trabajaba en mi escritorio en la oficina que teníamos en el segundo piso de nuestra casa en California. El escritorio estaba debajo de una gran ventana, y yo me sentaba delante de esa ventana que daba al jardín del frente a la calle en la que vivíamos. Mientras escribía, escuché el ruido de un motor que rugía. Levanté la mirada y vi un enorme avión de caza que volaba con rapidez, directo hacia mí, muy bajo. Mientras más se acercaba, más fuerte se oía, hasta que el ruido llegó a ser ensordecedor. Pensé que se elevaría, pero no, y parecía que apenas iba a lograr pasar por encima de nuestra casa. El ruido llegó a ser insoportablemente fuerte, y no había suficiente tiempo para correr hacia un lugar donde no hubiera ventanas, por lo que me metí debajo de mi escritorio, en caso de que el vidrio se hiciera pedazos cuando el avión pasara justo encima. El ruido pasó por mi cuerpo y estremeció mis huesos. Fue más que aterrador. De inmediato, llamé al aeropuerto y lo informé, y dijeron que había habido una exhibición aérea en los alrededores y que el avión había despegado allí, pero que volaba muy bajo. Dijeron que ya habían recibido muchas quejas por eso.

A juzgar por el Antiguo Testamento, así es que imagino que se oiría la voz de Dios, si nos hablara en realidad. Pienso que deberíamos estar muy agradecidos por ese silbo apacible y delicado de su Espíritu en nosotros.

A fin de seguir la dirección del Espíritu Santo, debes escuchar a Dios, y no puedes escuchar a Dios con seguridad si no tienes la firme base de su Palabra por la cual juzgar lo que estás escuchando.

Cuando llegues a estar muy familiarizado con la Palabra de Dios, que la oyes en tu mente y Él te habla desde las Escrituras, comenzarás a escuchar su voz que le habla a tu corazón en otras ocasiones. También habrá recordatorios a *tu* espíritu de *su* Espíritu, y aprenderás a identificarlos como tales. Cuando escuchas a Dios que se comunica contigo de estas maneras, te guía en tu caminar con Él y te ayuda a entender su voluntad para tu vida.

Guiado para escuchar la Palabra de Dios en tu mente

Si piloteas un avión, debes ser capaz de leer el tablero de instrumentos y de confiar en él. El aire que te rodea puede llegar a estar nebuloso. Los patrones del clima pueden dificultar la visibilidad y el control, y no puedes ver con claridad. No siempre podrás decir con exactitud hacia dónde te diriges, ni puedes confiar en los sentimientos. Las influencias externas pueden derribarte, y puedes estrellarte.

Lo mismo es cierto en tu vida. Para que vueles en un curso estable, en la dirección apropiada, por encima o alrededor de los peligros en tu vida, debes tener conocimiento y entendimiento completos del plan de vuelo y del tablero de instrumentos. La Biblia es tu tablero de instrumentos y te da tu plan básico de vuelo. No solo debes saber cómo leerla y entenderla, también debes aprender a confiar y a seguirla de manera explícita. Te guiará a salvo hacia donde debes ir sin estrellarte.

Es sorprendente cuando recibes al Señor en tu vida y eres lleno del Espíritu Santo, cómo la Palabra de Dios cobra vida para tu entendimiento. Tiene sentido como nunca antes. Influye en ti de manera positiva en todo sentido. Te fortalece. Endereza tus lugares torcidos y hace que camines en terreno sólido. Mientras más lees la Biblia, más le habla el Espíritu Santo a tu corazón acerca de ella. Mientras más oyes que la enseñan, más la retendrás. Mientras más la entiendas y la grabes en tu mente, más podrás tenerla lista en tu corazón.

A medida que aprendes los caminos de Dios, el Espíritu Santo pondrá un mayor deseo en ti para vivir como Él quiere. Mientras más vivas como Él quiere, más permanecerás en el camino y terminarás donde se supone que debes estar.

Cada vez que leas la Biblia, el Espíritu Santo en ti te enseñará cosas nuevas o te dará un entendimiento más profundo en cuanto a las mismas cosas. Siempre deberías poder sacar algo para ti en lo personal. Tus ojos se abrirán a algún nuevo nivel de lo que lees cada vez. Él hará que cobre vida en ti un versículo en particular que viste unas cien veces, y te hablará de una manera nueva y personal. Por eso es que la lees una y otra vez. Debido a que cada vez que la leas, tendrás un nivel de entendimiento que no tuviste antes. Aprenderás más de quién es Dios y serás capaz de escuchar mejor su voz cuando te habla.

No lograrás escuchar a Dios hablándole a tu corazón, si antes no lo escuchas hablar desde su Palabra.

Trata de leer alguna porción de la Biblia todos los días, aunque solo sean unos cuantos versículos. La Palabra de Dios es viva, y tienes que alimentar tu espíritu con ella para crecer fuerte. Recuerda que también es tu tablero de instrumentos. Debes tener una dirección precisa de tu plan de vuelo. Aunque no sepas con exactitud a dónde vas, te ayudará a saber con seguridad a dónde *no* debes ir.

Cada vez que leas la Biblia, te transformas para mejorar. Cada versículo puede colocar tu corazón por el buen camino para ese día. Así que no te preocupes porque no lo puedes hacer todo a la perfección. Nadie puede. Por eso es que Jesús envió al Espíritu Santo como tu Ayudador. Dios ha puesto un barómetro santo dentro de ti, su Espíritu Santo, y Él no solo te *guiará* a la Palabra y al camino de la obediencia, sino que te *capacitará* para que hagas lo que dice.

No te preocupes si no entiendes por completo todo lo que lees en ella. Al fin y al cabo, vives con el Autor, y Él te enseñará más cada vez que la leas. Y aunque no tienes que memorizar la Biblia, el compromiso de memorizar algunos versículos clave es hacer algo bueno. Mientras más los repitas, más se grabarán en lo profundo y llegarán a ser parte de ti. Sin embargo, aunque memorices las palabras con tu mente, todavía necesitas al Espíritu Santo para que cobren vida en tu corazón.

Las leyes de Dios son una señal de *su* amor por *nosotros* porque son para *nuestro* beneficio. Nuestra *obediencia* a sus leyes es una señal de *nuestro* amor *por* Él. Jesús dijo: «El que tiene mis mandamientos, y los guarda, ése es el que me ama; y el que me ama, será amado por mi Padre, y yo le amaré, y *me manifestaré a él*» (Juan 14:21, énfasis añadido). ¿Cuánto queremos que Jesús se nos manifieste? Yo digo que tanto como sea posible. Jesús igualó el amarlo con guardar su Palabra. Dijo que cuando obedecemos su Palabra, Él y su Padre Dios harán su morada con nosotros (Juan 14:22-23). Mientras más crezca tu amor por Dios y su Palabra, más querrás hacer lo que Él dice.

Moisés, que era lo bastante fuerte en la fe para que Dios lo usara para liberar a los israelitas de la esclavitud en Egipto, no obedeció a Dios de una manera importante. Como resultado, perdió el derecho del mayor deseo de su corazón: entrar a la Tierra Prometida. Aunque Moisés oró para poder atravesar el Jordán y ver la Tierra Prometida, Dios dijo que debido a su desobediencia tendría que permanecer donde estaba y morir allí.

Nosotros, también, debemos obedecer a Dios para movernos hacia todo lo que Él tiene para nosotros. El pecado nos debilita y acorta nuestras vidas. La obediencia nos fortalece y alarga nuestras vidas. No podemos poseer todo lo que Dios tiene para nosotros, si no hacemos todo lo que Él dice que hagamos. No importa dónde estés en tu vida, Dios te guía hacia un nuevo lugar y un nuevo tiempo. No puedes llegar al lugar adecuado si no escuchas la voz de Dios en su Palabra y la obedeces; además, puedes perder el cumplimiento de tu mayor deseo.

La obediencia a la Palabra de Dios implica una gran recompensa; la desobediencia, o el rechazo a las leyes de Dios, evita que nos movamos hacia todo lo que Dios tiene para nosotros.

Si no tenemos la Palabra de Dios en nuestra mente todos los días, la olvidaremos. Somos así. Cada día lejos de la Palabra la diluye en nuestra memoria. El enemigo de nuestra alma llega y se la roba, o trata de convencernos de que dudemos de ella. Las fuerzas externas nos alejan con mucha facilidad. Y cuando las cosas comienzan a ir bien en nuestra vida, olvidamos lo que Dios nos ha dicho a través de las Escrituras. Somos vulnerables en especial cuando estamos a punto de entrar a nuestra propia tierra prometida de éxito.

Demasiado a menudo, cuando no tenemos que depender de Dios para todo, pensamos que no tenemos que depender de Dios para nada.

Varias veces en la Biblia Dios le dice a su pueblo: «Tengan mucho cuidado, para que no se corrompan» (Deuteronomio 4:15-16, RVC). O, si no tenemos «mucho cuidado», podemos olvidar el pacto que tenemos con Dios y comenzamos a adorar otras cosas, y eso puede acortar nuestra vida (Deuteronomio 4:23-26, RVC). Una de las maneras en las que tenemos «mucho cuidado» de lo que ocurre en nuestro corazón es llenándolo todos los días de la Palabra de Dios. Dios bendice a los que guardan sus leyes. Sin embargo, no guardaremos sus leyes si no recordamos cuáles son. Tenemos que recordarlas a cada momento.

Dios sacó a los israelitas «de Egipto *con su presencia y con su gran poder*» (Deuteronomio 4:37, énfasis añadido). Él también tiene la capacidad de *sacarte* de cualquier cosa con su presencia y su gran poder. Eso se debe a que tienes acceso a ambas cosas por el Espíritu Santo dentro de ti. No obstante, si quieres poseer todo lo que Dios tiene para ti, debes obedecer sus mandamientos. Y no puedes hacerlo sin la Palabra de Dios en tu corazón. Dios quiere que estés convencido de que no puedes vivir solo de pan, sino de toda palabra que sale de Él (Mateo 4:4).

Cuando el Espíritu Santo te guía, nunca estarás en oposición a la Palabra de Dios; estarás siempre alineado con lo que dicen las Escrituras.

Debemos tener fe para agradar a Dios (Hebreos 11:6). Y no podemos tener una fe fuerte sin leer, escuchar, conocer y confiar en su Palabra. Las promesas de Dios para ti son muchas, y para recibirlas debes creer en Él y en lo que dice su Palabra acerca de ellas. El mismo Espíritu que inspiró a los hombres que escribieron las Escrituras también te inspirará y te enseñará a medida que las lees.

Logos es el mensaje completo, la Biblia en su totalidad. *Rema* es parte del mensaje, la palabra hablada en la comunicación del mensaje. Es un versículo de la Biblia que el creyente usa como arma en la batalla espiritual. Debes tener tanto *logos* como *rema*. Por eso es que debes leer toda la Biblia muchas veces y también saber versículos específicos que Dios avive en tu corazón. Eso hará crecer tu fe para que confíes por completo en la verdad de su Palabra.

Dios honra a quienes lo honran al vivir según su Palabra; la desobediencia a las leyes de Dios abre tu mente para el engaño.

Dios quiere que te abras a su Espíritu que obra en tu vida, pero siempre debes verlo con la iluminación de las Escrituras. El Espíritu Santo espera que liberes su poder al hablar su Palabra. Espera que no solo la hables con tu boca, sino que también la creas lo suficiente en tu corazón como para que la practiques. Pídele al Espíritu Santo que te guíe a su Palabra de manera más profunda que antes, a fin de que puedas conocer y reconocer su voz que te habla desde ella.

Dios tiene mucho que quiere lograr a través de ti. La Palabra de Dios, su libro de instrucciones, es específica en cuanto a lo que quiere Él. Pasa tiempo con la Biblia todos los días, porque las cosas escondidas de Dios se encuentran allí.

EL PODER DE LA ORACIÓN

Señor:

Te agradezco que por el poder de tu Espíritu me hayas dado tu Palabra. Veo que es imposible *conocerte* sin *conocerla*. Te pido que tu Espíritu Santo, que inspiró la redacción de las Escrituras, haga que cobre vida en mi mente y en mi corazón cada vez que la lea o la escuche. Aclara cada versículo en mi entendimiento para que tenga una comprensión más profunda de todo el significado de cada uno. Ayúdame a retenerlo. Prepárame con tu Palabra para que sea completo y esté preparado por entero para todo lo que quieres que yo haga.

Fortaléceme con el conocimiento de tu verdad y ayúdame a obedecer lo que has dicho que haga. Enséñame lo que no entiendo. Haz que tu Palabra llegue a ser parte del tejido de mi ser. Téjela en mi alma para que forme lo que soy. Ilumina cada palabra y dame el conocimiento que no podría tener por mí cuenta. Ayúdame a escuchar tu Palabra que me habla cada vez que la leo. No quiero ser la persona que aparta el oído para no escuchar tu ley, y que mis oraciones no lleguen a ser una abominación (Proverbios 28:9). Quiero la paz que has prometido a los que aman tus caminos (Salmo 119:165). Tu palabra es perfecta: me cambia, me hace sabio, me da alegría y llena mi vida de luz (Salmo 19:7-8).

Te lo pido en el nombre de Jesús.

EL PODER DE LA PALABRA

La palabra de Dios es viva y eficaz, y más cortante que las espadas de dos filos, pues penetra hasta partir el alma y el espíritu, las coyunturas y los tuétanos, y discierne los pensamientos y las intenciones del corazón.

HEBREOS 4:12, RVC

Toda la Escritura es inspirada por Dios y útil para enseñar, para reprender, para corregir y para instruir en la justicia.

2 Timoteo 3:16, nvi

Guiado para escuchar la voz de Dios en tu corazón

Mientras más pones la Palabra de Dios en tu mente, más escucharás la voz de Dios que le habla a tu corazón. Nunca te guiará de una manera que no esté en línea por completo con las Escrituras.

Dios es muy específico. Cuando le dio instrucciones a Moisés en cuanto a las ofrendas, las fiestas, los días de reposo, el cuidado del tabernáculo, los rituales para la purificación, las regulaciones para los sacerdotes y mucho más, dio indicaciones muy específicas. Todos sabían con exactitud lo que debían hacer, así como lo que *no* debían hacer. Nada se dejó nunca al azar. Dios les dio la promesa de bendición si obedecían y la promesa de retribución si no lo hacían (Levítico 26).

Dios es también muy específico en cuanto a las cosas que Él quiere que hagas, y que no hagas, en tu propia vida. Por eso es que hablará a tu corazón en cuanto a las cosas concretas que son relevantes para tu situación en particular, cuyos detalles no se mencionan de forma literal en la Biblia. Por ejemplo, Él no te dice de manera específica en su Palabra el trabajo que debes tomar ni la casa que debes comprar, pero hablará a tu corazón en cuanto a eso, cuando ores y le pidas que te lo muestre.

Mientras más escuches la voz de Dios en su Palabra, más reconocerás la voz de su Espíritu que te habla a medida que ores por su dirección.

Dios le prometió a Josué que sacaría al enemigo de Jericó, pero ellos tuvieron que hacer lo que Dios les instruyó que hicieran de manera *específica* (Josué 6:1-5). Así que los israelitas caminaron alrededor de Jericó siete veces, como Dios se los dijo, y en la séptima vez el pueblo gritó cuando oyó que los sacerdotes tocaron las trompetas. Entonces, el enorme muro que rodeaba Jericó cayó por completo y el pueblo tomó la ciudad (Josué 6:20). El muro se derrumbó porque los israelitas obedecieron a la palabra de Dios. Él les había dado instrucciones específicas en cuanto a lo que debían hacer. (En caso de que seas una persona sensible y te preocupas por la gente de Jericó que perdió su muro y mucho más, esto fue una medida de Dios para llevar juicio a esa ciudad corrupta. Así que no te sientas mal por ellos).

Dios es específico, y si queremos éxito en nuestra vida personal, debemos escuchar lo que el Espíritu Santo nos dice de forma específica que debemos hacer.

Josías fue uno de los reyes más grandes de Judá. Siguió la ley de Dios e hizo grandes reformas. Fue firme para buscar al Señor y para depurar la tierra de dioses falsos y de ídolos. Aun así, no escuchó cuando Dios le habló por medio del rey de Egipto. Aunque el rey le advirtió a Josías de que Dios estaba con *él y no con Josías*, y que no debía pelear en su contra, Josías no lo escuchó. *Y no buscó a Dios en cuanto a ir a la guerra* en contra del rey de Egipto. Peleó con él de todas formas, sin reconocer que las palabras del rey eran una advertencia de Dios (2 Crónicas 35:21-22).

Si Josías solo le hubiera preguntado a Dios, habría tenido una palabra del Espíritu Santo en su corazón que le dijera que Dios le estaba hablando por medio del rey y le advertía que no saliera a pelear. Josías, en cambio, no preguntó y, como resultado, murió en la batalla.

¿Cuántas veces nos ha ocurrido lo mismo a nosotros o a la gente que conocemos? ¿Cuándo alguien nos dio una advertencia que no atendimos y los resultados fueron desastrosos? ¿Cuántas veces alguien que conoces se ha metido en serios problemas porque no buscó palabra de Dios en cuanto a lo que estaba a punto de hacer? ¿O *sí* la buscó, pero recibió una advertencia en su corazón que pasó por alto? Me temo que muy a menudo.

La Biblia habla de una profecía traída por el profeta Joel, la cual es una promesa de Dios para la gente en los últimos días. Estamos en los últimos días ahora y, ¿quién puede negarlo? Qué privilegio observar los sucesos que se desarrollan alrededor del mundo, por difícil que sea verlos, que nos dicen que los acontecimientos que Dios ha predicho a través de su Espíritu, su Hijo y sus profetas están ocurriendo ahora. Esta profecía dice: «Dios ha dicho: En los últimos días *derramaré de mi Espíritu sobre toda la humanidad*. Los hijos y las hijas de ustedes profetizarán; sus jóvenes tendrán visiones y sus ancianos tendrán sueños [...] Y *todo el que invoque el nombre del Señor será salvo*» (Hechos 2:17, 21, RVC, énfasis añadido).

Esta palabra es para nosotros. Los que somos creyentes somos hijos e hijas de Dios. Podemos esperar que Dios nos hable, y que use a cada uno de nosotros para que les hablemos a otros de sus palabras. Y esto no es solo para unas cuantas personas especiales. Es para todos. Habla de «toda» la gente. Dios puede darte palabra suya para que se la digas a otra persona. Podría ser para advertir de algo que ocurrirá. O para decirle que debería o no debería hacer algo. Muy a menudo puede ocurrir cuando oras por esa persona.

Cuando tienes una percepción de que recibiste palabra del Señor para otra persona, asegúrate de buscar a Dios primero en cuanto a esto, *antes* de decirle algo a otro. Tienes que estar cien por cien seguro de que lo que percibes es de Dios y no de tu propia alma. No es que no puedas tener ciertos sentimientos personales en cuanto a la situación. Solo es que no quieres que tus propios sentimientos se interpongan en el camino de que la persona pueda reconocer que el mensaje es de Dios y no tuyo. Cuando le das un mensaje a alguien y crees que Dios ha hablado a tu corazón, esa persona debe percibir la magnitud de lo que dices... que viene de Dios. Además, asegúrate de que ese mensaje sea para que *tú* se lo digas a esa persona. Podría ser solo para que *ores* por ella en cuanto a eso. No hagas nada hasta que estés seguro de que lo escuchaste de Dios.

Siempre recuerda que una palabra de Dios para otra persona solo debe entregarse con el amor de Dios en tu corazón. La actitud no debería ser: «Lo que haces es tonto y tengo que detenerte». Debe ser: «Tú me importas y estoy preocupado, pero *más* que eso, *Dios* te ama y se interesa por ti y tiene este mensaje para ti». La gente siempre recibirá una palabra con oído receptivo si cree que es de Dios y si se entrega con su amor.

Las veces que he tenido que decirle a alguien algo del Señor, Él me ha dado el valor para decírselo. Y sabía que no tendría paz hasta que hiciera lo que Él me decía que hiciera. Tampoco lo habría dicho por mi cuenta. Esto no es algo que hago en condiciones normales. No voy a buscar a la gente y le digo cosas suyas, a menos que sepa con absoluta seguridad que es de Dios. Cuando es del Señor, yo lo sé.

Si alguien te da «palabra del Señor», considera en serio la fuente. Determina si esa persona es firme en la Palabra y si está guiada por el Espíritu Santo. No la rechaces ni la aceptes de inmediato sin pedirle a Dios que hable a *tu* corazón en cuanto a eso. Se supone que debemos examinar todas las cosas y retener lo bueno (1 Tesalonicenses 5:21). Dios puede confirmarlo a tu corazón justo entonces, o quizá después, o quizá nunca.

Mucha gente me ha dado «palabra del Señor», y he sabido que es del Señor. En cambio, hubo un par de veces en las que supe que no era de Dios, porque el Espíritu en mí no dio testimonio de eso. Más tarde la «palabra» demostró que no era acertada. En cada caso, fue de alguien que era inmaduro en lo espiritual. No los conocía, por lo que no sabía entonces si su caminar con Dios era sólido, si era una persona de la Palabra que estaba guiada por el Espíritu Santo.

La primera vez que ocurrió, yo era una creyente bastante nueva y estaba embarazada de mi primer hijo. Una joven en la iglesia que estaba cerca de donde yo estaba sentada me dio «palabra de Dios» de que iba a tener una niña. Sin embargo, claramente yo había oído la voz de Dios en mi corazón unos meses antes de que daría a luz a un varón y que le pondríamos el nombre de Christopher. Ya habíamos escogido otro nombre, por lo que lo cambiamos. Su palabra me entristeció porque me hizo dudar por un instante de que yo había escuchado de veras a Dios. Después de eso, nunca lo dudé por un momento. Unos meses después nació nuestro hijo.

La joven se disculpó después conmigo por adelantarse con las palabras sin confirmarlas primero con el Señor. Yo le dije que no había problema porque ya sabía lo que había oído de Dios como palabras a *mi* corazón. Hay peligro al pensar que todo lo que viene a tu mente es de Dios. No es así. Y, sin dudas, tú sabrás cuando lo es. Si tienes algo de incertidumbre en cuanto a si lo que has oído es de Dios, no digas nada en absoluto.

Pídele a Dios que te ayude a escuchar su voz a tu corazón, a fin de que no pases por alto lo que Él quiere decirte. Desecha el ruido y las distracciones que te rodean. Pídele que silencie cualquier ansiedad dentro de ti. Dios podría querer hablarte ahora mismo acerca de algo muy específico.

EL PODER DE LA ORACIÓN

Señor:

Ayúdame a escuchar tu voz que me habla cuando leo tu Palabra, a fin de que también pueda reconocer tu voz que le habla a mi corazón en otras ocasiones. Sé que te importan los detalles de mi vida, por lo que te pido que me ayudes a entender cuando me das instrucciones específicas. No permitas que me mueva hacia algo antes de saber lo que tú quieres que haga. No quiero hacer nada sin buscarte primero.

Hay muchas cosas de las que estoy inseguro cada día, y no puedo navegar en mi vida sin escuchar tu voz a mi corazón que me diga por dónde ir. Sé que eres específico en cuanto a las cosas que quieres que haga, porque quieres lo mejor para mi vida. Ayúdame a caminar por el buen camino todos los días. Si hay palabras que quieres que le diga a otra persona, dame la «lengua de sabios para saber hablar palabras al cansado» (Isaías 50:4). No permitas que le diga algo a alguien, a manera de consejo o advertencia, si no es de ti. Si alguien me dice algo, ayúdame a saber con seguridad si es de ti o no. Enséñame a llegar a ser bueno para oír tu voz y para seguir tu dirección en mi vida.

Te lo pido en el nombre de Jesús.

EL PODER DE LA PALABRA

Cosas que ojo no vio, ni oído oyó, ni han subido en corazón de hombre, son las que Dios ha preparado para los que le aman. Pero Dios nos las reveló a nosotros por el Espíritu; porque el Espíritu todo lo escudriña, aun lo profundo de Dios.

1 CORINTIOS 2:9-10

Nosotros no hemos recibido el espíritu del mundo sino el Espíritu que procede de Dios, para que entendamos lo que por su gracia él nos ha concedido.

1 CORINTIOS 2:12, NVI

Guiado para escuchar la indicación de tu espíritu

No hace mucho tiempo estaba a punto de salir de mi casa para una cita. Cuando me acercaba a mi auto, el Espíritu Santo me impulsó a que me encargara de algo, que no pretendía hacer en ese momento, antes de salir. Tardé unos minutos, lo que me hizo salir un poco más tarde de lo que esperaba. Después de estar unos cinco minutos en la angosta autopista de dos carriles, en la que siempre viajo, me topé con un enorme accidente que involucraba por lo menos cinco autos y quizá más. Estaban ensartados a lo largo de los dos carriles, con daños tremendos y heridas. Me pareció como que tuvo que haber habido, por lo menos, una colisión frontal que afectó a otros autos. Nunca antes había visto algo así en este estrecho tramo de la autopista. Después que superé el impacto inicial, supe que si no hubiera regresado a hacer lo que Dios me había impulsado a hacer, podría haber estado en ese accidente.

¿Cuánta gente más murió, o la asesinaron, ya sea por no haber consultado al Señor en cuanto a lo que estaba haciendo o lo hizo y no escuchó el impulso del Espíritu Santo? ¿O se le advirtió acerca de algo, pero no reconoció al Señor que le hablaba a través de otra persona? Esto no significa que debes tomar cada instrucción o advertencia de alguien como palabra de Dios. En su lugar, debes preguntarle a Dios si *es* o no. No *des por sentado* que no lo es. No pases por alto el impulso del Espíritu Santo en tu corazón. Demasiada gente lo hace, ya sea porque no reconoce al Espíritu Santo que le habla o porque cree que sabe más.

Mientras más tiempo pases con Dios leyendo su Palabra, orando y adorándolo, y mientras más lo obedezcas, más oirás el impulso del Espíritu Santo en tu espíritu. Percibirás cuando algo está mal, aunque no sepas con exactitud de qué se trata. Es posible que no oigas instrucciones específicas, pero lo sabrás cuando tengas que salir de algún lugar e ir a otra parte. O no ir en absoluto. O parar en alguna parte para ver si alguien está bien. O hacer esa llamada telefónica. O cambiar tus planes. Comenzarás a confiar en el Espíritu Santo que te instruye y te impresiona con cosas específicas.

Los que caminamos con Dios debemos ser receptivos a los impulsos del Espíritu Santo. Un impulso es un codazo del Espíritu Santo. No es lo mismo que una palabra clara suya, donde oyes las palabras en tu mente y tu corazón. Otras palabras para «impulso» son «información interna», «consejo», «palabra para el sabio», «susurro», «aviso», «advertencia», «señal», «información confidencial» e «impresión fuerte». Es una percepción que tienes en cuanto a algo. Y la inicia el Espíritu Santo.

Fui a un fisioterapeuta por mi espalda unos días antes de la boda de mi hijo. Camino a casa tuve el impulso de detenerme en cierto negocio, a fin de asegurarme de que algo muy importante que tenía que recoger para la boda estuviera listo a tiempo. Sin duda alguna, *no* quería tomar tiempo para detenerme, porque ya estaba retrasada para una cena, había sido un día activo, iba ser inconveniente detenerme, me sentía muy cansada y también me resultaba doloroso entrar y salir del auto. Sin embargo, sabía que no debía pasar por alto el impulso de mi espíritu que me decía que debía detenerme para ver que todo estuviera a tiempo.

Había orado de manera específica ese día, y todos los días, por cada detalle de la boda. Por eso es que pensé que debía ser el Espíritu Santo el que me guiaba. Si hubiera dependido de mí, ni siquiera habría pensado en ir allí. Así que me detuve en ese lugar, justo cuando cerraban a las seis de la tarde. Otro minuto más tarde y no habrían estado allí. Me impactó darme cuenta de que habían estado hasta el tope de trabajo esa semana, y lo que yo necesitaba para la boda había sido relegado en su calendario. El dueño había olvidado por completo la fecha de la boda y había dado por sentado que teníamos un par de semanas más, cuando en realidad solo faltaban dos días. Si no me hubiera detenido entonces, y no lo hubiera verificado, no habrían hecho lo que necesitaba.

Le agradecí a Dios efusivamente todo el camino a casa por ese impulso. El Espíritu Santo estuvo en los detalles, porque yo lo había invitado. Había impulsado mi corazón a hacer algo que yo no quería hacer, y le agradecí a Dios por haber escuchado.

Mientras más cerca estés de Dios, más recibirás la plenitud de su Espíritu en ti, y más aprenderás a identificar y a confiar en sus impulsos a tu corazón.

Esto me ha ocurrido innumerables veces. Podría escribir todo un libro solo de este tema. Estoy segura de que estas cosas te han ocurrido también, si tu corazón es sensible al Espíritu Santo. Para no pasar por alto un impulso del Espíritu Santo a tu alma, permanece cerca del Señor y camina con Él en su Palabra, en oración, en alabanza y adoración todos los días. Te alegrará mucho haberlo hecho.

EL PODER DE LA ORACIÓN

Señor:

Ayúdame a siempre caminar tan cerca de ti que nunca falle en reconocer el impulso de tu Espíritu a mi alma. Permite que no solo lo identifique, sino que nunca lo pase por alto. Enséñame a estar tan en armonía contigo que sepa de inmediato cuando eres tú el que me impulsa a hacer algo. Ayúdame a confiar y a actuar basado en esto. Gracias por las muchas veces que has grabado algo en mi corazón y me has librado de mucho dolor y problemas. Enséñame a ser tan firme en tu Palabra que escuche la voz de tu Espíritu que habla a mi corazón, y tu impulso en mi alma en cuanto a los detalles de mi vida.

Dame tranquilidad y quietud en mi espíritu, de modo que pueda oírte susurrar a mi alma. Quiero escuchar tu voz todo el tiempo para que siempre sea sensible a tu Espíritu que me empuja con suavidad. No permitas que llegue a ser torpe para oír, para que pueda permanecer en sintonía con tu voz dentro de mí. No quiero ser como la gente que no respondió cuando la llamaste, y cuando hablaste no oyó (Isaías 65:12). No permitas que alguna vez esté en un lugar donde no pueda oír tu impulso a mi corazón.

Te lo pido en el nombre de Jesús.

EL PODER DE LA PALABRA

El que es de Dios, escucha las palabras de Dios.

JUAN 8:47, RVC

Entonces tus oídos oirán a tus espaldas palabra que diga: Este es el camino, andad por él; y no echéis a la mano derecha, ni tampoco torzáis a la mano izquierda.

ISAÍAS 30:21

Guiado para escuchar la voluntad de Dios para tu vida

El Espíritu Santo siempre te guiará hacia la voluntad de Dios para tu vida. La manera en que vives en la voluntad de Dios es caminar con Él paso a paso, y hacer lo que estás seguro que es la voluntad de Dios cada día. Por ejemplo, siempre es la voluntad de Dios adorarlo, orar sin cesar, estar en su Palabra y dar gracias. Siempre es la voluntad de Dios caminar «en el temor del Señor [...] fortalecida por el Espíritu Santo» (Hechos 9:31, NVI). Cuando sabes que haces la voluntad de Dios como se expresa con claridad en su Palabra, se desarrollará la voluntad de Dios para ti en lo personal.

Si debes encontrar la voluntad de Dios para tu futuro, debes escuchar de cerca la dirección del Espíritu a medida que caminas con Él momento a momento hoy. Cuando dependes del Espíritu en cada paso, Él te lleva a donde debes ir de modo que te muevas hacia el futuro que tiene para ti.

Nunca sabemos todos los detalles de nuestro futuro. A veces todo lo que *sabemos* en realidad es que lo tenemos, y eso es bueno. No obstante, *sí* sabemos que el futuro que Dios tiene para nosotros es mucho mejor que el que nosotros podemos imaginar, y Él lo dijo. Abraham no sabía a dónde iba cuando salió en un viaje en el que lo guiaba Dios. Aun así, sabía que seguir la dirección de Dios y hacer su voluntad era la única manera de vivir. Por lo que llegó a ser una de las mayores historias de éxito de todos los tiempos. Y todo lo que hizo fue seguir con fidelidad la dirección del Señor.

Cuando Dios te dirige a hacer algo por su Espíritu que le habla a tu corazón, y tú le dices que sí, declaras que lo que quieres es su voluntad por encima de la tuya.

Debido a que Dios nos ha dado el libre albedrío, el Espíritu Santo no nos detendrá si escogemos *nuestra* voluntad y no la *suya*. Así que no importa cuánto oremos por algo que no sea su voluntad, Él no nos dará nada que vaya a ser malo para nosotros.

David pasó por alto lo que sabía que era la voluntad de Dios. Contó a los combatientes que tenía con él, a fin de poder juzgar la fortaleza de Israel por el poder humano en lugar de confiar en la fortaleza de Dios, como debió haberlo hecho. Se dio cuenta de que lo que había hecho era un pecado en contra de Dios y de manera notoria estaba fuera de su voluntad (2 Samuel 24:10). Dios le dio a David la opción en cuanto a qué consecuencia terrible debía soportar por su pecado. David escogió una plaga que mató a setenta mil de sus hombres. Cuando nos apartamos de la voluntad de Dios, podemos tener perdón, pero todavía sufriremos consecuencias por su causa.

Aprender a escuchar la voz de Dios es crucial para permanecer en la voluntad de Dios. Y no pienses por un momento que no es posible escuchar a Dios. Si el diablo puede decirte que hagas algo malo, sin duda Dios puede decirte que hagas algo bueno. Y el Espíritu Santo te dará la capacidad para conocer la diferencia.

Jesús dijo: «No todo el que me dice: Señor, Señor, entrará en el reino de los cielos, sino el que hace la voluntad de mi Padre que está en los cielos» (Mateo 7:21). No es suficiente conocerlo; también tenemos que vivir de acuerdo a su voluntad.

Las promesas de Dios para nosotros se cumplen a medida que seguimos a Dios y vivimos en su voluntad. Cuando lo hacemos, encontramos la provisión, la victoria, las bendiciones y el descanso que necesitamos. Mientras más maduramos en el Señor, más dependemos de Él. Y eso es bueno. Esto se debe a que no podemos llegar a donde Él quiere que vayamos si no dependemos por completo de Él para que nos guíe. Si no lo seguimos, sino que vamos tras lo que nos dicta nuestro corazón, no vamos a terminar donde se supone que debemos estar, y perderemos el derecho de las bendiciones que Él tiene para nosotros.

Dios no mantiene su voluntad como un secreto que debes luchar por averiguar, sino que quiere que lo busques a Él para saberlo.

Dios abre y cierra puertas en tu vida. Cuando buscas su voluntad por encima de todo lo demás, Él cerrará la puerta de cualquier cosa que no sea su voluntad para ti. Si no debes hacer algo, no tendrás la paz de Dios si lo haces. Te sentirás intranquilo, afligido o con el corazón pesado. Si alguna decisión que estás a punto de tomar *es* la voluntad de Dios, tendrás paz y gozo en cuanto a ella, aunque pueda ser escalofriante si Él te está guiando a dar un paso de fe de alguna manera. El Espíritu Santo «conforme a la voluntad de Dios intercede por los santos» (Romanos 8:27). El Espíritu conoce la voluntad de Dios porque Él *es* Dios, y te guiará a orar según su voluntad. Permanece cerca de Él y verás.

EL PODER DE LA ORACIÓN

Señor:

Ayúdame a escuchar tu voz que me habla y me da dirección para mi vida. Permíteme seguirte tan cerca que nunca camine en ninguna clase de rebeldía en contra de ti. No permitas que sea obstinadamente adicto a mis propios deseos, necesidades o determinaciones. Enséñame a no preocuparme por la estima de los hombres, sino a ser diligente para complacerte. No permitas que nunca rechace tu dirección. «Enséñame a hacer tu voluntad, porque tú eres mi Dios; tu buen espíritu me guíe a tierra de rectitud» (Salmo 143:10).

Estoy agradecido porque tu voluntad para mi vida es buena y puede conocerse. Dame sabiduría para entender cuál es tu voluntad (Efesios 5:17). Permíteme hacerlo. Ayúdame a orar de acuerdo a tu voluntad, porque sé que oyes esas oraciones en especial (1 Juan 5:14-15). Decido rendirme a tu voluntad cada día, para que nunca me aparte del camino que tienes para mí. Guíame, Espíritu Santo, para hacer lo que es apropiado en cada situación. Sintoniza mi corazón con el tuyo. Ayúdame a oír con claridad tu dirección para que siempre esté en tu voluntad. Permíteme estar disponible por completo para hacer lo que quieres que haga, para que pueda lograr tu voluntad para mi vida y tu voluntad en este mundo. «El hacer tu voluntad, Dios mío, me ha agradado» (Salmo 40:8).

Te lo pido en el nombre de Jesús.

EL PODER DE LA PALABRA

Por tanto, no sean insensatos, sino entiendan cuál es la voluntad del Señor.

EFESIOS 5:17, NVI

Por tanto, amados míos, ya que siempre han obedecido, no sólo en mi presencia, sino mucho más ahora en mi ausencia, ocúpense en su salvación con temor y temblor, porque Dios es el que produce en ustedes lo mismo el querer como el hacer, por su buena voluntad.

FILIPENSES 2:12-13, RVC

EL PODER DE LA PALABRA

4

$\mathcal{G}$uiado para adorarle

Nunca supe lo que era el gozo hasta que lo experimenté por primera vez en la adoración. El gozo del Señor vino a mi alma como un amanecer que inundaba los lugares de mi corazón con luz y derretía las áreas duras y congeladas como cubos de hielo en un día cálido. Las lágrimas fluyeron sin ningún esfuerzo, como una suave lluvia de verano en mi alma cansada, y algo en mí se liberó y fui transformada. Lo sentí. Lo supe. Nunca lo he superado. Y ocurría cada vez que estaba en un servicio de adoración allí en la iglesia.

Esa manifestación de la presencia de Dios no se puede obtener con una fórmula ni con alguna clase de manipulación. Solo sucede cuando tenemos un corazón de profundo amor y reverencia a Dios y nos deleitamos en expresárselo. Sucede cuando volvemos nuestros ojos por completo a Él, exaltando a Dios por lo que es Él y alabamos a Jesús por lo que ha hecho. Sucede cuando las personas que tienen la misma actitud se reúnen con corazones unidos en amor por el Señor, e invitan al Espíritu Santo para que se mueva con poder en ellas.

Siempre fue un milagro para mí la manera en que Dios cambiaba *mi* corazón cada vez que *lo* adoraba. Él hará eso con cualquiera que se abandone a sí mismo para enfocarse del todo en Él. Me encanta eso acerca de Dios: el asunto de que todo se trata de *Él* resulta ser para *nuestra mayor bendición.*

Cuando tu adoración se trata solo de Dios, Él se derrama en ti. Es más, hay ciertas bendiciones que Él quiere darte que solo puedes recibir cuando lo adoras.

El Espíritu Santo siempre te guiará a adorar a Dios, pero no lo exige; lo inspira. Esto no es algo de control mental, donde el líder del culto quiere que lo adores. Dios no es inseguro ni necesita que se le diga lo grande que es. La adoración es el completo reconocimiento de lo que es la suprema verdad: que Dios es el omnipotente y todopoderoso Creador de todo, el Padre celestial de amor, gracia y misericordia, y que su Hijo, Jesús, entregó su vida por nosotros y resucitó para demostrar que es Dios y que nosotros también podemos resucitar.

Mientras más conoces a Dios, más querrás adorarlo. Y cada vez que lo adores, lo conocerás mejor. Si entiendes de verdad quién es Dios, no puedes dejar de adorarlo.

Tu adoración determina en cuál imagen te formarás. Llegas a ser más como el Señor a medida que lo adoras.

La adoración debe llegar a ser una forma de vida, algo que sucede innumerables veces al día, todos los días. No es solo algo infrecuente que ocurre nada más que el domingo por la mañana o el miércoles por la noche. Debe ser continuo y constante, como el aire que respiramos. *La única manera de mantener la adoración viva en nuestros corazones es convirtiéndola en un estilo de vida.* El Espíritu Santo te ayuda a hacerlo. Él te guiará a adorar a Dios en cualquier momento que esté en tu corazón y mente hacerlo.

No puedes estar cerca de Dios si no lo adoras. Y si no lo adoras a diario, nunca estarás tan cerca de Él como puedas estarlo. Estás lo más cerca posible de Dios en esta tierra cuando lo adoras, porque Él mora en tus alabanzas (Salmo 22:3).

Cuando adoramos a Dios por lo que es Él, comenzamos a entender mejor lo que somos con relación a Él.

Todos los días tomamos decisiones en cuanto a quién adoraremos y a qué adoraremos. Debido a que Dios nos dio un libre albedrío, en lugar de hacernos robots que puede programar para que lo adoren, podemos *decidir adorarlo.* Nosotros establecemos el curso de nuestra vida, dependiendo de qué o a quién adoramos, porque eso determina nuestras prioridades y nuestros valores. Dios quiere que lo adoremos con todo nuestro corazón, en espíritu porque el Espíritu nos capacita, y con la verdad que nos ha dado Él.

Guiado para adorarle con todo tu corazón

Dios quiere que lo amemos con todo nuestro corazón, con toda nuestra alma y con toda nuestra mente. Él dijo: «Me buscarán y me encontrarán, cuando me busquen *de todo corazón*» (Jeremías 29:13, NVI, énfasis añadido). Y esa es la manera en que debemos adorarlo. Lo más importante que hacemos en esta tierra es adorar a Dios.

Naciste para glorificar a Dios, y la manera más significativa de hacerlo es adorándolo.

A medida que nos derramamos en adoración a Dios, Él se derrama en nosotros. A medida que le abres tu corazón en adoración, Él aumenta la capacidad de tu corazón para que recibas su amor, paz, gozo y poder. A medida que dejas que el gozo del Señor surja en tu corazón, el temor, la ansiedad y la duda quedan fuera. A medida que ajustas tu mente para que se enfoque en Dios, Él quita la confusión y te da claridad. A medida que dejas a un lado tu agotamiento y preocupación y lo adoras, Él te renueva, te refresca, te ilumina y te libera de cualquier cosa que te hubiera restringido. A medida que le ofreces todo lo que hay dentro de ti, Él te llena de sí mismo y te eleva por encima de las circunstancias que te preocupan. A medida que rompes tu silencio y lo adoras en voz alta, Él rompe las cadenas que te aprisionan.

Adoración es decir todas las razones por las que Dios es digno de ser exaltado. Si no sabes cómo empezar, permíteme darte algunas ideas.

Adora a Dios como tu Creador y Padre celestial, que te ama de manera incondicional y para siempre. Adora a Jesús porque entregó su vida para que puedas vivir con perdón completo y tener un refugio glorioso y seguro, por toda la eternidad con Él en el cielo. Alábalo porque te salva, redime, sana, provee, protege y libera. Adóralo porque te ha dado su Espíritu Santo para que viva en ti y obre a través de ti. Adora a Dios porque su Palabra te da un fundamento sólido y es una carta de amor para leer a lo largo de toda tu vida. Alaba a Dios por su bondad. Alábalo porque es todopoderoso. Alábalo porque es el mismo ayer, hoy y para siempre. Adóralo porque es la luz inagotable en este mundo de oscuridad. Alábalo porque tiene un gran propósito para ti y porque siempre está contigo y nunca te abandonará.

¡Comienza con eso!

Si todo esto no conmueve algo en tu corazón, comienza con lo básico: el hecho de que Dios te ha dado vida, de que te despertaste esta mañana y no moriste en la noche.

La adoración es responder a la grandeza de Dios al exaltarlo, pero no lo exaltarás como debes hacerlo si no entiendes por completo lo grande que es Él.

Dios quiere que tu adoración sea personal. Sin duda alguna, quiere que lo adores junto con otros creyentes, pero también desea que lo adores solo... tú y Él solos. Dios también exige que tu adoración a Él no sea nada más con tus labios. Él quiere que venga de *todo* tu corazón. Jesús dijo: «Este pueblo de labios me honra, mas su corazón está lejos de mí. Pues en vano me honran, enseñando como doctrinas mandamientos de hombres» (Marcos 7:6-7). Citó las palabras de Isaías de hacía cientos de años y, al igual que Isaías, Jesús no validó la adoración de la gente que decía palabras de alabanza, pero sus corazones no estaban en eso. La verdadera adoración fluye de nuestro corazón, de lo contrario somos hipócritas.

Si solo hacemos los movimientos, cantamos o repetimos palabras que hemos oído, solo actuamos o seguimos una tradición muerta. Se nos llama a adorar a Dios con adoración genuina que fluya de nuestro corazón. No deberían *sacarnos* la adoración. Deberíamos tener tanta gratitud y reverencia a Dios que no podamos evitar que fluya.

En cambio, si por alguna razón no tenemos las fuerzas para adorar a Dios, tenemos problemas del corazón. No estoy diciendo que no puedes comenzar hablando o cantando palabras de adoración, ya sea que tu corazón esté en eso o no, porque cuando comienzas, tu corazón le seguirá. Si te das cuenta de que no puedes adorar a Dios por alguna herida, depresión, ira, falta de perdón o cualquier mentira que el enemigo te haya dicho, puedes traspasar esa parálisis al decir de forma deliberada: «Padre Dios, te adoro por encima de todo lo demás. Jesús, eres el Señor del cielo y la tierra, y te alabo por salvarme y librarme». Luego, entona un canto de adoración, aunque no tengas ganas de hacerlo en ese momento. Eso no es hipocresía. Es resistirse al enemigo.

Un hipócrita es alguien que hace todos los movimientos rituales sin sentimiento que los apoye, como una demostración para los demás. Una persona que está tratando de atravesar un muro de desánimo o dolor, erigido por el enemigo de su alma debido a las circunstancias, no es un hipócrita al pronunciar palabras de alabanza y adoración, aunque en su corazón no las sienta en ese momento. Si tienes problemas hasta para hacer eso, pon música de adoración y ponla lo bastante fuerte como para acallar las voces de negativismo en tu cabeza. Comienza con tararearla, si eso es todo lo que puedes hacer. No hagas nada. Pídele al Espíritu Santo que te guíe.

En la adoración elevamos nuestros corazones y nuestras manos hacia el cielo y soltamos todo lo que está en la tierra.

La mayor evidencia de nuestro amor y nuestra devoción por Dios es nuestra adoración a Él. Adoración significa que todo el enfoque está en *Él*. No en nosotros, ni en los que nos rodean, ni en el líder de adoración, ni en la gente del equipo de adoración. Dios quiere darte un vestido de adoración por un espíritu de pesadumbre. Y ese es un negocio perfecto.

El piadoso rey Josías restauró por primera vez la adoración a Dios cuando *leyó, oyéndolo ellos, todas las palabras* a los sacerdotes y al pueblo (2 Reyes 23:2). Después se comprometió a seguir a Dios y a guardar sus mandamientos «*con todo el corazón y con toda el alma*» (2 Reyes 23:3, énfasis añadido). De inmediato, destruyó todo lo que era impío en la tierra. Limpió el templo de todo lo que se usaba en la adoración de dioses falsos y de ídolos (2 Reyes 23:4). Derribó todos los lugares altos que los reyes anteriores a él no derribaron, y retiró a todos los sacerdotes que practicaban la adoración a los ídolos (2 Reyes 23:8). Se dice de Josías que «antes de él no hubo rey como él *que se volviera al SEÑOR con todo su corazón, con toda su alma y con todas sus fuerzas*» (2 Reyes 23:25, LBLA, énfasis añadido).

Nosotros, también, debemos derribar los lugares altos de nuestro corazón y destruir cualquier cosa impía en nuestra vida. También debemos deshacernos de cualquier dios falso e ídolo, y liberarnos de cualquier persona que sea una mala influencia en nuestra vida. Debemos pedirle al Espíritu Santo que limpie nuestro corazón de todo lo que no sea suyo, a fin de que podamos buscar a Dios en adoración con todo nuestro corazón, toda nuestra alma y todas nuestras fuerzas.

El rey David y el pueblo de Israel acompañaron el arca de Dios de vuelta a Jerusalén, de donde estuvo en los días de Saúl. La pusieron en un carro nuevo y adoraron a Dios con *«todas sus fuerzas»* cuando viajaron con ella (1 Crónicas 13:8, énfasis añadido). Es más, el pueblo *se detenía con frecuencia* para adorar. «Y cuando los que llevaban el arca de Dios *habían dado seis pasos*, él sacrificó un buey y un carnero engordado. Y David danzaba con toda su fuerza delante de Jehová [...] Así David y toda la casa de Israel conducían el arca de Jehová con júbilo y sonido de trompeta» (2 Samuel 6:13-15, énfasis añadido).

Nosotros, también, debemos detenernos con frecuencia para adorar a Dios con todas nuestras fuerzas.

Cuando no adoramos a Dios, lo quitamos de su trono en nuestro corazón, y nos ponemos en el trono de nuestro propio reino, en nuestro propio mundo. Eso fue lo que Lucifer hizo antes de caer del cielo y de llegar a ser Satanás en la tierra. Era un ser bello, el líder de adoración en el cielo, pero quiso ser Dios. No queremos tener nada que ver con su orgullo ni con su fracaso.

Cuando el rey David compró un lugar para construir un altar para el Señor, para llevarle ofrendas, dijo: «No ofreceré al Señor mi Dios holocausto que *no me cueste nada*» (2 Samuel 24:24, LBLA, énfasis añadido). Como resultado, el Señor atendió sus oraciones por la tierra y se detuvo una plaga en Israel (2 Samuel 24:25). No podemos adorar a Dios con una adoración débil y sin vida que no nos cueste nada. Debemos sacrificar todo lo que está dentro de nosotros: cuerpo, mente y alma. Eso significa que debemos hacer un buen esfuerzo.

Cuando adoramos cosas que no nos pueden salvar ni darnos vida, llegamos a estar muertos como ellas. Cada vez que adoramos a Dios por lo que es, Él nos llena de su poder transformador. Suaviza nuestro corazón y nos fortalece. Nos da su gozo para que surja en nuestro corazón y se convierta en fortaleza para nosotros.

Nuestra adoración influye en lo que somos, porque llegamos a ser como las personas o las cosas que adoramos (Salmo 115:4-8).

Cuando el pueblo llevado cautivo regresó a Jerusalén para reconstruir el templo, lo primero que hicieron fue construir el altar y restaurar la adoración. Cuando colocaron los cimientos del templo, la gente alabó a Dios y «aclamaba con gran júbilo» (Esdras 3:11). La palabra aclamar significa *«un gran ruido que no se puede pasar por alto»*. Eso resume la manera en que a veces debemos alabar a Dios. Debemos alabarlo de manera tranquila y reverente también, pero tiene que haber veces en las que cantemos o digamos alabanza a Dios con un ruido que no se puede pasar por alto.

Aunque este versículo de Esdras habla de restaurar el templo que fue destruido, también podemos compararlo con nuestra propia vida y con los lugares en los que necesitamos que Dios restaure una parte muerta o dañada de nuestra mente, corazón o memoria que se hubiera desviado del camino en el que Él quiere que esté. La restauración de cualquier clase debería ocasionar gritos de alabanza y lágrimas de gozo, como lo hizo con el pueblo de Jerusalén que vio la restauración de su amado templo de Dios que había sido destruido.

Ya sea en la privacidad de tu habitación o en medio de la adoración con una congregación, canta y pronuncia palabras de alabanza en tu tiempo de adoración. Solo hablar o cantar de forma audible será un paso hacia adelante para mucha gente. No se trata de estar fuera de orden ni de llamar la atención. Se trata de exaltar a Dios para que el enemigo lo oiga. La alabanza es un arma de guerra. No se trata de volumen. Se trata de lo que está en tu corazón.

No es difícil encontrar razones para alabar a Dios, pero puede ser difícil hacer que lo adoremos de manera tan frecuente y de todo corazón como deberíamos hacerlo. Por eso es que necesitamos que el Espíritu Santo nos guíe por completo. Él siempre nos guía hacia la adoración. Eres *tú* el que determina cuánto de tu corazón interviene en esto. Él quiere que lo adores porque eso te coloca en la posición de recibir todas las bendiciones que tiene para ti.

EL PODER DE LA ORACIÓN

Señor:

No quiero ser jamás una persona que te adore de manera débil, ineficaz o indiferente. Eres todo para mí. No quiero ser como la gente de tu Palabra que lo tuvo todo, tu presencia y tu Espíritu Santo en ella, y que lo perdió. Tenía el regalo más valioso y precioso en la vida, y lo desperdició porque sus corazones se alejaron de ti. Comenzaron como adoradores agradecidos y terminaron desolados sin tu presencia que los protegiera. Permíteme estar lejos de eso. Enséñame a adorarte con todo mi corazón. Acuérdame que luche en contra de las dificultades en mi vida con adoración, porque tú eres mucho mayor que cualquier cosa que enfrente.

No quiero que mi adoración refleje alguna vez otra cosa que no sea reverencia total y genuina a ti. Perdóname por las veces que no te haya dado las gracias como debería hacerlo. Enséñame a adorarte con todo mi corazón, con todo lo que hay en mí. «Mi alma está apegada a ti» (Salmo 63:8, rvc). Revélame cualquier cosa en mi corazón que impida que te dé toda la alabanza y la adoración que te mereces. Ayúdame a hacer de la adoración a ti el primer sitio al que corra cuando tenga preocupaciones. Permite que sea una forma de vida para mí.

Te lo pido en el nombre de Jesús.

EL PODER DE LA PALABRA

Bendeciré al Señor en todo tiempo; su alabanza estará siempre en mi boca.

Salmo 34:1, rvc

Sabemos que Dios no oye a los pecadores; pero si alguien teme a Dios y hace su voluntad, a éste oye.

Juan 9:31, lbla

Guiado para adorarle con la ayuda del Espíritu Santo

El Espíritu Santo nos ayuda a adorar a Dios. Jesús dijo de los verdaderos adoradores que «*los que le adoran, en espíritu y en verdad es necesario que adoren*» (Juan 4:24, énfasis añadido). El Espíritu Santo nos guía a la adoración. Él la provoca en nuestro corazón. Nos muestra cómo debe hacerse.

Nosotros tenemos al Espíritu Santo cuando recibimos a Jesús, pero necesitamos el derramamiento del Espíritu Santo que nos da acceso al mismo poder que tuvo Jesús. Después que Juan bautizó a Jesús y el Espíritu Santo descendiera sobre Él, fue lleno del Espíritu Santo y entonces tuvo el *poder del Espíritu* y fue «*llevado por el Espíritu*» (Lucas 4:1, énfasis añadido). Nosotros, también, necesitamos el poder y la dirección del Espíritu Santo. Dios no le da algo valioso a alguien que no lo quiera o que no lo aprecie. Debemos quererlo.

También se habla del Espíritu Santo en la Biblia como «el Espíritu del Señor» (2 Crónicas 20:14, LBLA), el «Espíritu de Dios» (2 Crónicas 15:1), y «la mano del Señor» (2 Reyes 3:15, RVC).

El profeta Eliseo necesitaba oír de Dios, y sabía *que la adoración es clave para que ocurra eso*. Pidió que le llevaran un músico. «Mientras el músico tañía el arpa, *la mano del Señor vino sobre Eliseo*» (2 Reyes 3:15, NVI, énfasis añadido). Eso significa que el Espíritu Santo llegó a Eliseo cuando estaba adorando. Nuestra adoración nos prepara para recibir del Señor.

La adoración es clave para oír a Dios. Cuando adoramos a Dios, nos abrimos al fluir de su Espíritu Santo en nosotros que le da a nuestra vida la plenitud del carácter de Dios. Cuando adoramos a Dios, su presencia está con nosotros en poder y logramos escucharlo mejor.

El fluir continuo del Espíritu Santo en ti te inspirará para adorar a Dios y, como resultado, serás más capaz de oír su voz que le habla a tu corazón.

El Espíritu Santo conoce las cosas de Dios. «Porque entre los hombres, ¿quién conoce los pensamientos de un hombre, sino el espíritu del hombre que está en él? Asimismo, nadie conoce los pensamientos de Dios, sino el Espíritu de Dios» (1 Corintios 2:11, LBLA). El Espíritu Santo sabe cómo se supone que debemos adorarlo.

Cuando adoramos a Dios, le abrimos todo nuestro corazón, y el Espíritu Santo es el canal abierto por el que Dios se derrama en nosotros. Él derrama en nosotros su amor, gozo, paz, poder y todo lo que es Él. De esa manera, se comparte con nosotros.

El Espíritu Santo, el sello de la aprobación de Dios para ti, te permite tener una relación con Dios que cada vez se profundiza más. El Espíritu Santo te guía, no solo cuando oras, sino también cuando lo adoras. Él es tu fuente de poder para que puedas lograr lo que nunca harías sin Él. Le da significado y propósito a tu vida. Ilumina la Palabra de Dios. Te guía en cada paso de tu caminar con Dios.

El Espíritu Santo nunca nos guía a quejarnos; nos guía a adorar. Es más, si te encuentras quejándote, el Espíritu Santo no te guía y debes cambiar eso. Quejarse no es lo mismo que ir ante Dios en oración y decirle las preocupaciones de tu corazón. En oración buscas la perspectiva, el entendimiento, la sabiduría y la ayuda del Señor. Quejarse por una situación es algo que haces *en lugar de* llevarle tus preocupaciones a Dios. No puedes adorar con todo tu corazón si te quejas y reniegas.

Los israelitas se quejaron en contra de Moisés al decir: «¿Por qué nos hiciste subir de Egipto para que muramos en este desierto?» (Números 21:5). Esto significa que se estaban quejando de Dios en realidad. No buscaron a Dios ni dijeron con humildad: «Te alabamos, Señor, porque eres nuestro Proveedor. Te adoramos como nuestro Dios poderoso, para quien nada es imposible. Te pedimos que sigas proveyendo la comida y el agua que necesitamos».

Dios quería que dependieran de Él para todas sus necesidades, porque iba a llevarlos a un lugar al que no podían llegar sin Él. Sin embargo, como resultado de sus quejas, «envió entre el pueblo serpientes ardientes, que mordían al pueblo; y murió mucho pueblo de Israel» (Números 21:6). ¿No es sorprendente cómo una invasión de serpientes ardientes tenga una manera de hacer que la gente vuelva a entrar en razón? Por lo tanto, se arrepintieron de sus quejas y le pidieron a Moisés que orara a Dios para que «quite [...] estas serpientes» (Números 21:7).

Esta terrible plaga de serpientes fue el resultado de quejarse y de murmurar en contra de Dios. El pueblo murmuró en lugar de adorar. Sin embargo, Dios respondió a su *confesión* y a su *arrepentimiento* al instruir a Moisés que hiciera una serpiente de bronce y la pusiera sobre un asta, para que cualquiera que fuera mordido pudiera verla y viviera. Él podría haber quitado todas las serpientes, pero en lugar de eso proveyó una manera de ser salvos.

Jesús habló de esta serpiente de bronce que se erigió en el desierto, e hizo una comparación con ella de cuando lo levantarían a Él en la cruz «para que todo aquel que en él cree, no se pierda, mas tenga vida eterna» (Juan 3:14-15). En lugar de quejarte, mira a Jesús y la cruz, y agradécele a Dios por tener una salida, o un medio, para todo lo que te preocupa.

Cuando nos quejamos, eso siempre regresa para mordernos. Es mejor darle gracias a Dios por su Espíritu en nosotros, guiándonos en todas las cosas, y eso incluye la adoración.

EL PODER DE LA ORACIÓN

Señor:

Te agradezco por el regalo de tu Espíritu Santo en mí. Lo estimo por encima de todo lo demás. Ayúdame a ser siempre consciente de tu presencia que me guía a adorarte. Sé que siempre oyes mis pensamientos, por lo que no permitas que deje que los pensamientos impíos me roben la mente. Confieso cualquier ocasión en la que me haya quejado en lugar de llevarte mis batallas y decepciones en oración. No quiero nunca preferir de ninguna manera mis deseos y no a ti.

Espíritu Santo, sé que tú puedes darme las palabras que debo decir (Lucas 12:12), tú me enseñas todas las cosas (Juan 14:26) y tú puedes ayudarme a hacer lo bueno (Romanos 7:6). Entonces sé que me ayudarás a adorarte en espíritu porque tú eres el Espíritu de Dios en mí. Límpiame de toda impiedad de modo que pueda ser una vasija pura que puede adorarte en la santidad a la que me has llamado. Quítame cualquier cosa en mi actitud o mente que no sea como tú quieres que sea. Te exalto como el Espíritu de vida (Romanos 8:2) y el Espíritu de santidad (Romanos 1:4). Permíteme adorarte de cada forma que sea aceptable para ti.

Te lo pido en el nombre de Jesús.

EL PODER DE LA PALABRA

Den gracias a Dios en todo, porque ésta es su voluntad para ustedes en Cristo Jesús.

1 Tesalonicenses 5:18, rvc

¿Quién como tú entre los dioses, oh Señor? ¿Quién como tú, majestuoso en santidad, temible en las alabanzas, haciendo maravillas?

Éxodo 15:11, lbla

Guiado para adorarle con el conocimiento de la verdad

El Espíritu Santo es el Espíritu de verdad. Y Él quiere que lo adoremos en la verdad de su Palabra. Antes de que le crucificaran, Jesús habló acerca del Ayudador que enviaría: «*el Espíritu de verdad*, el cual procede del Padre, él dará testimonio acerca de mí» (Juan 15:26, énfasis añadido). El Espíritu Santo de verdad nos guía en todas las cosas (Juan 16:13). Él es el Ayudador que nos enseña (Juan 14:26). Él nos enseñará a adorarlo de la manera en que quiere que se le adore.

El Espíritu Santo es la presencia de Dios. En realidad, no podemos ver a Dios y vivir, por lo que nos da su Espíritu Santo, que es omnipresente. La obra del Espíritu Santo es llenarnos con todo lo que Dios nos da, a fin de capacitarnos para que lo obedezcamos y para permitirnos hacer lo que no podríamos hacer sin Él.

Cuando llenamos nuestro corazón de la Palabra de Dios, ella nos recuerda quién es Dios y todo lo que ha hecho por nosotros. Hace que recordemos lo que Jesús logró en la cruz. Nos enseña acerca de todo lo que el Espíritu Santo hace en nuestra vida. Todo esto nos lleva a adorarlo en verdad.

Cuando los israelitas entraron a la tierra que iban a poseer, tuvieron que destruir todos los lugares de idolatría y adoración de dioses falsos (Deuteronomio 12:2-4). No debían incorporarlos a su propio lugar de adoración. Debían buscar la dirección del Espíritu Santo para averiguar lo que Dios quería que hicieran. Nosotros debemos hacer lo mismo. No podemos hacer lo que nos parezca apropiado a nuestros propios ojos (Deuteronomio 12:8). Debemos adorar a Dios de la manera en que Él dice que lo adoremos. Es decir, tenemos que conocer la verdad acerca de cómo debemos adorar a Dios según se revela en su Palabra.

Pregúntale a Dios dónde debes adorarlo con otros creyentes. Hay bendiciones que ocurren en la adoración colectiva y que no ocurrirán de ninguna otra manera en tu vida. Dios dijo: «Cuídate de no ofrecer tus holocaustos en cualquier lugar que veas, *sino en el lugar que el SEÑOR escoja*» (Deuteronomio 12:13-14, LBLA, énfasis añadido). No asistas a los servicios regulares en cualquier lugar que veas, sino en el lugar que Dios te muestre con la guía de su Espíritu. Eso no significa que no puedas visitar otras iglesias, pero no corras de un lugar a otro sin establecerte nunca en una iglesia local.

Dios tiene un lugar para que lo adores y para que crezcas en una familia de iglesia. Averigua dónde está. Ora por eso. Si no estás seguro, elige una buena iglesia y mira si tienes la paz de Dios en cuanto a asistir allí. Pídele al Espíritu Santo que te dirija. No vayas a una iglesia donde la adoración no sea una prioridad. O donde todo sea un frenesí en la plataforma, pero nada ocurre en la congregación. Ve a donde haya *líderes* de adoración que *dirigen* a la gente en la adoración y no solo hacen una exhibición para los demás. Esto no se trata de estilos musicales ni de volumen. Se trata de que todos pongan todo el enfoque en el Señor y lo quiten de sí mismos. Tienen que *enseñarte* a adorar, no tienen que entretenerte mientras otros adoran por ti.

Si la Palabra de Dios no ilumina nuestra vida, el mundo nos persuadirá más que Dios.

Dios nos dio su Palabra para que sepamos cómo vivir, y eso incluye la adoración. Él tiene reglas para que sepamos cómo hacer que nuestra vida marche y podamos evitar las cosas que nos hagan daño. Él quiere que sepamos la verdad. Acerca de todo.

La verdad suprema es la Palabra de Dios, que es infalible, confiable y absoluta, y en ella encontrarás todo lo que debes saber acerca de cómo debes adorarlo y por qué debes adorarlo.

Cada vez que leas la Biblia, haz una nota con los nombres y las descripciones de Dios como aparecen. Te ayudarán a honrarlo por lo que es Él. Por ejemplo, cuando lees que se habla de Dios como el Padre celestial, el Pan de Vida, Omnisciente, Luz del Mundo, Señor de señores, Rey de reyes, Refugio en tiempo de angustia, Lugar de Reposo, Refugio de la Tormenta, Sombra contra el calor, Galardonador, Escudo, Sustentador y Misericordioso, dale gracias por ser todas estas cosas para *ti*. Cualquiera de estas cosas es razón de alabanza. Alábalo porque Él te ama, porque es bueno, puro y santo. Tiene un propósito para tu vida, redime todas las cosas, escucha tus oraciones y las responde, nunca te deja ni te desampara, puedes encontrarlo cuando lo buscas, tiene un propósito grande para ti, y es más poderoso que cualquier cosa a la que te enfrentes. Cada una de estas cosas se encuentra en la Palabra de Dios.

Tienes que conocer la verdad de Jesús. Él *es* la verdad. Cuando ves a Jesús como tu Consejero, Salvador, Dios Fuerte, Libertador, Sanador y Príncipe de Paz, ¿cómo no puedes adorarlo (Isaías 9:6)? Cuando recuerdas que Jesús hizo posible que oraras en su nombre y que esperaras tener el gozo de la oración respondida, lo adorarás (Juan 16:23-24). Cuando piensas en todo lo que Jesús ha hecho por ti, lo adorarás. Estoy convencida de eso.

EL PODER DE LA ORACIÓN

Señor:

Te doy gracias por la verdad de tu Palabra que me dice cómo vivir. Ayúdame a aprender de ella a adorarte de maneras que te agraden. Te alabo por perdonarme y hacer posible que tenga una relación contigo para siempre. Te exalto, Jesús, y te agradezco porque resucitaste de los muertos y destruiste el poder de la muerte y del infierno para siempre en mi vida. Gracias por salvarme de mí mismo y por darme vida en ti. Gracias porque me estás haciendo una persona íntegra.

Te alabo, Señor, por el regalo de tu Espíritu Santo en mí. Te alabo, Espíritu Santo, por guiarme en todas las cosas. Sé que «tu justicia es justicia eterna, y tu ley la verdad» (Salmo 119:142). «Me postraré hacia tu santo templo, y alabaré tu nombre por tu misericordia y tu fidelidad; porque has engrandecido tu nombre, y tu palabra sobre todas las cosas» (Salmo 138:2). Debido a que estás a mi mano derecha, no seré conmovido (Salmo 16:8). Ayúdame a entrar cada día por tus puertas con gratitud y a tus atrios con alabanza (Salmo 100:4). Permíteme hacer de la adoración a ti una forma de vida, mi primera reacción a todo lo que ocurre, ya sea bueno o malo.

Te lo pido en el nombre de Jesús.

EL PODER DE LA PALABRA

Mas la hora viene, y ahora es, cuando los verdaderos adoradores adorarán al Padre en espíritu y en verdad; porque también el Padre tales adoradores busca que le adoren.

Juan 4:23

Pero ustedes son linaje escogido, real sacerdocio, nación santa, pueblo adquirido por Dios, para que anuncien los hechos maravillosos de aquel que los llamó de las tinieblas a su luz admirable.

1 Pedro 2:9, rvc

5

Guiado para estar apartado

Los que tenemos al Espíritu Santo en nosotros debemos ser distintos de los que no lo tienen. Si la gente no puede ver ni percibir una diferencia positiva en nosotros, el Espíritu Santo no nos está guiando en todo lo que hacemos.

La Biblia dice: «Y no contristéis al Espíritu Santo de Dios, *con el cual fuisteis sellados* para el día de la redención» (Efesios 4:30, énfasis añadido). «Sellar» algo es asegurar y confirmar una unión, a fin de darle aprobación y respaldo, y hacerla vinculante para siempre. ¿No te encanta el hecho de que sea eso con exactitud lo que Jesús hizo con tu relación con Él al darte el Espíritu Santo? Cuando recibiste a Jesús, te dio el Espíritu Santo para que viviera en ti como *el sello que confirma y asegura ese vínculo entre tú y Dios*, y lo hace vinculante desde su punto de vista. El Espíritu de Dios está comprometido a vivir en ti para siempre. ¿Hay algo mejor que esto?

El Espíritu Santo solo se *manifiesta* en tu vida, sin embargo, cuando le das lugar. Él nunca se manifestará de manera alguna si tú no quieres que lo haga. Así que puedes estar seguro de que otra gente ni siquiera podría sospechar que esté allí. Entonces, ¿por qué restringir al Espíritu Santo para que haga lo que quiere hacer en ti? ¿Por qué mantenerlo como un secreto para los demás? No quiero decir que debes anunciarlo con un megáfono a dondequiera que vayas. (Y todos preferiríamos que no lo hicieras). Así y todo, ¿por qué limitar a propósito al Espíritu Santo en ti, cuando podría manifestar el amor, la paz y el gozo de Dios y atraer a la gente a Él?

Nosotros contristamos al Espíritu Santo cuando pensamos, decimos o hacemos cosas que no son santas de la manera que Él es santo. Cuando cometemos pecado en nuestras acciones, palabras o pensamientos, tales como cuando no nos perdonamos unos a otros, el Espíritu Santo se entristece, así como tú te entristecerías si uno de tus hijos se negara a perdonar a otro de tus hijos. Estarías triste por eso hasta que se arreglara. No obstante, si el Espíritu Santo nos guía en todas las cosas, nunca lo entristeceremos.

El Espíritu Santo siempre te guiará para que llegues a ser cada vez más semejante al Señor. Dios sabe que no podemos lograrlo sin su participación. «Porque el deseo de la carne es contra el Espíritu, y el del Espíritu es contra la carne; y éstos se oponen entre sí, para que no hagáis lo que quisiereis» (Gálatas 5:17).

Ahí lo tienes. Nuestra carne, si se deja a su voluntad, estará en oposición al Espíritu Santo en nosotros. Nos sometemos a Dios y a la dirección de su Espíritu o no nos sometemos. Los que somos de Cristo hemos «crucificado la carne con sus pasiones y deseos» o no lo hemos hecho (Gálatas 5:24).

A fin de que otros vean la belleza del Espíritu de Dios en nosotros, debemos apartarnos de todo lo que no sea de Dios.

Podemos *decidir* apartarnos de todo pecado, de la seducción pecaminosa del mundo, de las trampas y de los planes malignos del enemigo, de toda tentación, de los fracasos de nuestro pasado, del orgullo y de cualquier cosa que nos aleje de Dios. Tenemos una opción en la forma en que vivimos.

Guiado para estar apartado de todo el pecado

Lo primero que hará el Espíritu Santo, después de llevarte al Señor, es guiarte para que te apartes de todo pecado. Eso significa que en cada lugar en el que no llegues a la estatura que Dios tiene para ti, el Espíritu Santo te lo mostrará. A los israelitas se les advirtió: «Andad en todo el camino que el Señor vuestro Dios os ha mandado, *a fin de que viváis y os vaya bien,* y *prolonguéis vuestros días* en la tierra que vais a poseer» (Deuteronomio 5:33, LBLA, énfasis añadido).

Eso es lo que queremos: vivir bien y mucho. El Espíritu Santo nos convencerá de cualquier pensamiento, palabra o acción que no nos permita hacerlo. Y por eso es que el pecado ya no es agradable, debido a que percibimos el dolor del Espíritu Santo y nuestro propio disgusto cuando lo hacemos. El Espíritu Santo nos da el poder de apartarnos del pecado y de liberarnos de hábitos destructivos de los que no podemos liberarnos con nuestra propia fuerza.

El pecado nos separa de Dios. La separación ocurre en *nuestro* lado, pero a menudo pensamos que ocurre en el lado *de Dios.* Cuando cometemos un pecado, lo sabemos, y si *no* vamos de inmediato ante Dios para confesarlo con un corazón arrepentido, permitimos que se edifique un muro entre Dios y nosotros. Pensamos que *Él* está distante, pero la realidad es que *nosotros* somos los que nos distanciamos de Él al no confesar ni arrepentirnos de lo que hemos hecho y que viola lo que dice su ley. «Si observo iniquidad en mi corazón, el Señor no me escuchará» (Salmo 66:18, LBLA).

Dios no escuchará nuestras oraciones si seguimos viviendo alejados de sus caminos.

El pecado puede infiltrarse de manera sutil en nuestro corazón y nuestra mente; a veces, sin que nos demos cuenta siquiera. Lo cierto es que siempre terminaremos viviendo de alguna manera que a Dios no le agrada cuando no permitimos que el Espíritu Santo nos guíe. La Biblia dice de Roboam, uno de los reyes de Israel, que «hizo lo malo porque *no dispuso su corazón para buscar al SEÑOR*» (2 Crónicas 12:14, LBLA, énfasis añadido). El objetivo de nuestro corazón siempre debe ser buscar a Dios.

Sin dudas, un patrón de acción se repitió una y otra vez en Israel. Cuando las cosas les salían bien, el pueblo hacía el mal y abandonaba a Dios. Al final, Dios se enojaba y dejaba que su enemigo los derrotara y los oprimiera (Jueces 10:6-7). Los israelitas clamaban a Dios, confesaban su pecado, se arrepentían y Él los perdonaba. Entonces, el ciclo comenzaba otra vez (Jueces 10:10).

A la larga, Dios se hastió tanto de su pecado continuo que le dijo al pueblo que buscaran a sus dioses que habían escogido y que *ellos* los salvaran (Jueces 10:14). Ese es un pensamiento aterrador. Es como decir: «Deja que te salven tus drogas y tu alcohol», o: «Deja que te salve tu aventura amorosa ilícita», o: «Deja que te salve tu obsesión», o cualquier otra cosa que la gente adore en lugar de Dios.

Después de eso el pueblo de Israel confesó *otra vez* sus pecados y dejó a sus dioses ajenos, diciendo: «Hemos pecado; haz tú con nosotros como bien te parezca; sólo te rogamos que nos libres en este día» (Jueces 10:15). Y debido a que Dios «*no pudo soportar más el sufrimiento de Israel*», Él los perdonó (Jueces 10:16, NVI, énfasis añadido). Dios tiene sentimientos y tiene misericordia. Él tiene alma.

Nosotros tenemos una tendencia, al igual que los israelitas, de repetir esos mismos patrones en nuestra vida, a menos que estemos entregados por completo a Dios. Cuando las cosas salen bien, extendemos los límites de lo que queremos hacer a nuestro antojo. Luego, cuando las cosas comienzan a derrumbarse, como ocurre siempre ocurre, regresamos a Él con gran arrepentimiento. Sin embargo, cada día que el Espíritu Santo nos guía es un día en el que podemos ser condenados por el pecado y podemos ponerle un alto a ese patrón de comportamiento (Juan 16:8).

Si pecas y sigues pecando, no quiere decir que el Espíritu Santo no esté en tu vida. Significa que no te has entregado a Él por completo y que no has escuchado su voz que te guía todos los días.

Tenemos que liberarnos de cualquier pecado en nuestra vida. Y todos lo tenemos. «Si decimos que no tenemos pecado, nos engañamos a nosotros mismos, y la verdad no está en nosotros» (1 Juan 1:8). He observado a personas que dicen que no tienen ningún pecado y que no son susceptibles al mismo, y son las que han tenido la caída más grande. ¡Enorme! Su orgullo los cegó a su propia falibilidad. Cayeron porque pensaron que no podían caer. Y no vieron la sutileza progresiva del pecado cuando comenzó a invadir sus vidas. Cuando ya no era sutil, se *negaron* a verlo. Llegaron a estar tan engañados que establecieron un sistema de justificación humana que se inventaron para sí mismos. Puede ocurrirle a cualquiera que no siga la dirección del Espíritu Santo.

El Espíritu Santo nunca te guiará a violar sus leyes. Una vez oí a un hombre que decía que creía que el Señor lo estaba guiando a dejar a su esposa y a casarse con su secretaria que ya estaba casada, porque ella estaba más en armonía con su ministerio que su esposa, sin importar que el ministerio de su esposa era el de cuidar a sus cuatro hijos pequeños. La guía del Espíritu nunca te hará ir en contra de los caminos de Dios. ¡Jamás!

Pídele a Dios que te haga sentir atribulado por el pecado, porque si sigues en pecado, perderás tu capacidad de escuchar al Espíritu Santo que dice: «Vuelve».

Pídele al Espíritu Santo que revele cualquier pecado en tu vida, antes de que tenga que condenarte por el mismo. Si te revela algo, confiésalo y arrepiéntete con humildad, a fin de que puedas ser perdonado y purificado. Cualquier pecado al que le des lugar, incluso en tus pensamientos, contaminará tu mente y tu cuerpo, y te hará sentir desdichado de cualquier manera, así que déjalo. No vale la pena.

Cualquier pecado en tu vida entristece al Espíritu Santo en ti. Así como no tolerarías un olor horrible en tu casa, el pecado humano tiene un hedor que el Espíritu Santo no tolera. No vivas con su contaminación cuando el dulce aroma del perdón de Dios puede limpiarte. Pídele al Espíritu Santo que te dé la fortaleza para liberarte por completo de todo pecado. Pídele que te quite cualquier deseo de pensar siquiera en ello.

El pecado mata. En cambio, el Espíritu en ti te da vida (Romanos 8:11). Dios aborrece el pecado (Proverbios 8:13). Si amas a Dios, lo aborrecerás también. Lo odiarás lo suficiente como para apartarte de él.

EL PODER DE LA ORACIÓN

Señor:

Ayúdame a apartarme de todo pecado. Espíritu Santo, sé que tú me guías para que me aparte del pecado, por lo que te pido que siempre pueda escuchar tu voz que le habla a mi corazón. Dame una fuerte convicción en mi alma si alguna vez vacilo para hacer lo bueno. No permitas que esté alrededor de alguien o algo que incluso tenga la apariencia de pecado. Sobre todo, no quiero nunca entristecer a tu Espíritu

Santo. No permitas que piense, diga o haga cualquier cosa que sea en rebeldía y en contra de tus caminos.

Ayúdame a ser perdonador y amable con los demás. Necesito tu ayuda porque no siempre hago o digo cosas de una manera que te agradan. Permíteme crucificar cualquier deseo impío. Dame la fortaleza para apartarme de todo lo que no sea de ti, de modo que pueda disfrutar de una vida larga y buena. No quiero descubrir jamás un muro de separación entre tú y yo, que yo haya erigido al hacer caso omiso de tu voluntad y de tus caminos. Rechazo todo orgullo en mí que ni piense siquiera que soy incapaz de pecar. No dejes que me engañe en cuanto a eso. Permíteme alejarme de cualquier deseo que tenga que pudiera evitar que viva bajo tus reglas.

Te lo pido en el nombre de Jesús.

EL PODER DE LA PALABRA

Todo aquel que tiene esta esperanza en él, se purifica a sí mismo, así como él es puro [...] Todo aquel que permanece en él, no peca.

1 JUAN 3:3, 6

Si pecáremos voluntariamente después de haber recibido el conocimiento de la verdad, ya no queda más sacrificio por los pecados.

HEBREOS 10:26

Guiado para estar apartado del mundo

Dios es santo, su Espíritu es santo y Él quiere que nosotros seamos santos como Él es santo. No es tan imposible como parece, debido a que el Espíritu Santo nos ayuda a hacerlo. Es más, no hay manera en la tierra en que podamos vivir una vida de santidad, que es lo que significa estar apartado del mundo, sin su Espíritu Santo que nos lo permite. Es demasiado fácil comprometer nuestro caminar con Dios al sumergirnos en actitudes y prácticas del mundo incrédulo que nos rodea. Solo podemos liberarnos de esos obstáculos cuando seguimos de cerca la dirección del Espíritu Santo.

Dios les dejó claro a los israelitas que no deberían seguir «a ninguno de los dioses de los pueblos que os rodean [...] no sea que se encienda la ira del Señor tu Dios contra ti» (Deuteronomio 6:14-15, LBLA). Tenemos que apartarnos de las actitudes mundanas que aborrece Dios.

Vivir apartados del mundo no significa que nos convirtamos en aislacionistas y que nunca toquemos a nadie que no sea un creyente nacido de nuevo y lleno del Espíritu. Significa que vivimos bajo el control de Dios y nos negamos a que influya en nosotros cualquier cosa o persona impía. Significa que podemos tocar el mundo con el amor de Dios, pero sus prácticas no tienen influencia en nosotros.

La forma de vivir una vida santa es separándote de cualquier transgresión de los caminos de Dios. Aun cuando el mundo tratará de desviarte de los propósitos de Dios para ti, rechaza el consejo del mundo y busca el consejo de Dios. Una y otra vez leemos acerca de los reyes que siguieron a Dios e hicieron lo recto en todo, pero seguían sin eliminar los lugares altos donde había adoración de ídolos.

Salomón lo tuvo todo: prominencia, fama, fortuna y el favor de Dios, pero dejó que el mundo que lo rodeaba lo apartara de Él, en específico sus muchas esposas paganas. Dios le prohibió a Salomón que se casara con esposas extranjeras, pero de todas formas lo hizo. Y, así como Dios le dijo que ocurriría, el corazón de Salomón se desvió por ellas hacia otros dioses. Al final, dejó de ser leal al único Dios verdadero. Salomón se alejó tanto de seguir la dirección del Espíritu Santo que hasta después que Dios proclamara a través del profeta Ahías que le quitaría el reino, no le creyó (1 Reyes 11:28-32). Debido a que Salomón no se apartó, como Dios se lo indicó, Él le quitó el reino, tal y como lo predijo el profeta.

¿Cuántas veces hemos perdido algo valioso que Dios tenía para nosotros debido a que no nos apartamos del mundo?

Dios les dijo a los israelitas que no llevaran nada detestable a sus casas. «No traerás cosa abominable a tu casa, pues serás anatema como ella» (Deuteronomio 7:26, LBLA). No queremos abrirle la puerta a la destrucción en nuestra vida debido a que tenemos algo detestable en nuestra casa. Pídele a Dios que te deje ver esto. A menudo, no pensamos que tenemos algo inaceptable para Dios, pero podemos tener esas cosas como artefactos impíos, libros que exaltan el pecado u otros dioses, o cartas de tu exnovio o exnovia de antes que te casaras, o cualquier otra cosa. Obsérvalo todo con cuidado. El Espíritu Santo te lo mostrará. Cualquier cosa que descubras, deshazte de ella. Apártate por completo de las cosas que son condenables a los ojos de Dios.

Vivir en santidad significa que debemos apartarnos de todo lo que no sea santo.

Moisés les recordó a los israelitas de cómo el Espíritu de Dios había estado con ellos desde la época en que salieron de Egipto, hasta que estaban a punto de entrar a la Tierra Prometida cuarenta años más tarde. Les aseguró que el Espíritu Santo seguiría estando con ellos y los guiaría si eran obedientes a todo lo que Dios les había indicado que hicieran. Eso significaba que tenían que rechazar cualquier cosa que la gente adorara en la tierra a la que estaban apunto de entrar.

¿Cuántas veces hemos visto gente cuya vida parece llena de promesa, y parece que se desplaza hacia la tierra prometida de sus sueños cuando de repente algo lo desbarata todo? Mi esposo y yo lo hemos visto muy a menudo en el negocio de la música, donde un artista joven y prometedor cae en el orgullo y la adoración de ídolos de la cultura y no identifica el espíritu de lascivia que llega a tentarlo. Después de su caída, nunca se restaura a lo que era y, sin duda alguna, a lo que pudo haber sido. Esto no se dice con juicio, sino más bien con tristeza. Lo que Dios puso en esa persona como dones y habilidades se han desperdiciado porque no se apartó de la seducción del mundo. Y, ahora, aunque encontró perdón y restauración, nunca brilla así de resplandeciente. Los dones todavía están allí, pero la unción no.

Cuánto mejor es ser guiado por el Espíritu Santo, que siempre te guiará a estar *en* el mundo, pero a no ser *del* mundo. Cuando estás lleno de ti mismo, no estás lleno del Espíritu. La voz del Espíritu Santo no puede oírse por encima del ruido del mundo, si no dejamos de prestarle atención a todo lo demás y volvemos nuestro corazón y nuestros oídos hacia Él.

EL PODER DE LA ORACIÓN

Señor:

Ayúdame a apartarme del mundo y, aun así, estar en él de una manera eficaz para hacer tu voluntad. Enséñame a vivir en este mundo y a ser tu luz extendida sin que él me atraiga y sin que influya en mí todo lo que es oscuro y peligroso para mi vida. Ayúdame a amar a los no creyentes, sin que su libertad autoproclamada me atraiga al pecado. Fortaléceme para rechazar toda la presión de grupo para que sea algo distinto a lo que tú quieres que sea. Permite que me resista al orgullo. Permite que no tenga engaño. Ayúdame a nunca resistirme a lo que tú quieres que haga en mi vida.

Señor, dime cuando me haya entregado a ciertas prácticas en la cultura en que vivo y que no te agradan. Abre mis ojos a las cosas que me he acostumbrado y que no debo tener. Ayúdame a dejar cualquier cosa que contamine mi mente. Permite que vea si he llevado algo a mi casa que no te glorifique. No quiero nada en mi vida que le ponga obstáculos a todo lo que has planificado para mí. Permite que me aleje de todo lo que impida que escuches mis oraciones. Espíritu Santo, permite que me aparte de la seducción del mundo, que solo me apartará de ti.

Te lo pido en el nombre de Jesús.

EL PODER DE LA PALABRA

Por lo tanto, el Señor dice: «Salgan de en medio de ellos, y apártense; y no toquen lo inmundo; y yo los recibiré. Y seré un Padre para ustedes, y ustedes serán mis hijos y mis hijas». Lo ha dicho el Señor Todopoderoso.

2 Corintios 6:17-18, rvc

> Por lo tanto, confiesen ahora su pecado al Señor, Dios de
> sus antepasados, y hagan lo que él exige. Apártense de los
> habitantes de esta tierra.
>
> Esdras 10:11, ntv

Guiado para estar apartado del enemigo

El Espíritu Santo nos ayuda a separarnos del mal que nos rodea. Cuando seguimos al Espíritu Santo, Él nos guiará para que nos apartemos de las trampas y las asechanzas que el enemigo prepare para nuestra destrucción, y nos ayudará a establecer las prioridades adecuadas y los límites buenos. A fin de destruir la obra del enemigo en nuestra vida, debemos apartar nuestro corazón de sus caminos y no anhelar las tentaciones. Pídele al Espíritu Santo que abra tus ojos a lo que ocurre a tu alrededor.

El enemigo es un mentiroso, y aunque te puedes oponer al enemigo, todavía te puede engañar con una de sus mentiras.

El Espíritu Santo siempre nos guiará a la verdad y revelará el engaño. Debido a que el mal nos rodea, debemos andar «no como necios sino como sabios, aprovechando bien el tiempo, porque los días son malos» (Efesios 5:15-16). Si no somos sabios, en realidad podemos estar ayudando al enemigo en las cosas que decidimos hacer o apoyar. Debemos tener cuidado de no unir fuerzas con el enemigo al apoyar sus causas y al hacer lo que desea, aunque no seamos conscientes de que lo estamos haciendo en ese momento.

Detrás de cada trampa del enemigo hay una mentira que quiere que creas. Como se ilustró antes en el capítulo 2, hay algo como un espíritu de mentira, que puede *hacer* que alguien mienta (2 Crónicas 18:18-22). Mientras más mienta una persona, más se le da lugar al espíritu de mentira. A medida que la mentira continúa, la persona bajo su influencia mentirá, incluso cuando no haya razón para que lo haga. Pierde todo el discernimiento en cuanto a lo que es cierto y a lo que no lo es. Tal vez no vean siquiera su mentira por lo que es, o quizá comiencen a creer sus propias mentiras.

Mentir es muy común en la actualidad. Demasiada gente miente todo el tiempo. Algunas personas se encuentran tan inundadas del espíritu de mentira que está en el mundo que no saben cuál es la verdad cuando la escuchan. Sin embargo, cuando tienes al Espíritu de verdad en ti, Él te permite discernir la verdad. Él te ayudará a reconocer una mentira cuando la oigas. Alguien puede hablarte y sabrás si te dice la verdad o no.

Cuando le pides al Espíritu Santo que te muestre la verdad en cuanto a algo o alguien y que te revele cualquier mentira, Él lo hará.

Los sirvientes en el templo hacían trabajos de conserjes, reparadores, cortadores de madera, cargadores de agua y encargados del mantenimiento. Al principio, eran descendientes de los gabaonitas, que fueron enemigos de Israel. Sin embargo, cuando los gabaonitas se enteraron de lo que Josué hizo para destruir a Jericó, temieron que Israel los destruyera al igual que a la gente de Jericó. Por lo que con astucia se disfrazaron de gente de un país lejano que llegaba a hacer las paces con Israel y a ser sus siervos (Josué 9:8). *Josué no buscó el consejo de Dios en cuanto a ellos*, sino que hizo un pacto para dejarlos vivir con ellos. Más adelante, cuando Josué se enteró de que en realidad eran sus enemigos los que vivían cerca de ellos, fue demasiado tarde, porque ya había jurado no tocarlos (Josué 9:14-16). Así que Josué los hizo esclavos en la casa de Dios (Josué 9:23-24), y ellos estuvieron de acuerdo porque eso les garantizaba su seguridad.

Se suponía que los israelitas debían apartarse de estos pueblos, pero debido a que Josué no buscó la dirección del Señor en cuanto a los gabaonitas, y en lugar de eso creyó sus mentiras, los israelitas dejaron entrar a sus enemigos en su medio, lo cual iba en contra de la voluntad de Dios para ellos. Todo fue parte del hecho de que el pueblo de Israel se alejara de los mandamientos de Dios, lo cual los condujo a su caída final.

Debemos poder identificar a nuestro enemigo cuando se nos acerca disfrazado de otra cosa, a fin de que no lo recibamos en nuestra vida.

Las fuerzas del mal se unirán con otras fuerzas malignas para hacer el mal. Los fariseos y los herodianos eran enemigos, pero se unieron para destruir a Jesús (Marcos 3:6). No te intimides por una mayoría, ni una multitud, cuando te superen en número. Pídele a Dios que te muestre la verdad en cuanto a la mayoría que te rodea. ¿Son personas que se han propuesto hacer el mal? ¿Cumplen los deseos del enemigo en dirección opuesta a Dios? ¿Han unido fuerzas con otros que también quieren hacer el mal? Pídele al Espíritu Santo que te lo muestre, de modo que no le des apoyo a la gente que está del lado del enemigo. Eso puede ser algo muy sutil, por lo que necesitas saber la verdad en cuanto a los planes del enemigo. Determina que te guíe el Espíritu de verdad.

Satanás llevó a Jesús a distintos lugares para mostrarle lo que podría tener si se inclinaba ante él. Sin embargo, Jesús sabía dos cosas:

- Sabía la verdad en cuanto a sí mismo y cuál era su propósito.
- Sabía la verdad en cuanto a Satanás y cuáles eran sus planes.

Tú tienes que saber esas dos cosas también. Satanás vendrá a ti y te mostrará cosas que dice que *deberías* tener y que *podrías* hacer. En cambio, debes recordar quién eres y cuál es tu propósito, y resístelo de la manera en que lo hizo Jesús. Debes reconocer quién es Satanás y que su plan para tu vida es engañarte, robarte, matarte y destruirte. Tienes un adversario que anda alrededor buscando a quien devorar (1 Pedro 5:8). No dejes que tenga éxito contigo. Ten cuidado y mantente tan lejos como puedas de su territorio.

EL PODER DE LA ORACIÓN

Señor:

Ayúdame a reconocer siempre las tácticas y las tretas del enemigo para que no lo ayude ni sea su cómplice de ninguna manera. Gracias porque tú puedes muy bien librarme «de toda obra mala» y me mantendrás a salvo (2 Timoteo 4:18). Gracias, Jesús, porque has puesto al enemigo por debajo de tus pies. Cuando trate de erigir cualquier clase de fortaleza en mi vida, te pido que me lo reveles y me separes de todos sus planes. No permitas que crea cualquier mentira del enemigo. Ayúdame a vivir en la verdad al permanecer en la verdad de tu Palabra.

Muéstrame cualquier cosa que tenga que ver para que pueda apartarme de todo mal. Hazme ver cuando de manera inconsciente me junte con el enemigo de mi alma. Ayúdame a abstenerme «de toda especie de mal» (1 Tesalonicenses 5:22). Haz que sea consciente cuando no esté separado de forma clara del mal de la manera en que tú quieres que esté. Si las cosas que hago, veo o digo apoyan al enemigo, ayúdame a reconocerlo y guíame para que me aparte de eso. «Invocaré a Jehová, quien es digno de ser alabado, y seré salvo de mis enemigos» (Salmo 18:3). Gracias porque nunca me dejarás ni me desampararás, sino que siempre me guiarás hacia ti y lejos del enemigo.

Te lo pido en el nombre de Jesús.

EL PODER DE LA PALABRA

Sed sobrios, y velad; porque vuestro adversario el diablo, como león rugiente, anda alrededor buscando a quien devorar.

1 Pedro 5:8

Los que amáis al Señor, aborreced el mal; Él guarda las almas de sus santos; los libra de la mano de los impíos.

Salmo 97:10, lbla

Guiado para estar apartado de toda tentación

El Espíritu Santo en Jesús le permitió resistir toda tentación, y el Espíritu Santo en ti es el que también te permitirá resistir la tentación.

La palabra «tentación» significa «ser atraído a hacer el mal». El enemigo de nuestra alma siempre tratará de guiarnos para que sigamos su plan para nuestras vidas, o nuestros propios deseos carnales. Nuestra naturaleza carnal es débil, pero podemos hallar fortaleza por el Espíritu de Dios en nosotros. Él puede ayudarnos a permanecer firmes en su Palabra, de la manera en que lo hizo Jesús, a fin de que puedas resistir cualquier tentación que se te ponga delante.

Aunque en nuestro espíritu queremos hacer lo bueno, si el Espíritu Santo no nos guía todos los días, al final nos rendiremos a nuestra naturaleza débil y pecaminosa. Cuando Jesús llegó donde estaban sus discípulos y los encontró dormidos, dijo: «¿Así que no habéis podido velar conmigo una hora? *Velad y orad, para que no entréis en tentación; el espíritu a la verdad está dispuesto, pero la carne es débil*» (Mateo 26:40-41, énfasis añadido). Él nos dice eso ahora.

La oración que Jesús nos enseñó dice en parte: «Y no nos metas en tentación» (Lucas 11:4), pero eso no significa que Dios va a poner la tentación en nuestro camino a menos que le pidamos que no lo haga. Esto se refiere a que Dios sabe dónde el enemigo tiene una trampa para ti, o dónde la pondrá, y tú oras para que Él te guíe a apartarte de esa trampa. Es como orar así: «Señor, cuando veas que estoy a punto de ser tentado para que me aparte de lo que tú tienes para mí, permite que me aleje de eso y que vaya por el buen camino». No tenemos idea de lo importante que es esta oración y del gran alcance que tiene para nuestra vida.

Dios probará tu amor por Él al permitir que ciertas cosas que debes rechazar vengan a tu vida. Quiere que lo elijamos a *Él*, a fin de *obedecerlo, servirlo, reverenciarlo y aferrarnos a Él*, sin importar la tentación que surja.

Dios dijo que si alguien se te acerca y dice: «Vamos en pos de dioses ajenos, que no conociste y sirvámosles; no darás oído a las palabras de tal profeta, ni al tal soñador de sueños; porque Jehová vuestro Dios os está probando para saber si amáis a Jehová vuestro Dios con todo vuestro corazón, y con toda vuestra alma» (Deuteronomio 13:2-3). La Biblia dice: «Si los pecadores te quisieren engañar, no consientas» (Proverbios 1:10). Sé fuerte en cuanto a eso. Los tentadores están en todas partes.

Resiste la tentación al estar en la Palabra de Dios. La Biblia hace brillar una luz en tu alma y revela lo que está en ella. Te da la fortaleza que necesitas para permanecer firme, porque te convence de que Dios ya ganó la batalla. Esta es tu arma más poderosa, así como lo fue para Jesús. Cuando el diablo trató de tentar a Jesús para que hiciera lo que sabía que era malo (comer cuando le llamaron a ayunar, a poner a prueba a Dios al saltar del templo para ver si los ángeles podían protegerlo y a adorar a Satanás para ganarse todo el mundo), Jesús refutó a todo lo que el diablo lo tentó hacer cuando le citó la Palabra de Dios. Nosotros podemos hacer lo mismo. Tenemos conocimiento de la Palabra y acceso al mismo Espíritu Santo en nosotros.

Satanás tentó a Jesús al tratar de socavar la soberanía de Dios y su Palabra. Ten cuidado de alguien que tome algún pasaje de la Palabra de Dios con exclusión de los demás, para hacerte que hagas algo que el Espíritu Santo no te guía a hacer. Jesús entiende cómo el enemigo trata de tentarnos, de modo que nos apartemos de lo mejor de Dios para nosotros. «Porque no tenemos un sumo sacerdote que no pueda compadecerse de nuestras debilidades, sino *uno que fue tentado en todo según nuestra semejanza*, pero sin pecado» (Hebreos 4:15, énfasis añadido). Porque «él mismo padeció siendo tentado, es poderoso para socorrer a los que son tentados» (Hebreos 2:18). Jesús te ayuda a resistir al enemigo cuando trata de tentarte para que te alejes de todo lo que Dios tiene para ti. El Espíritu Santo en ti te advertirá y te permitirá permanecer firme en su contra.

Resiste la tentación con oración. Cuando te enfrentes a una tentación fuerte, no pienses que puedes resistirla solo. «El que piensa estar firme, mire que no caiga» (1 Corintios 10:12). Siempre recuerda que «no les ha sobrevenido ninguna tentación que no sea humana; pero Dios es fiel y *no permitirá que ustedes sean sometidos a una prueba más allá de lo que puedan resistir*, sino que junto con la prueba les dará la salida, para que puedan sobrellevarla» (1 Corintios 10:13, RVC, énfasis añadido).

La oración guiada por el Espíritu Santo abre un camino para escapar de la tentación. Esta señala tu lealtad a Dios y tu rechazo a los planes del enemigo para tu vida.

Resiste la tentación al negarte a dudar de Dios. Ezequías fue un buen rey de Judá que derribó los lugares altos de adoración a ídolos. Su enemigo, el rey de Asiria, fue con arrogancia a la guerra en contra del rey Ezequías y trató de tentarlo para que no confiara en que Dios lo salvaría de su ataque.

Sin embargo, Ezequías se negó a que lo tentaran para que dudara de Dios. Más bien, fue a ver al profeta Isaías para que le diera mensaje del Señor. Dios le dijo: «No temas por las palabras que has oído, con las cuales me han blasfemado los siervos del rey de Asiria» (2 Reyes 19:6). Dios prometió enviar un espíritu sobre el rey de Asiria que lo haría volver a casa, donde moriría por la espada en su propia tierra.

El rey de Asiria continuó provocando al rey Ezequías y le envió una carta en la que le decía que no permitiera que Dios lo engañara, porque de seguro que iba a perder (2 Reyes 19:10-11). Ezequías no respondió a las amenazas del rey de Asiria, sino que en lugar de eso volvió a llevarle su problema a Dios en busca de ayuda. Extendió la carta ante el Señor y oró. Primero, declaró quién era Dios y lo exaltó. «Sólo tú eres el Dios de todos los reinos de la tierra. ¡Tú hiciste el cielo y la tierra!» (2 Reyes 19:15, RVC). Luego, le dio su petición al Señor: «Oh SEÑOR, Dios nuestro, líbranos, te ruego, de su mano para que todos los reinos de la tierra sepan que sólo tú, oh SEÑOR, eres Dios» (2 Reyes 19:19, LBLA).

Cuando Ezequías llevó la carta de amenaza ante el Señor, fue un acto físico, pero era un *símbolo de poner la situación en las manos de Dios*. Nosotros también podemos llevar un símbolo de lo que nos atemoriza, o de lo que viene en nuestra contra, o de lo que nos tienta a dudar de Dios, y presentarla al Señor de la misma manera. La demanda legal, las demasiado grandes facturas que hay que pagar, la carta de amenaza, el amigo desleal, el estado de cuenta bancario cada vez menor, el niño enfermo, el cónyuge difícil, el desastre. Cualquier cosa que esté en contra nuestra. Podemos llevarla con humildad ante el Señor en oración y rechazar la tentación de dudar de Dios.

Como resultado de la oración de Ezequías, Dios envió un ángel para que destruyera a los soldados asirios: ciento ochenta y cinco mil de ellos (2 Reyes 19:35). Dios también puede enviar cualquier cosa que necesites para derrotar al enemigo. No pases por alto tus temores, pero no te deleites en ellos tampoco. Llévaselos al Señor y ponlos a sus pies. No escuches lo que dice la gente mala. No conocen al Señor y no tienen al Espíritu Santo de Dios en ella. Niégate a vivir en la infidelidad que esta provoca.

Ser tentado no quiere decir que seas una mala persona ni que hayas hecho algo malo, porque ser tentado no es pecado. Ceder a la tentación es pecado.

Jesús ayunó por cuarenta días y cuarenta noches. En ese momento, al hacer lo que Dios lo guió a que hiciera, Satanás lo enfrentó y llegó a tentarlo para que se alejara de todo lo que Dios tenía para Él. El enemigo también nos hace eso.

Si haces algo bueno para el Señor, puedes contar con que el enemigo de tu alma te tentará para que hagas algo malo. Por eso es que los pastores son el blanco del enemigo. Quiere que fallen y fracasen. Y por eso es que debemos orar a menudo por nuestros pastores y sus familias también, así como por nosotros y los demás. El enemigo quiere destruir a todos los que esparcen las buenas nuevas.

Cualquier cosa que pongas por encima de Dios en tu vida es un ídolo, incluso tus necesidades, deseos y peticiones egoístas. Pídele a Dios que no permita que tengas cualquier pensamiento que le dé lugar hasta la más leve sugerencia de tentación. Es mortal. ¡Permite que el Espíritu Santo te capacite para que *huyas hacia la otra dirección!*

EL PODER DE LA ORACIÓN

Señor:

Sé que tú nunca tientas a nadie y que la tentación solo llega del enemigo. Te pido que a cada momento me hagas consciente de cualquier cosa que se me presente como tentación. Ayúdame a separarme de cualquier cosa que me tiente a ser o a hacer algo que se oponga a tus caminos. Hazme ver mis debilidades o tendencias pecaminosas para que pueda evitar todo acceso a cualquier cosa que las alimente. Cuando me vea tentado, por favor, ayúdame a confiar en ti con todo mi corazón y a no apoyarme en mi propia prudencia. Ayúdame a reconocerte en todos mis caminos, para que puedas enderezar mis veredas (Proverbios 3:5-6).

Espíritu Santo, aléjame de cualquier cosa que presente hasta la mínima posibilidad remota de que me aleje del camino que tienes para mí; eso incluye las cosas que veo, observo, leo, con las que paso el tiempo o con las que me preocupo. Si no es lo mejor que tienes para mí, no lo quiero en mi vida. Sé que «el que confía en su propio corazón es necio; mas el que camina en sabiduría será librado» (Proverbios 28:26). Decido este día confiar en ti y no en mí mismo. Ayúdame a ser sabio y a permanecer separado de cualquier cosa que me tiente para alejarme del alto estándar que tienes para mi vida.

Te lo pido en el nombre de Jesús.

EL PODER DE LA PALABRA

No entres en la senda de los impíos, ni vayas por el camino de los malvados.

PROVERBIOS 4:14, LBLA

No nos metas en tentación, mas líbranos del mal; porque tuyo es el reino, y el poder, y la gloria, por todos los siglos. Amén.

MATEO 6:13

Guiado para estar apartado del pasado

No puedes encontrar la plenitud que Dios tiene para ti si no te apartas de tu pasado. Cargar con el pasado encima te agotará hasta el punto de que no puedas continuar. Dios tiene libertad de todo para ti. Jesús te liberará, y el Espíritu Santo te sacará de eso y te llevará al futuro que Dios tiene para ti.

Tú no eres tu pasado, no eres tu padre ni eres tu madre, eres lo que Dios quiere que seas.

A fin de que el Espíritu Santo te guíe hacia tu tierra prometida, el lugar que Dios tiene para ti, donde te bendecirá, te establecerá y te hará fructífero para la obra que Él tiene para ti, tu corazón debe depender por completo de Él. Eso significa que tienes que apartarte de tu pasado para que no pueda controlarte de ninguna manera. No es necesario que se borre de tu memoria, pero no puedes cargarlo encima, y no tiene que tener ningún control en ti. No puedes moverte hacia una nueva época con una carga de tiempos antiguos negativos sobre tus espaldas.

Apartarte de tu pasado significa que no dejas que influya en tu vida de una manera negativa. La razón principal por la que dejamos que eso ocurra es porque no hemos perdonado a alguien o algún incidente. Perdonar a alguien puede ser difícil... o casi imposible en algunos casos. Sin embargo, Dios te perdona todos tus pecados pasados cuando recibes a Jesús, y su Espíritu Santo de amor siempre te guiará al perdón y te permitirá hacerlo.

Una buena razón para perdonar es haber sido perdonado. Jesús dijo: «Y cuando estéis orando, perdonad si tenéis algo contra alguno, *para que también vuestro Padre que está en los cielos os perdone a vosotros vuestras ofensas*» (Marcos 11:25, énfasis añadido). Dios no *seguirá* perdonándonos si nosotros no perdonamos a los demás. Y no podemos vivir así.

El perdón es la mejor manera de apartarte de los aspectos negativos de tu pasado, y puede comenzar de inmediato.

Pídele al Espíritu Santo que te permita ver cualquier lugar en tu pasado en el que necesites perdonar a alguien, tan reciente como hace cinco minutos o tan lejano como tu recuerdo más remoto. Luego, pídele al Espíritu Santo que te ayude a hacerlo. Muchas veces la falta de perdón es tan profunda que perdonar a alguien se convierte en un proceso, a medida que Dios revela las capas de falta de perdón que ni siquiera sabías que tenías.

Otra buena razón para perdonar es que te da una conciencia clara ante Dios y Él responde tus oraciones. Si confiesas tu falta de perdón a Dios, eso aclarará las cosas entre ustedes. Eso le agrada a Él. «Amados, si nuestro corazón no nos reprende, confianza tenemos en Dios; y *cualquiera cosa que pidiéremos la recibiremos de él*, porque guardamos sus mandamientos, y hacemos las cosas que son agradables delante de él» (1 Juan 3:21-22, énfasis añadido). Tener claridad de mente y confianza ante Dios, y saber que Él oye y responde tus oraciones, son razones suficientes para perdonarle a alguien cualquier cosa.

La falta de perdón no te quitará tu salvación, pero te robará la paz. Obstaculizará tu intimidad con Dios y detendrá tu viaje hacia la plenitud. En cambio, el Espíritu Santo siempre te guiará hacia el perdón. Por lo general, sabes cuándo debes perdonar a alguien, pero puede haber veces en las que no te des cuenta de que otra vez tienes falta de perdón. O puede haber capas más profundas de las que todavía no te has liberado. Cualquiera que sea el caso, no dejes que la falta de perdón detenga la comunicación y la cercanía entre tú y Dios. Nada se merece eso.

EL PODER DE LA ORACIÓN

Señor:

Ayúdame a apartarme por completo del pasado. Sé que me has liberado de él y no puedo moverme hacia todo lo que tienes para mí si sigo cargándolo conmigo. Libérame de cualquier aspecto negativo suyo. Ayúdame a reconocer a cualquier persona o circunstancia del pasado que tenga que liberar a través del perdón por parte mía. Ayúdame a estar tan apartado de mi pasado que no influya de manera negativa en el presente, o que me impida moverme hacia el futuro que tienes para mí. Ayúdame a perdonar para que pueda ser perdonado (Lucas 6:37). No quiero que la tortura de no perdonar destruya mi mente, cuerpo y alma (Mateo 18:34-35). Sé que perdonar a alguien no hará que esa persona sea buena, pero me *liberará*.

Revélame cualquier persona específica o incidente que me haga tener resentimiento, a fin de que pueda confesarlo como pecado y pueda ser libre de eso. Permíteme soltarlo por completo de modo que nada se interponga en el camino de recibir todo lo que tú tienes para mí. Ayúdame a perdonar a otros de la manera en que tú me has perdonado: de manera total e incondicional (Efesios 4:32). Quiero hacer siempre lo que te agrada. Guíame, Espíritu Santo, a la luz del perdón, para que no tropiece en la oscuridad (1 Juan 2:10-11).

Te lo pido en el nombre de Jesús.

EL PODER DE LA PALABRA

Olviden las cosas de antaño; ya no vivan en el pasado.

ISAÍAS 43:18, NVI

Sean bondadosos y compasivos unos con otros, y perdónense mutuamente, así como Dios los perdonó a ustedes en Cristo.

EFESIOS 4:32, NVI

Guiado para estar apartado de todo orgullo

El Espíritu Santo siempre te guiará para que te apartes del orgullo. El enemigo de tu alma tratará por todos los medios de atraerte a él. El enemigo, que está personificado en el orgullo, vendrá a ti con sus mentiras y te dirá que eres grande y mereces mucho, que no tienes que vivir bajo las reglas y que solo tú eres el encargado de lo que logras y de las buenas cosas que te ocurren.

Si alguna vez te das cuenta de que albergas esta clase de pensamientos, *CORRE, NO CAMINES*, hacia la otra dirección. El enemigo está tratando de derribarte, y si no te alejas de su influencia, lo hará.

Dios no tolera el orgullo. Él dice que es rebeldía, como la brujería. La Biblia dice: «En los postreros días vendrán tiempos peligrosos. Porque habrá hombres *amadores de sí mismos, avaros, vanagloriosos, soberbios, blasfemos, desobedientes a los padres, ingratos, impíos*» (2 Timoteo 3:1-2, énfasis añadido). Cada una de estas cosas tiene el orgullo como raíz.

Cada vez que experimentes cualquier clase de bendición o éxito, el enemigo tratará de tentarte con el orgullo, así que prepárate para rechazarlo.

Un buen ejemplo en la Biblia de no seguir la dirección del Señor, sino de ser guiado por el orgullo y la avaricia de posesiones materiales, es un hombre llamado Giezi. Vio que el profeta Eliseo se había negado a aceptar el pago de un hombre llamado Naamán, que le ofreció pagarle por ayudarlo a sanarse de la lepra. Así que Giezi le mintió a Naamán y le dijo que Eliseo necesitaba mucho lo que Naamán había ofrecido darle. Entonces Naamán le dio el pago a Giezi. Sin embargo, en lugar de que Giezi le diera el pago a Eliseo, como dijo que lo haría, lo escondió en su casa (2 Reyes 5:1-24).

Cuando Giezi volvió a ver a Eliseo, le mintió acerca de dónde había estado, aunque el Señor le había revelado la verdad a Eliseo respecto a lo ocurrido. Eliseo declaró que ahora la lepra de Naamán se le pasaría al cuerpo de Giezi, y estaría con sus descendientes para siempre (2 Reyes 5:25-27).

Hay consecuencias muy serias por ceder ante el orgullo y la avaricia, y por mentirle a Dios en lugar de seguir la dirección del Espíritu Santo.

Uzías comenzó como un buen rey en Judá porque hizo lo que era bueno ante Dios. «*Y en estos días en que buscó a Jehová, él le prosperó*» (2 Crónicas 26:5, énfasis añadido). Sin embargo, se llenó de orgullo por todas las cosas buenas que había hecho, en lugar de darle el mérito a Dios. «*Su corazón se enalteció* para su ruina; porque se rebeló contra Jehová su Dios». En su orgullo desobedeció a Dios y entonces se convirtió en leproso y «fue excluido de la casa del Señor» (2 Crónicas 26:21, LBLA).

Eso no es algo pequeño.

La caída que viene después del orgullo es enorme. Arruinará tu vida. Si entiendes de verdad que Dios te ha dado todo lo que tienes, nunca te enorgullecerás por eso, en especial si no te agrada mucho que los rayos caigan a una corta distancia.

No importa cuán fiel crees que eres, cualquiera puede sucumbir ante el orgullo. Aunque no seas una persona orgullosa, el espíritu malo del orgullo puede poner pensamientos orgullosos en tu mente. Puede suceder antes de que te des cuenta. Lo he visto ocurrir en muchas personas que nunca pensé que les sucedería. Niégate a pensar que las cosas buenas que te ocurren son por ti. Dale a Dios la gloria por cualquier bendición y éxito que tengas.

Después de todo lo que Dios había hecho por el rey Ezequías, en sus éxitos él se volvió orgulloso. Dios le había dado tanto a Ezequías que «prosperó en todo lo que hizo» (2 Crónicas 32:30, LBLA). Sin embargo, en cierto momento, «Dios lo dejó, para probarle, para hacer conocer todo lo que estaba en su corazón» (2 Crónicas 32:31).

Cuando el hijo del rey de Babilonia visitó a Ezequías, que llegó en una visita de buena voluntad, él con orgullo le mostró al príncipe todo lo que tenía. Cuando el profeta Isaías le preguntó a Ezequías qué le había enseñado a los babilonios, Ezequías dijo: «Vieron todo lo que había en mi casa; nada quedó en mis tesoros que no les mostrase» (2 Reyes 20:15). Debido al orgullo de Ezequías al jactarse de sus posesiones, en lugar de reconocer con humildad que todo había venido de Dios, Isaías profetizó que todo lo que tenía se lo llevarían a Babilonia. Eso fue justo lo que pasó.

El orgullo que por poco destruye a Ezequías puede destruirnos a nosotros. Todos somos susceptibles a eso. Sus consecuencias son devastadoras, por lo que pídele al Espíritu Santo que te muestre incluso el inicio más leve de orgullo en tu corazón. Si se revela algo, pídele con humildad que te lo quite. Las consecuencias no valen la pena, las cuales vendrán con seguridad.

El orgullo es un gran problema. Cuando Dios te dé éxito, apártate de todo orgullo. No te lo permitas ni un momento. Si te das cuenta de que tienes pensamientos intoxicantes como: *Debo ser muy bueno en lo que hago o no tendría tanto éxito*, o: *No necesito buscar a Dios en este aspecto en particular porque sé lo que hago*, o: *Necesito esto sin importar lo que tenga que hacer para conseguirlo*, o: *Soy mejor que esa gente*, pídele a Dios que limpie tu corazón. Si llegas a ser orgulloso, Dios podría permitir que tengas fracaso para demostrar, sin duda alguna, que no eres tan grande como pensaste que eras.

Pídele al Espíritu Santo que haga que en tu cerebro se enciendan luces rojas intermitentes y suenen sirenas potentes si es que no reconoces el orgullo en tu corazón. El orgullo es un gran destructor. Es la característica que hizo que Satanás cayera del cielo. No caigas por eso también.

EL PODER DE LA ORACIÓN

Señor:

Te doy gracias por todo lo que has hecho en mi vida, y te alabo por cada bendición que me has dado. Sé que todas las cosas vienen de ti y para siempre estaré agradecido por ellas.

Perdóname si alguna vez intento atribuirme el mérito de lo que tengo, o lo que logro, en lugar de darte la gloria a ti. No permitas que albergue orgullo en mi corazón. Hazme ver cuando los pensamientos orgullosos comiencen a controlar mi mente. Sé que el orgullo se opone a todo lo que tú eres y es rebeldía en contra de ti atribuirme el mérito por lo que solo tú has hecho.

Muéstrame de inmediato los pensamientos orgullosos cuando entren a mi mente. Dame la capacidad de reconocer las tácticas del enemigo y de rechazar sus mentiras. Sé que el orgullo me derribará, pero la humildad me mantendrá honorable (Proverbios 29:23). No quiero hacer nada que evite que tu Espíritu se manifieste por completo en mi vida. Quiero tener un corazón humilde todo el tiempo (Proverbios 21:2). Que mi corazón sea irreprensible «en santidad delante de Dios» (1 Tesalonicenses 3:13). Sé que «el hombre bueno, del buen tesoro del corazón saca buenas cosas» (Mateo 12:35). Llena mi corazón de nuevo con el tesoro de tu Espíritu Santo y apártame del orgullo que es la raíz de todo mal.

Te lo pido en el nombre de Jesús.

EL PODER DE LA PALABRA

Porque todo lo que hay en el mundo, los deseos de la carne, los deseos de los ojos, y la vanagloria de la vida, no proviene del Padre, sino del mundo.

1 Juan 2:16

Delante de la destrucción va el orgullo, y delante de la caída, la altivez de espíritu.

Proverbios 16:18, lbla

Guiado para estar apartado de todo lo que te aleja de Dios

Dios quiere que el fuego de su presencia nunca se enfríe. Ese fuego sigue ardiendo siempre y cuando estés en comunicación con Él, pero puede enfriarse cuando las influencias externas te impidan pasar tiempo de calidad a su lado.

Dios quiere que te apartes de cualquier cosa que te aleje de Él y de todo lo que tiene para ti.

Dios le dijo a su pueblo: «Circunciden el prepucio de su corazón, y no sigan siendo obstinados» (Deuteronomio 10:16, RVC). Para nosotros, eso significa que Dios quiere que cortemos cualquier cosa en nuestro corazón que haga que nos distanciemos de Él. Dios requiere que lo reverenciemos, que vivamos a su manera, que lo amemos y lo sirvamos con todo nuestro corazón, y que guardemos sus mandamientos (Deuteronomio 10:12-13). Hay que eliminar cualquier cosa que interfiera con algo de esto.

Es evidente que el pecado nos aparta de Dios, pero hay cosas más sutiles que también pueden hacer eso, tales como el estar ocupados; la obsesión por nuestro trabajo para excluir todo lo demás; o permitir que otra gente, la Internet o la televisión ocupen todo nuestro tiempo. Pídele al Señor que te muestre las cosas en tu vida que están compitiendo con Él por tu atención.

A continuación, solo hay algunas de las cosas interminables de las que debemos deshacernos debido a que absorben nuestro tiempo valioso y nos apartan del caminar íntimo con Dios y que Él quiere que tengamos.

Deshazte de cualquier influencia que comprometa tu relación con Dios. Los israelitas no obedecieron a Dios al no sacar por completo a los cananeos de la Tierra Prometida, como Dios les había ordenado que lo hicieran (Josué 15:63). En lugar de eso, permitieron que permanecieran como esclavos (Josué 17:12-13). Sin embargo, al permanecer en su medio, los cananeos plantaron semillas de discordia entre ellos. De esto debemos aprender a apartarnos de todo lo que Dios nos pida que eliminemos de nuestra vida.

Permitir que algo o alguien que no sea del Señor permanezca en tu vida, comprometerá tu relación con Él y te alejará de lo mejor que tiene para ti. Tienes que apartarte del ruido de tu vida para escuchar lo que el Espíritu Santo le dice a tu corazón. Pídele al Espíritu Santo que te revele esas cosas.

Deshazte de los celos y de la codicia. Cuando quieres algo de otra persona, es un ejemplo de tener un ídolo en tu corazón. Codiciar las posesiones, el cónyuge, el éxito, el negocio, el ministerio, el talento, las habilidades o las relaciones de otro hace que desperdiciemos el tiempo. *Admirar* lo que alguien tiene es distinto a *codiciar* lo que tiene y desear tenerlo. Ver lo que tienen otras personas y alegrarse con ellas es distinto que verlas y sentir envidia. Hay una línea muy delgada que ocurre en el corazón, y podemos traspasar esa línea sin darnos cuenta siquiera.

Pídele al Espíritu Santo que te revele cualquier cosa de naturaleza celosa o envidiosa en tu corazón o mente y que debas deshacerte de ella. Tener celos es agotador y lleva a la autocompasión, lo cual va en contra de todo lo que Dios tiene para ti. Siempre te alejará de lo mejor de Dios porque es una señal de que no estás agradecido por lo que Él ya te ha dado o te dará en el futuro.

Deshazte del esfuerzo de ser como otra gente. Nos metemos en problemas al tratar de imitar a alguien o a algún estilo de vida que no sea del Señor debido a un deseo extraordinario de tener un sitio. Cuando queremos que la gente nos admire más de lo que queremos agradar a Dios, nuestro corazón, enfoque y tiempo se alejan de Él.

Los israelitas querían un rey. Dios le dijo a Samuel que tener un rey significaría que el gobernante tomaría a muchos de sus hijos, hijas, cosechas y posesiones y que ellos clamarían a Dios por eso. Sin embargo, el pueblo *quería ser como las demás naciones* (1 Samuel 8:10-20). Debido a que querían ser como los pueblos impíos, sufrieron la pérdida de muchas de las bendiciones que Dios tenía para ellos.

Cuando te pasas el tiempo tratando de ser como otra persona, pierdes el tiempo para llegar a ser todo lo que Dios quiso que fueras.

Deshazte de toda tendencia de que el dinero te controle. Podemos sentirnos atraídos por la obtención del dinero o de los bienes hasta el punto de excluir el compromiso total con Dios. No es malo tener estas cosas si Dios nos las da para sus propósitos, pero si no, afanarnos por ellas puede separarnos de todo lo que Él tiene para nosotros.

Un hombre rico quería saber lo que podía *hacer* para heredar la vida eterna porque había obedecido todos los mandamientos (Marcos

10:17-20). Jesús dijo: «Una cosa te falta: anda, vende todo lo que tienes, y dalo a los pobres, y tendrás tesoro en el cielo; y ven, sígueme, tomando tu cruz» (Marcos 10:21). El rico se entristeció por esto debido a que «tenía muchas posesiones» (Marcos 10:22). La riqueza había llegado a ser un ídolo para él.

Jesús no dijo que toda la riqueza es mala. Dios no dice que no podemos tener cosas materiales. En toda la Biblia bendijo a sus seres amados con riqueza y cosas materiales. Aun así, no quiere que las cosas materiales nos controlen. Nunca pueden llegar a ser más importantes para nosotros que seguir a Dios. Es sorprendente cómo el dinero, la búsqueda para obtenerlo y las cosas que podemos hacer con él, nos alejará de las cosas de Dios si lo permitimos.

Pídele al Espíritu Santo que te revele cualquier cosa en tu vida que te aleje del Señor. Él comenzará a abrir tus ojos a cualquier cosa que desperdicie lo valioso de tu tiempo y de tu energía por algún beneficio terrenal

EL PODER DE LA ORACIÓN

Señor:

Ayúdame a separarme de cualquier cosa que me aleje de ti. No quiero desperdiciar lo valioso de mi tiempo y de mi energía en cosas que no tienen ningún valor para mi vida. Revélame cualquier manera en la que lo haya hecho o lo esté haciendo ahora. Ayúdame a reconocer todas las distracciones sin valor que comprometen lo que tú quieres que sea y todo lo que quieres que yo haga. Permíteme eliminar todo en mi vida que no me deje servirte de la manera en que debería hacerlo. Dame la capacidad de considerar indignas las cosas que *tú* consideras indignas.

No quiero de ninguna manera poner un obstáculo en mi relación contigo al permitir que las cosas en mi vida mengüen mi compromiso. Te pido que mis deseos estén tan sometidos a ti que nunca me hagan violar lo mejor que tú tienes para mi vida. Estoy muy necesitado de que me renueves y me fortalezcas a través de los tiempos que paso contigo que no quiero que ninguna distracción innecesaria me impida recibir todo eso. Ayúdame a establecer las prioridades apropiadas. Permíteme recordar quién quieres que sea, de modo que no viole eso al tratar de alcanzar algo que me llene, cuando debería estar lleno solo de ti.

Te lo pido en el nombre de Jesús.

EL PODER DE LA PALABRA

Acercaos a Dios, y Él se acercará a vosotros. Limpiad vuestras manos, pecadores; y vosotros de doble ánimo, purificad vuestros corazones.

SANTIAGO 4:8, LBLA

Acerquémonos con corazón sincero, en plena certidumbre de fe, purificados los corazones de mala conciencia, y lavados los cuerpos con agua pura.

HEBREOS 10:22

6

Guiado para transformarte

Uno de los grandes propósitos del Espíritu Santo en nosotros es transformarnos a la imagen y semejanza de Cristo. El Espíritu Santo siempre nos guiará para que lleguemos a ser más semejantes a Él cada día.

La verdad es que llegas a ser semejante a lo que contemplas. «Por tanto, nosotros todos, mirando a cara descubierta como en un espejo la gloria del Señor, *somos transformados de gloria en gloria en la misma imagen*, como por el Espíritu del Señor» (2 Corintios 3:18, énfasis añadido). Mientras más contemples al Señor, más llegarás a ser como Él.

Nuestro concepto de Dios influye en lo que somos y lo que llegamos a ser. La forma en que vemos a Dios determina la manera en que vemos nuestra vida y cómo nos comportamos. Algunos de los problemas que tenemos podrían surgir porque tengamos una débil idea de quién es Dios. O nunca hayamos tenido ninguna idea de quién es Él. Nuestra alma siempre se ve afectada por la forma en que vemos a Dios y lo que pensamos de Él.

Podemos ver dónde esto es cierto por completo cuando vemos nuestra vida. O la vida de otros. Es fácil observar la falta de fruto en la vida de los que tienen un concepto bajo de Dios. En contraste, los

que tienen una vista muy exaltada y reverencial de Dios son fruc-
tíferos. Mientras mayor sea tu idea de Dios, más profundo será tu
caminar con Él.

*Cuando invitas al Espíritu Santo de Dios a que obre en ti, no puedes
evitar que suceda tu propia transformación.*

Dios te conoce y ve tu potencial.
> A. Él sabe cómo eres ahora mismo.
> B. Él sabe quién quiere que seas.
> C. Él sabe cómo llevarte de A hasta B.

Podemos decirle a Dios como lo hizo el rey David: «Oh Señor,
tú me has escudriñado y conocido. Tú conoces mi sentarme y mi
levantarme; desde lejos comprendes mis pensamientos. Tú escudriñas
mi senda y mi descanso, y conoces bien todos mis caminos. Aun antes
de que haya palabra en mi boca, he aquí, oh Señor, tú ya la sabes
toda» (Salmo 139:1-4, LBLA).

Dios sabe todo acerca de ti. ¿Cuán maravilloso es eso?

Dios sabe dónde estás. También sabe dónde debes estar. Y él sabe
cómo llevarte allí. Nunca puedes alejarte tanto de él que ya no tengas
su Espíritu en ti. «¿Adónde me iré de tu Espíritu, o adónde huiré de
tu presencia? Si subo a los cielos, he aquí, allí estás tú; si en el Seol
preparo mi lecho, allí estás tú» (Salmo 139:7-8, LBLA).

¿No te da más confianza para enfrentar la vida el saber esto?

Dios conoce tu futuro. No eres un accidente. No importa quiénes
fueron tus padres ni qué hicieron; no fuiste una sorpresa para Dios.
Y tu futuro está planificado. «Porque tú formaste mis entrañas; tú me
hiciste en el vientre de mi madre. Te alabaré; porque formidables,
maravillosas son tus obras; estoy maravillado, y mi alma lo sabe muy
bien [...] en tu libro estaban escritas todas aquellas cosas que fueron
luego formadas, sin faltar una de ellas» (Salmo 139:13-14, 16). Si
el futuro que Dios tiene para ti ya está escrito en el libro de Dios, el
único que puede evitar que ocurra eres tú.

¿No te hace sentir eso que Dios se preocupa por ti y que en esta
vida no estás vagando solo?

Dios piensa en ti a cada momento. Él tiene un interés personal en tu vida, y sus pensamientos siempre están hacia ti. «¡Cuán preciosos me son, oh Dios, tus pensamientos! ¡Cuán grande es la suma de ellos! Si los enumero, se multiplican más que la arena; despierto, y aún estoy contigo» (Salmo 139:17-18). La prueba de que siempre está contigo es su Espíritu Santo en ti.

¿Piensa Dios en ti más de lo que tú piensas en *Él*?

Jesús dijo que el reino de los cielos es como una semilla de mostaza, la más pequeña de las semillas, y que crece hasta que es algo grande (Mateo 13:31-32). También es como la levadura que se extiende y penetra en la vida de la gente de una manera transformadora (Mateo 13:33). Esa es la manera en que el reino de Dios penetra en tu vida. Por el poder del Espíritu Santo en ti, crece e influye en cada parte de ti, incluso en tu mente, tus emociones y tu carácter. El Espíritu Santo siempre te guiará hacia la transformación. *El plan de Dios es llevarte a la plenitud total por el poder de su Espíritu en ti.*

Guiado para transformarte en tu mente

La transformación comienza cuando tomas la decisión de recibir a Jesús y de ser lleno del Espíritu Santo de Dios. Esa decisión que tomaste con tu mente afecta todo tu ser. Se nos instruye: «No os adaptéis a este mundo, *sino transformaos mediante la renovación de vuestra mente*, para que verifiquéis cuál es la voluntad de Dios: lo que es bueno, aceptable y perfecto» (Romanos 12:2, LBLA, énfasis añadido).

Ser «transformado» significa cambiar por completo de forma. Y eso es lo que el Espíritu Santo de Dios nos permite hacer cuando nos sometemos a Él. Mientras más caminamos con Dios e invitamos a su Espíritu para que esté en nosotros en su plenitud, más cambia nuestra manera de pensar.

Somos regenerados cuando recibimos a Jesús y se nos da su Espíritu Santo, pero la transformación requiere de tiempo a medida que caminamos con Él y nos guía su Espíritu Santo.

La transformación también significa *seguir siendo transformados.* Es una metamorfosis desde dentro. Somos transformados de alguna manera cada vez que estamos en la presencia del Señor. Mientras más tiempo pasemos con el Señor, más llegamos a ser semejantes a Él.

Cuando llegas al conocimiento de la verdad en Jesús, es importante esto: «*Despójense de su vieja naturaleza,* la cual está corrompida por los deseos engañosos; *renuévense en el espíritu de su mente,* y *revístanse de la nueva naturaleza,* creada en conformidad con Dios en la justicia y santidad de la verdad» (Efesios 4:22-24, RVC, énfasis añadido). Eso significa que debemos dejar de hacer las cosas de la manera que solíamos hacerlas: darle lugar a la lascivia, a la desobediencia y la rebeldía, y debemos ser renovados en el espíritu de nuestra mente para que podamos ponernos la nueva naturaleza que nos ha dado Dios y vivir como es debido.

Tenemos que vivir en marcado contraste a lo que ocurre en la cultura del mundo que nos rodea. No debemos caminar en la vanidad por la que camina el resto del mundo, sin tener entendimiento de la vida, viviendo de una manera aislada de los caminos de Dios, con un corazón cegado a la verdad y una mente que es ignorante o que no tiene en cuenta los caminos de Dios. No dejes que el mundo haga que te conformes a su manera de pensar cuando puedes ser transformado a la manera de Dios.

Tu mente te afecta más de lo que crees. Puede mantenerte en oscuridad, aun cuando tengas la luz. Puede mantenerte en viejos hábitos y patrones de pensamiento y lejos de lo que Dios tiene para ti. Con tu mente es que razonas, entiendes y tomas decisiones. En tu mente es donde escoges el bien o el mal. Cuando el Espíritu Santo controla tu mente, tienes paz, contentamiento y descanso.

Poner la mente en lo espiritual es bueno. Poner la mente en lo carnal es malo. «Los que viven conforme a la carne, ponen la mente en las cosas de la carne, pero *los que viven conforme al Espíritu, en las cosas del Espíritu.* Porque la mente puesta en la carne es muerte, pero *la mente puesta en el Espíritu es vida y paz*» (Romanos 8:5-6, LBLA, énfasis añadido). Nuestra mente carnal siempre estará en disputa con Dios. Nos ubicamos como enemigos de Dios si nuestra mente carnal nos controla. Eso se debe a que nuestra mente carnal no está sujeta a las leyes de Dios.

Debemos tomar la decisión todos los días de alejarnos del mal y de la carne, y procurar vivir dirigidos por el Espíritu Santo.

Si vivimos en la carne, no podemos agradar a Dios (Romanos 8:8).

No queremos ser como la gente «en los cuales el dios de este mundo ha cegado el entendimiento de los incrédulos» (2 Corintios 4:4, LBLA). No queremos ser como los que se «resisten a la verdad» y son «corruptos de entendimiento» (2 Timoteo 3:8). Queremos ser gente cuyos pensamientos agraden al Señor.

Lo siguiente es cierto acerca de tu mente.

Tienes la mente de Cristo. «¿Quién conoció la mente del Señor? ¿Quién le instruirá? Mas nosotros tenemos la mente de Cristo» (1 Corintios 2:16). Eso significa que siempre tienes acceso a la forma de pensar adecuada. Cada vez que te apartas del camino puedes corregir tus pensamientos al volverte al Señor y darle gracias por tener la mente de Cristo. No dejes que el enemigo de tu alma te diga algo distinto.

Eres capaz de amar a Dios con toda tu mente. Jesús dijo: «Amarás al Señor tu Dios con todo tu corazón, y con toda tu alma, y *con toda tu mente*» (Mateo 22:37, énfasis añadido). Cuando tomamos la decisión de amar a Dios con todo lo que hay en nosotros, esa decisión saca de nuestra mente todo lo que no es del Señor.

Puedes implantar en tu mente las leyes de Dios. Dios dijo: «Pondré mis leyes en la mente de ellos, y sobre su corazón las escribiré; y seré a ellos por Dios, y ellos me serán a mí por pueblo» (Hebreos 8:10). Cuando lees o hablas la Palabra de Dios, Dios puede grabar sus leyes en tu mente para que no las olvides. Es posible que no recuerdes cada palabra con exactitud, pero sabes cuáles son las leyes. Pídele que te ayude a recordarlas con claridad cada vez que quieras hacerlo.

Tu mente puede liberarse de pensamientos corruptos y vanos. Pablo dijo: «*Temo que, de alguna manera, su pura y completa devoción a Cristo se corrompa*» (2 Corintios 11:3, NTV, énfasis añadido). También dijo: «Ya no andéis así como andan también los gentiles, en la vanidad de su mente» (Efesios 4:17, LBLA). El mundo hace que las cosas sean complicadas. Jesús lo simplifica todo para nosotros si decidimos seguirlo. Nuestros pensamientos llegan a ser vanos si no se someten al señorío de Jesús.

Tu mente la sana el Señor. Dios te ha dado el «dominio propio» (2 Timoteo 1:7). Si no crees que tienes una mente sana, puedes pedírsela a Él. Todos sabemos cuando nuestra mente se siente inestable, atormentada o loca, y no tenemos que soportarlo. Tener una mente sana nos lleva a la plenitud en todo nuestro ser. El Espíritu Santo siempre te guiará a que poseas la mente sana que te ha dado Dios.

El cambio que se inicia en tu espíritu cuando le das vía libre al amor de Dios influye en tu mente. Las cosas negativas que solían ocupar tus pensamientos, ya no tienen el atractivo que tuvieran alguna vez. Cuando experimentas la mente de Cristo, ya no quieres nada menos. Aunque todavía habrá batallas en tu mente entre tu antiguo yo y tu nuevo yo, no te desanimes por eso. Tus antiguos hábitos de pensamiento, que siguen tratando de controlar tu vida, desaparecerán a medida que el Espíritu Santo renueve tu mente de manera continua.

Así como nuestro cuerpo es el templo del Espíritu Santo y podemos decidir tratarlo mal, nuestra mente es del Señor y podemos llenarla de basura. Tenemos una naturaleza pecaminosa y nuestra mente natural se opone a Dios. En cambio, nuestra mente puede transformarse de forma radical cuando sometemos nuestros pensamientos a Él. El pecado puede nublar nuestra mente y distraernos para que no esté clara y se confunda. Cuando el Señor limpia nuestra mente de todo eso, debemos hacer un esfuerzo especial para llenarla de las cosas de Dios.

Estudios acerca del efecto que los pensamientos y las emociones tienen en el cuerpo de la gente muestran que los pensamientos negativos, equivocados y malos afectan la salud física más de lo que la gente puede darse cuenta. Tu mente afecta tu cuerpo. Si tus pensamientos pueden enfermarte, también pueden hacer que estés bien. No olvides esto nunca.

EL PODER DE LA ORACIÓN

Señor:

Te pido que renueves y transformes mi mente. Ayúdame a pensar con claridad. Dame la capacidad de razonar de manera sólida. Permíteme asegurar una mentalidad firme en todo lo que enfrento y en cada situación en la que esté. Sé que la transformación de mi mente significará transformación de toda mi vida, incluso de mi salud. Sé que tú siempre ves lo que está en mi mente (Jeremías 20:12). Muéstrame cualquier cosa en mi mente que no sea de ti. Ayúdame a llevar todo pensamiento cautivo en obediencia a ti (2 Corintios 10:5). Enséñame a pensar en las cosas que son verdaderas, honestas, justas, puras, amables, de buen nombre, de virtud, dignas de alabanza (Filipenses 4:8). Ayúdame a rechazar cualquier pensamiento contrario.

Permíteme identificar cualquier mentira del enemigo que acepto como verdad. Sé que una gran parte de negarme al enemigo de mi alma es tomar el control de mi mente. Sé que tú, Espíritu Santo, no puedes guiarme a todo lo que tienes para mí si escucho al enemigo que me dice mentiras de mí mismo o de mis circunstancias. Te pido que la mente de Cristo en mí saque cualquier cosa que no sea de ti. Que tu paz, que sobrepasa todo entendimiento, guarde mi corazón y mi mente en Cristo Jesús (Filipenses 4:7).

Te lo pido en el nombre de Jesús.

EL PODER DE LA PALABRA

No nos ha dado Dios espíritu de cobardía, sino de poder, de amor y de dominio propio.

2 Timoteo 1:7

Derribando argumentos y toda altivez que se levanta contra el conocimiento de Dios, y llevando cautivo todo pensamiento a la obediencia a Cristo.

2 Corintios 10:5

Guiado para transformarte en tus emociones

Las emociones son los sentimientos intensos que tenemos en respuesta a lo que *está* ocurriendo, a lo que *ha* ocurrido o a lo que sentimos que *podría* ocurrir. Nuestras emociones se ven afectadas por los pensamientos que tenemos en nuestra mente. Nuestros pensamientos producen emociones. Si el pensamiento es negativo, produce una emoción negativa. Si es positivo, produce una emoción positiva. Dios nos creó con la capacidad de sentir emociones. Nos hicieron a la imagen de Dios, por lo que eso significa que Él también siente tristeza, enojo y pesar. Los sentimientos son buenos si el pensamiento que los inspira es adecuado.

Lo siguiente es cierto acerca de tus emociones.

Dios se interesa en la gente que está quebrantada en lo emocional. «Cercano está el SEÑOR a los quebrantados de corazón» (Salmo 34:18, LBLA). En su presencia nuestros corazones son hechos plenos y nuestras emociones llegan a ser positivas.

Podemos proteger y controlar nuestras emociones. «Sobre toda cosa guardada, guarda tu corazón; porque de él mana la vida» (Proverbios 4:23). Podemos cambiar nuestras emociones con la verdad de la Palabra de Dios. El hecho de que Dios habla a tu corazón desde su Palabra puede eliminar cualquier emoción negativa.

Las emociones pueden aplastarnos. «El corazón alegre hermosea el rostro; mas por el dolor de corazón el espíritu se abate» (Proverbios 15:13). Un espíritu quebrantado surge cuando el nivel de tristeza en tu vida llega a ser insoportable.

Las emociones positivas son su propia recompensa. «El de corazón contento tiene un banquete continuo» (Proverbios 15:15). Cuando estamos inundados de emociones negativas, estas nos llevan a la destrucción por dentro. Sin embargo, tenemos la opción en cuanto a si las albergamos.

Las emociones de ansiedad y depresión pueden cambiar con las palabras adecuadas. «La congoja en el corazón del hombre lo abate; mas la buena palabra lo alegra» (Proverbios 12:25). Las palabras estimulantes dan una sanidad mayor de las emociones negativas de lo que nos imaginamos. Una palabra de Dios a tu corazón es aun mejor de lo que cualquier persona pueda decir.

El Espíritu Santo en ti es un depósito que Dios pone en tu alma, y significa que estás atado a Él para siempre y que serás llevado a Él cuando mueras. Ese conocimiento en sí puede llevarse las nubes oscuras y liberar la luz en tu corazón.

A menudo sentimos que nuestras emociones son como son y que no podemos cambiarlas. En cambio, cuando nuestras emociones se sujetan al control del Espíritu Santo, podemos liberarnos de las negativas. Eso no significa que neguemos nuestros sentimientos. Pretender que no los tenemos no resuelve el problema; lo empeora. Dios nos dio la capacidad de sentir cosas. Dios lo ve todo, incluso lo que sentimos. Debido a que Él es Dios y su Espíritu Santo está en nosotros, «no hay cosa creada que no sea manifiesta en su presencia; antes bien todas las cosas están desnudas y abiertas a los ojos de aquel a quien tenemos que dar cuenta» (Hebreos 4:13). Él sabe lo que hay en tu corazón. Él sabe por lo que estás pasando en tus emociones. Donde ha habido heridas profundas, Él quiere sanarlas.

Dios quiere que le lleves tus emociones y sentimientos. Reconoce ante Él que estás triste, solo, ansioso o desesperado. Él tiene un remedio para todo eso. Él quiere darte su gozo en lugar de tristeza. Cuando te sientas solo, Él quiere darte la percepción de *su* amor por ti. Cuando estás ansioso, Él te dará su paz. Cuando te sientas desesperado, Él te dará esperanza. Él tiene una cura para cualquier emoción dolorosa, negativa o atormentadora que tengas. Su cura es liberarte de ellas por completo de modo que puedas llegar a ser la persona plena que Él quiere que seas.

A todos nos encanta lo conocido y desconfiamos de lo desconocido. Lo desconocido o no familiar puede ser aterrador. Hay mucha gente que permanecerá en una situación negativa porque le es conocida, en lugar de ir a donde hay promesa de algo bueno, porque eso no le sería familiar. Tenemos que llegar al punto en que la presencia del

Espíritu de Dios nos sea tan familiar que cualquier otra cosa se sienta extraña. Debemos caminar tan cerca del Señor que nos sintamos muy cómodos cuando estemos en su presencia, e incómodos cuando no lo estemos.

EL PODER DE LA ORACIÓN

Señor:

Te agradezco porque no tengo que vivir con emociones negativas que no le hacen nada bien a mi mente, alma y cuerpo. Muéstrame cuando viva con tristeza, ansiedad, temor, soledad, amargura, falta de perdón o con cualquier otra actitud negativa. Rompe cualquier control que estas emociones tengan sobre mí. Sustitúyelas con la plenitud de tu Espíritu de amor, paz y alegría. Te pido que saques de mí todo lo que no sea tuyo. Conoces los secretos de mi corazón (Salmo 44:21). Muéstramelos cuando no pueda verlos por mi cuenta, y renueva un espíritu recto dentro de mí.

Te pido una transformación en mi corazón, a fin de que pueda apartarme de los malos hábitos de sentimientos y emociones que paralizan y limitan mi vida. «Examíname, oh Dios, y conoce mi corazón; pruébame y conoce mis pensamientos; y ve si hay en mí camino de perversidad, y guíame en el camino eterno» (Salmo 139:23-24). Ayúdame a no estar ansioso «por nada», sino que lleve mis «peticiones delante de Dios en toda oración y ruego, con acción de gracias», haré mis ruegos ante ti de modo que tu paz «que sobrepasa todo entendimiento» guarde mi corazón y mis pensamientos en Cristo Jesús (Filipenses 4:6-7). Te pido que mi espíritu esté tan lleno de tu alegría que me sustente en la enfermedad (Proverbios 18:14) y sea medicina para mi cuerpo (Proverbios 17:22).

Te lo pido en el nombre de Jesús.

EL PODER DE LA PALABRA

Los que esperan en el Señor renovarán sus fuerzas; se remontarán con alas como las águilas, correrán y no se cansarán, caminarán y no se fatigarán.

Isaías 40:31, lbla

Cercano está el Señor a los quebrantados de corazón, y salva a los abatidos de espíritu.

Salmo 34:18, lbla

Guiado para transformarte en tu carácter

Tu carácter es lo que eres siempre en realidad, ya sea que estés solo y nadie te esté viendo, o que estés con amigos que te presionen a fin de que seas de cierta manera, o que estés en grupo de personas, ya sean piadosas o no.

El carácter tiene que ver con moral, principios, valores, integridad, honestidad, actitud, honor, fidelidad, lealtad, credibilidad, respetabilidad, moralidad, responsabilidad y la percepción del bien y del mal. Cada una de estas palabras se puede desglosar para obtener una descripción aun más adecuada de lo que interviene en tener un buen carácter. El buen carácter es lo que eres por dentro y cómo se deja ver eso por fuera.

Sabemos lo que queremos ser, pero somos impotentes para cambiar para siempre lo que somos, si es que no nos capacita para hacerlo el poder del Espíritu Santo en nosotros.

Cuando recibes a Jesús y estás lleno del Espíritu Santo, tienes la fuente de tu transformación dentro de ti. Eso se debe a que el Espíritu Santo siempre te guiará para que te apartes de «seguir haciendo lo mismo». Dejas de hacer las cosas de la forma en que solías hacerlas. Cuando te renuevas en el espíritu de tu mente, tus emociones se renuevan y puedes ponerte el nuevo yo que te ha dado Dios. Tu propio carácter se transforma.

Tu nuevo yo decide vivir en aparente contraste a todo lo que se opone al Señor. Ya no decides caminar en la vanidad por la que camina el resto del mundo, sin tener entendimiento en cuanto a la vida, viviendo de una manera que no es del Señor y separado de su propósito para tu vida. Ya no tienes una mente que ignora la verdad de Dios, ni un corazón que elige estar ajeno a la misma. Llegas a ser amable, de corazón compasivo y perdonador, porque sabes esto: «Dios los perdonó a ustedes en Cristo» (Efesios 4:32, RVC). Tienes una confianza mayor acerca del futuro, porque sabes que el Espíritu Santo mora en ti y que eres del Señor para siempre. Llegas a ser consciente de lo que entristece a su Espíritu, por lo que te niegas a hacer cualquier cosa que haga que Él se entristezca.

La transformación de tu carácter significa que de ser egoísta llegas a ser generoso, de vivir en la oscuridad llegas a vivir en la luz. Sin embargo, no todos experimentamos eso. Todos hemos visto a personas cristianas que van a la iglesia, pero que tienen defectos de carácter que parece que nunca cambian. Exhiben actitudes faltas de amor o siguen en un camino de hacer maldad. ¿Por qué parece que su carácter no mejora? Quizá se deba a que se hayan negado a reconocer al Espíritu Santo. O, si lo reconocen, lo relegan a un lugar donde no puede manifestarse a sí mismo en sus vidas, ni tocarlos de ninguna manera. No permiten que el Espíritu Santo los capacite para que se levanten por encima de sí mismos y que tomen decisiones que revelen «la justicia, la fe, el amor y la paz» que se forman en su carácter cuando de «corazón limpio invocan al Señor» (2 Timoteo 2:22).

Cuando le des lugar al fluir del Espíritu Santo, Él formará en ti un carácter nuevo que se parezca cada vez más al carácter de Cristo.

Dios les dijo a los israelitas: «Sed santos, porque yo soy santo» (Levítico 11:44, LBLA). Pedro lo explicó más al decir que «como hijos obedientes, no os conforméis a los deseos que antes teníais estando en vuestra ignorancia; sino, como aquel que os llamó es santo, sed también vosotros santos en toda vuestra manera de vivir» (1 Pedro 1:14-15).

Esto parece fácil, ¿verdad?

No, parece imposible. ¿Cómo podemos hacerlo? No por nosotros mismos, eso es seguro. Jesús dijo: «Sed, pues, vosotros perfectos, como vuestro Padre que está en los cielos es perfecto» (Mateo 5:48).

Eso también es imposible, ¿verdad? Sí, lo es cuando tratamos de hacerlo por nuestra cuenta.

A menudo pensamos que la santidad no se puede obtener, por lo que evitamos el asunto. Sin embargo, la santidad es como la plenitud. El Espíritu Santo obra en nosotros para hacernos santos y plenos. Ser santo es el mismo concepto vago e invisible que nunca sabemos en realidad si lo hemos obtenido, y que siempre dudamos si lo tendremos. El Espíritu Santo nos ha liberado para que seamos «participantes de la naturaleza divina» (2 Pedro 1:4). Aun así, nosotros debemos cooperar con Él de cualquier manera para procurar que suceda eso.

Si el Señor obra en ti hasta el día que te vayas con Él, parece que la santidad es el proceso de llegar a ser más semejantes a Jesús cada día. El quebrantamiento de tu corazón, tus emociones y tu espíritu se puede reparar, y esas piezas rotas pueden unirse para hacerte una persona plena y santa. Entonces, *eso* es transformación.

EL PODER DE LA ORACIÓN

Padre Dios:

Ayúdame a ser un imitador de ti como uno de tus hijos. Enséñame a caminar en amor, como Cristo también me ha amado y se entregó por mí como ofrenda y sacrificio a ti, como un «sacrificio en olor fragante» (Efesios 5:1-2). Permite que me imite en todo lo que haga. Ayúdame a caminar como hijo de luz, aun en los lugares oscuros (Efesios 5:8). «Tú eres mi lámpara, oh SEÑOR»; tú eres el que «alumbra mis tinieblas» (2 Samuel 22:29, LBLA). Forma un buen carácter en mí.

Enséñame a rechazar de inmediato todas las obras o los hechos de las tinieblas, que ni siquiera los tolere a mi alrededor. Incluso, no quiero ver las cosas que la gente mala dice o hace, porque sé que «vergonzoso es aun hablar de lo que ellos hacen en secreto» (Efesios 5:12). Permite que siempre camine en el Espíritu y no en la carne. Gracias, Jesús, por salvarme, librarme y liberarme. Transfórmame para que sea más semejante a ti. Hazme santo, como tú eres santo.

Gracias, Espíritu Santo, por guiarme. Solo por tu poder es que puedo ser libre del impulso de mi carne a hacer lo que quiere, y puedo tener la libertad de vivir la vida de santidad que tú tienes para mí. Sé que la transformación se encuentra en tu presencia.

Te lo pido en el nombre de Jesús.

EL PODER DE LA PALABRA

También nos gloriamos en las tribulaciones, sabiendo que la tribulación produce paciencia; y la paciencia, prueba; y la prueba, esperanza.

ROMANOS 5:3-4

Nos salvó, no por obras de justicia que nosotros hubiéramos hecho, sino por su misericordia, por el lavamiento de la regeneración y por la renovación en el Espíritu Santo.

TITO 3:5

7

Guiado para ver el propósito

Cuando le has entregado tu vida al Señor y te has rendido a la dirección del Espíritu de Dios en ti, una de las cosas que el Espíritu Santo revelará es el propósito de Dios para tu vida. Primero, te ayudará a entender que no eres un accidente de la casualidad, sin importar las circunstancias que rodearon tu nacimiento. Cuando naciste, Dios no dijo: «¡Huy!». Tu llegada quizá sorprendiera a tus padres, pero no sorprendió a Dios. Él tenía un plan para tu vida cuando te concibieron, y tienes un propósito.

El desarrollo de ese plan tampoco ocurre al azar ni por casualidad. Es más, el descubrimiento y el cumplimiento de tu propósito solo ocurren cuando buscas a Dios y sigues las instrucciones específicas de su Espíritu. Día a día, poco a poco, Dios lo revelará.

Cuando Jesús le preguntó a Pedro: «Y ustedes, ¿quién dicen que soy yo?». Pedro respondió y dijo: «¡Tú eres el Cristo, el Hijo del Dios viviente!» (Mateo 16:15-16, RVC). Jesús entonces le dijo: *«Esto no te lo reveló carne ni sangre, sino mi Padre que está en los cielos»* (Mateo 16:17, LBLA, énfasis añadido). Pablo dijo del evangelio: «No lo recibí ni lo aprendí de ningún ser humano, sino que me llegó por revelación de Jesucristo» (Gálatas 1:12, NVI, énfasis añadido).

A través de la revelación de Dios es que reconoces a Jesús como Mesías, y a través de la revelación de Dios es que recibes entendimiento de lo que Él quiere hacer en ti y por medio de ti.

No puedes cumplir tu propósito, el propósito de Dios para ti, si no estás sometido a Él por completo y dispuesto a seguir su dirección en cada aspecto de tu vida. Debes llegar a estar hastiado de tratar de vivir la vida a tu manera, o a la manera del mundo, o a la manera del enemigo y, en lugar de eso, tener un fuerte deseo de vivir a la manera de Dios. Y solo cuando el Espíritu Santo te guía puedes ir por el buen camino, permanecer en la senda que Dios tiene para ti y cumplir su plan para tu vida.

Sin la dirección del Espíritu Santo no puedes saber con seguridad si estás justo donde se supone que debes estar.

Guiado para ver el propósito en tu razón para levantarte cada día

Comencemos con lo básico. Debemos tener una razón para levantarnos todos los días, de otra manera llegará el día en que no desearemos hacerlo. Sin una razón clara para vivir podemos enfermarnos, desanimarnos, deprimirnos o perder la esperanza. Vamos a querer escondernos, huir de casa, decirles a todos que se vayan de nuestra vida o, lo que es peor, hacer algo que nos haga daño. Y si el trabajo que haces, o las actividades en las que participas, no son la voluntad de Dios para tu vida, tendrás una profunda frustración dentro de ti que se desarrollará a cada momento hasta que ya no puedas dar otro paso. Entonces, no sabrás qué hacer en cuanto a eso si no tienes la revelación de Dios. Sin la guía del Espíritu Santo, puedes desperdiciar tu vida.

La Biblia dice que las misericordias de Dios son nuevas cada mañana (Lamentaciones 3:22-23). ¿No te encanta eso? La misericordia que te ha demostrado en el pasado no se disipa, ni se agota, ni se debilita. Él tiene misericordias *nuevas* para cada día. Por sus misericordias, cada día de tu vida puede ser un nuevo inicio. ¿Quién no necesita eso?

Quizá hoy no puedas sentir que es un nuevo inicio para ti. Tal vez te parezca que «siempre es lo mismo». Esto es cierto en especial si las circunstancias te han derribado, o si has sufrido alguna pérdida, si estás encadenado a tu pasado, si has tenido que soportar gente abusiva en tu vida, que te destruye en lugar de levantarte el ánimo, o si estás rodeado de gente santurrona que te mira con cara de juez y corazón de un tribunal hostil que busca evidencias para demostrar que eres culpable. Te costará más escuchar la voz del Espíritu de Dios a tu alma por encima de la condena del enemigo. Puedes llegar a estar tan deprimido y desanimado por todo lo que *está* ocurriendo, o *ha* ocurrido, o que temes que *no* ocurrirá, que apenas puedes funcionar. Sin embargo, la buena noticia es que Dios tiene libertad total de todo esto para ti.

Puedes levantarte cada mañana con esperanza en tu corazón, sabiendo que Dios tiene todo lo que necesitas para superar los retos de cada día y para que te muevas hacia todo lo que Él tiene para ti.

Cada mañana cuando te levantes, tienes la opción de decidir a quién o qué vas a seguir. Está la posibilidad todos los días de que, en un momento de debilidad, elijas el camino indebido, el camino de la carne y no del Espíritu, el camino del enemigo y no el del Señor. Cuando decides seguir al Señor en cuanto te levantas, su Espíritu siempre te guiará para que te alejes de vivir en la carne.

El Espíritu Santo nunca nos guiará a enojarnos, a que seamos impacientes con los demás, ni a que seamos inmorales, desenfrenados, groseros o crueles. Si somos así, es porque no hemos tomado la *decisión* de crucificar nuestra carne y de someternos a la dirección del Espíritu Santo ese día. Es porque al levantarnos esa mañana no dijimos: «Gracias, Dios, por este día. Gracias, Jesús, por salvarme y liberarme. Gracias, Espíritu Santo, por guiarme en todo lo que hago. Gracias, Señor, porque no hay nada imposible para ti». Es más, escribe esas palabras en una tarjeta y ponla donde la veas cada mañana y díselas al Señor cuando te despiertes. Haz de ellas un hábito.

A pesar de que el Espíritu Santo te revela su propósito para la vida y te permite cumplir la voluntad de Dios, debes optar por seguir su dirección todos los días.

Dios está allí para ti cada mañana, sin mencionar la media mañana, el mediodía, la tarde, la hora de la merienda, la cena, temprano en la noche, la medianoche y la madrugada. No hay una hora en que Dios no se extienda hacia ti, a la espera de que tú te extiendas hacia

Él. Su misericordia nunca falla (Lamentaciones 3:22). Siempre tiene piedad de ti.

Muchos de los problemas y las angustias que experimentamos se deben a que no tenemos una percepción del propósito de Dios para nuestra vida y no seguimos la dirección del Espíritu Santo. Dios no quiere que solo sobrevivas. Él quiere que sepas que tienes una razón para vivir y un propósito grandioso en tu vida.

Demasiado del mundo en tu vida puede reducir tu entendimiento de lo que es Dios y lo que Él ha planificado para ti. De ahí la importancia de llenar tu mente con la Palabra de Dios temprano en el día, antes de que todo lo demás que se disputa tu atención comience a acumularse. Establece *con quién* estás y *quién* está *contigo*. Además, confía en que el Espíritu Santo de Dios guiará tus pasos hacia el cumplimiento de cada razón por la que estás aquí: *estar con Él, servirlo y cumplir tu propósito.*

EL PODER DE LA ORACIÓN

Señor:

Ayúdame a estar lleno de la percepción de tu amor, gozo, paz y propósito cada mañana cuando me levante. Permíteme tener la certeza de que estás conmigo y que no estoy solo. Fortalece mi fe para entender con seguridad que tú, Espíritu Santo, me guiarás en cada paso de mi camino. Someto a ti todo lo que enfrento hoy y te pido que me ayudes a caminar con éxito a través de esto con una fe fuerte que pueda mover montañas. Creo que nada es imposible contigo, Señor, y por eso no hay montaña que sea insuperable.

Ayúdame a ver tu propósito para mi vida. Sé que sin esa percepción de propósito puedo acabar tomando las decisiones indebidas y caer en la trampa del enemigo. Sé que mi percepción del propósito en la vida me mantendrá en el buen camino y en la dirección adecuada. Si mi visión de tu propósito para mi vida se ha nublado, dame claridad. Aunque no sepa todos los detalles, sé que *tú* sí los sabes. Y confío en que siempre me guiarás hacia el cumplimiento de ese propósito. Mi alma espera en ti, Señor, más que en los centinelas de la mañana (Salmo 130:5-6). Mantenme siempre consciente de a dónde *no* me llevas, para que no cometa errores que desperdician el tiempo. Gracias, Señor, porque tú cumplirás «tu propósito en mí» (Salmo 138:8).

Te lo pido en el nombre de Jesús.

EL PODER DE LA PALABRA

La dádiva del hombre le abre camino y lo lleva ante la presencia de los grandes.

Proverbios 18:16, lbla

Despiértate, tú que duermes, y levántate de los muertos, y te alumbrará Cristo.

Efesios 5:14

Guiado para ver el propósito en los dones que Dios ha puesto en ti

Cuando tienes al Señor que da aliento de nueva vida en ti cada día, llegas a entender que tu vida tiene propósito, no porque lo digan otros, lo cual no hace daño, sino porque lo dice Dios. Él te ve a la luz del gran propósito que tiene para ti.

No importa lo que haya sucedido en tu pasado, Dios ha colocado dones en ti que deben usarse para su gloria.

Al depender de Dios cada día, al confiar en su Palabra y al aprender a seguir la dirección de su Espíritu Santo, podrás discernir los dones y los talentos que Dios ha puesto en ti. Tal vez todo lo que tengas al inicio sea un fuerte deseo de hacer algo en particular, o algo que te gusta hacer, o una habilidad natural para hacer algo, o una habilidad que hubieras aprendido. La manera de reconocer tus dones es pidiéndole a Dios que te los muestre. No descartes nada. Quizá la habilidad que tengas no te impacte como algo importante, pero Dios puede usarla para su gloria de una manera poderosa.

Algunas personas tienen dones y talentos obvios a una edad temprana, pero eso no significa que vayan a decidir usarlos para la gloria de Dios. Vemos gente con grandes dones y que los usa para la gloria del enemigo todo el tiempo. Algunas personas no pueden ver en absoluto sus dones desde un principio, pero eso no significa que no estén allí. Es posible que mucha gente no descubra sus dones hasta más tarde en la vida, dones que nunca soñaron que tenían.

Todo el mundo tiene dones y talentos. Nadie está sin ellos. Tú no eres la excepción.

Algunas personas tienen la habilidad de hacer muchas cosas y eso puede ser un problema para ellos porque es difícil decidir en cuál enfocarse. Por eso es que deben oír a Dios. Él puede usarlos todos. Él puede abrir o cerrar puertas de oportunidad de acuerdo a sus propósitos.

Mucha gente cree que no tiene dones, a menudo porque sus padres, o quizá alguien importante en su vida, no le pidieron a Dios que le revelara sus dones para que pudieran desarrollarse o nutrirse. Si te ha ocurrido eso, no dejes que te preocupe. No importa si tus dones no te los revelaron al principio. El Espíritu Santo puede revelártelos ahora, hoy, o en los días venideros.

Si eres alguien que cree que no tiene dones especiales, entérate que Dios obra muchas veces de manera muy poderosa por medio de una persona que depende de Él por completo para la manifestación de cualquier don que le haya dado. No esperes sentirte preparado. Dios quiere usarte para que hagas cosas que sabes que sin Él no puedes hacer. Dios usará tus dones con poder cuando dependas de Él.

No dependas de tus propias habilidades, o te verás limitado por ellas en lugar de que el Espíritu Santo te dé el poder.

Aunque es cierto que todos tenemos dones, esos dones no darán los frutos que Dios quiere que den sin nuestra dependencia del Espíritu Santo. Él es nuestro Ayudador que nos permite hacer lo que Dios nos ha llamado a hacer. Todos tenemos habilidades con las que nacimos, y necesitamos identificar y nutrir esos dones y talentos, así como desarrollarlos para que se usen para el Señor. Pídele al Espíritu Santo que te guíe en el descubrimiento y el reconocimiento de tus dones. Aunque hayas estado moviéndote en tus dones por años, pídeselo otra vez. Quizá el Espíritu Santo quiera redefinir los dones que ha puesto en ti, no necesariamente cambiarlos, a fin de prepararte para un nuevo nivel de su uso y para una nueva época en tu vida. Él siempre te refina y prepara para lo que está por delante.

Hay otros dones, dones espirituales, que el Espíritu Santo nos ha ido dando a medida que caminamos con Dios, los cuales son para usarse para sus propósitos. «Hay diversidad de dones, pero el Espíritu es el mismo» (1 Corintios 12:4). El Espíritu Santo no nos impone los dones espirituales. Él los libera en nosotros para el beneficio de otros. Él dice que son dones que debemos desear, pero debemos recordar que son *sus* dones y no los nuestros.

Estos dones espirituales no deben confundirse con nuestros dones naturales, dados por Dios, y que Él usa en nuestra vida para sus propósitos. Los dones espirituales se disciernen de manera espiritual, y el Espíritu Santo nos los da como Él desea. No podemos manipularlos ni imponerlos. No tienes que preocuparte de que, si te rindes al Señor, Él va a imponer un don espiritual en ti. Eso no ocurrirá. El Espíritu Santo actúa como Él quiere, pero no en contra de *tu* voluntad.

Recibimos dones espirituales a fin de ayudar a otros y no para nuestra gloria. Es de suma importancia que entendamos esto. La Biblia dice: «Pero a cada uno le es dada la manifestación del Espíritu para provecho. Porque a éste es dada por el Espíritu *palabra de sabiduría*; a otro, *palabra de ciencia* según el mismo Espíritu; a otro, *fe* por el mismo Espíritu; y a otro, *dones de sanidades* por el mismo Espíritu. A otro, el *hacer milagros*; a otro *profecía*; a otro, *discernimiento de espíritus*; a otro, *diversos géneros de lenguas*; y a otro, *interpretación de lenguas*. Pero todas estas cosas las hace uno y el mismo Espíritu, *repartiendo a cada uno en particular como él quiere*» (1 Corintios 12:7-11, énfasis añadido).

No voy a discutir los dones individuales en este libro. Hay un sinnúmero de opiniones acerca de este tema, y no quiero enumerar las opiniones de los hombres acerca de la Palabra de Dios. Te estoy diciendo lo que la Palabra de Dios dice al respecto, y tú eres muy capaz de escuchar a Dios a medida que el Espíritu Santo te enseña de sí mismo. Pídele que te muestre la verdad y «él os enseñará todas las cosas» (Juan 14:26).

Dios escoge el don que recibe cada persona. No es de acuerdo a nuestras habilidades naturales. No es de acuerdo a lo que hemos hecho o merecemos, porque nunca podemos hacer nada para merecer los dones del Espíritu. No reclamamos los dones. Dios nos da dones espirituales de acuerdo a lo que es su voluntad y de acuerdo a sus propósitos.

A pesar de que no podemos decidir los dones espirituales que vamos a tener, podemos hacer cosas que impidan el flujo de estos dones del Espíritu en nosotros.

No te preocupes en cuanto a si tienes un don o no. Dios dice que hay que desearlos (1 Corintios 12:31), pero hay que dejar que el Espíritu Santo los dé como Él quiera. Eso significa que no hay razón para sentirse orgulloso si Dios te da un don. Y no hay razón para sentirse avergonzado, para sentirse inferior o desanimado si no te dan uno. Esto es, en su totalidad, función del Espíritu Santo, no nuestra. Desea los dones, pero no te preocupes por ellos. Disponte a recibirlos, pero no codicies los dones de otro.

En lo personal, me he movido en dos de los dones varias veces. Uno es la palabra de conocimiento y el otro es el don de la fe. Han ocurrido en ocasiones distintas y siempre cuando estaba orando, ya sea sola o cuando oraba con alguien. En estas ocasiones fue el Señor en su totalidad. No tuvo nada que ver con lo que yo «estuviera pensando» ni lo que «hubiera sentido», ni nada por el estilo. Y fue algo superior a lo que yo pudiera hacer por mi cuenta. Y supe, sin lugar a dudas, que en ese tiempo el don era de Dios.

En una ocasión, por ejemplo, estaba en oración por mi pastor, su esposa y su familia. Y oí que Dios dijo estas palabras a mi corazón: *«Satanás quiere atravesar el corazón del pastor Jack».* Tuve la certeza de que era palabra del Señor. Por lo que le pedí a Dios que me dijera más.

«Señor, ¿planea el enemigo hacer eso? ¿De qué manera?»

El Señor lo enfatizó con claridad en mi corazón: *«A través de uno de sus nietos».*

Cuando le pregunté cuál de ellos, el Señor me dio una imagen clara de una nieta en específico.

No llamé de inmediato al pastor para decírselo, porque pensé que quizá se me reveló solo a mí para que *yo* orara por eso. Sin embargo, Dios no me dejó tener paz en cuanto a esto, hasta que por fin hice la llamada. Nunca antes había llamado al pastor Jack con palabra de conocimiento, por lo que no lo tomó a la ligera. Llamó a toda su familia para que se reunieran esa tarde, y oraron juntos por esto.

No mucho tiempo después que sucediera esto, el pastor Jack y su yerno Scott estaban limpiando su garaje cuando la nieta más pequeña salió de la casa y corrió a buscar a su papá y a su abuelo. El muelle de la gran puerta del garaje para dos autos estaba descompuesto, y la puerta estaba abierta, sostenida por un palo. Estaban listos para salir del garaje y entrar a la casa para cenar cuando Scott golpeó el palo y lo quitó del lugar, por lo que la gran puerta pesada se cayó con todo su peso precisamente cuando la niñita llegaba corriendo por la esquina. Su padre gritó: «¡No!», y el pastor Jack extendió su mano desde donde estaba parado, justo antes de que la golpeara en la cabeza. La puerta la habría aplastado. Con lágrimas en sus ojos, el pastor Jack dijo: «Eso era. Esa fue la advertencia del Señor por la que había que orar». Un segundo más y la niña podía haber muerto o habría tenido heridas graves.

Cuando me enteré de lo sucedido, le agradecí al Señor por la palabra que sabía que era de Él. He tenido esa experiencia con palabra de conocimiento varias veces, y siempre lo tomo en serio, y nunca dejo de decírselo a la persona a la que le concierne.

El otro don es el de la fe. Tengo una fe fuerte y creo en la Palabra de Dios, en las promesas del Señor para nosotros y en lo que Él puede y quiere hacer en nuestra vida. Sin embargo, el don espiritual de la fe es mucho más que eso. Es un don que Dios nos da para un tiempo y por una persona o situación en específico. No puedo sacarlo de la nada. No tiene que ver conmigo y tiene todo que ver con Dios. *Quisiera* tener siempre esa clase de fe. Es fuerte, clara, poderosa e inquebrantable, y no hay duda en absoluto de ella. Un don del Espíritu no es algo que te preguntes si es lo que es. Sabes que sí es eso.

Cada vez que he tenido el don de la fe, parece que no solo viene de *dentro* de mí, sino también viene *sobre* mí como un manto sobre mi cabeza y mis hombros que me cubre. Y llega a ser la forma en que me siento guiada a orar. Es como si Dios dijera: *«Por esto es por lo que tienes que orar y te doy la fe para que lo creas como si ya hubiera ocurrido»*. Tengo la certeza de que esa es la voz de Dios en mi corazón, y al orar por eso, según el Espíritu Santo me guíe, se establece en el reino espiritual antes de que se manifieste en el reino físico.

La Biblia dice que debemos desear los dones y yo los deseo. Aun así, no reclamo ni exijo los dones. Son del Espíritu Santo y están allí cuando es la voluntad de Dios para el beneficio de otra persona. En el don de la fe siempre he estado orando por alguien en cuanto a una necesidad específica, y me he sentido dirigida a orar de cierta manera. Además, Dios me ha dado una fe tan fuerte, que ha sido como si la oración ya se hubiera respondido.

En una situación de esas en particular, oraba por una joven para que tuviera un hijo. Ella y su esposo habían estado intentándolo por años, pero al final se rindieron y entonces estaban tratando de adoptar, por lo que ella me pidió que orara para que pronto les dieran un bebé. Cuando estaba orando por esa petición, que me gusta porque creo que la adopción es una de las manifestaciones del amor de Dios más bellas y conmovedoras, recibí el don de la fe para orar para que ella pudiera concebir. Esa no fue idea mía. No tenía el deseo por alguna de las dos opciones. No tenía nada en juego en esto. En cambio, tuve el don de fe que me guió a orar por su hijo biológico también. Y lo que ocurrió fue que a ellos les dieron un niño para adoptarlo en ese año, y no mucho después de eso ella también dio a luz a su hijo biológico.

Los dones espirituales que Dios da son bastante diversos, pero una persona no los recibe todos. Dios sabe que no podríamos controlar nuestro orgullo si ocurriera eso. Vienen del Espíritu Santo en nosotros. Así es que recibimos lo que Dios quiere que tengamos. Esta «manifestación del Espíritu» de la que Pablo habla se nos da para el avance de todos. No tienen nada que ver con nuestra habilidad natural. El Espíritu Santo los da por un propósito específico, y no pueden obtenerse de otra manera.

Dios obra a través de los dones espirituales que le da a la gente. Tenemos que aprender a recibirlos, a exponerlos, a acogerlos, a usarlos y a crecer en ellos.

EL PODER DE LA ORACIÓN

Señor:

Te ruego que me reveles los dones y los talentos que has puesto en mí. Permíteme entender el valor que tienen para ti. Si los dones que quiero no encajan con los dones que tengo, ayúdame a someter esos deseos a ti y a permitir que tú tengas el control. Desarrolla los dones que has puesto en mí para que lleguen a ser útiles para tu reino. Enséñame a moverme en excelencia con ellos, sabiendo siempre que yo no los he perfeccionado, sino que lo has hecho *tú*. Te pido que cualquier inseguridad en mí, que sé que en realidad es falta de fe en tu capacidad de guiarme y sustentarme, no me controle para poder usar los dones que has puesto en mí.

Señor, tu Palabra dice que fui predestinado según tu propósito para mi vida (Efesios 1:11). Sin embargo, sé que no puedo cumplir ese destino sin seguir la dirección de tu Espíritu Santo día a día en mi vida. Deseo tus dones espirituales en obediencia a tu Palabra (1 Corintios 14:1). Úsame para tus propósitos como lo consideres adecuado. Ayúdame a permanecer comunicado contigo de manera íntima por el poder de tu Espíritu, a fin de que siempre siga tu dirección. En todo lo que haga, ayúdame a no perder nunca de vista tu gran propósito para mi vida.

Te lo pido en el nombre de Jesús.

EL PODER DE LA PALABRA

Que responda a los deseos de tu corazón y te conceda todas tus peticiones.

Salmo 20:4, rvc

Hermanos míos amados, estad firmes y constantes, creciendo en la obra del Señor siempre, sabiendo que vuestro trabajo en el Señor no es en vano.

1 Corintios 15:58

Guiado para ver el propósito en el llamado de Dios para tu vida

Dios tiene un llamado para tu vida. Y Él te da los dones que necesitas, a fin de equiparte para que cumplas ese llamado. Estos dones te ayudan a hacer lo que Dios te ha llamado a hacer, y Él no los retira (Romanos 11:29).

La gente no recibe el llamado porque sea sabia, talentosa, poderosa o prominente (1 Corintios 1:26). Se les llama de acuerdo a los propósitos de Dios para sus vidas. Somos predestinados para ser «hechos conformes a la imagen de su Hijo» y *«a los que predestinó, a éstos también llamó*; y a los que llamó, a éstos también justificó; y a los que justificó, a éstos también glorificó» (Romanos 8:29-30, énfasis añadido).

Con el objetivo de cumplir tu propósito en la vida, sin lo cual nunca conocerás el cumplimiento que Dios tiene para ti, no solo debes buscarlo a Él y seguir la dirección de su Espíritu, sino que debes entender también cómo quiere que uses tus dones para servirlo y para lo que te ha llamado hacer. Él quiere que seamos «más diligentes para hacer firme vuestro llamado y elección de parte de Dios; porque mientras hagáis estas cosas nunca tropezaréis» (2 Pedro 1:10, LBLA).

A veces la gente oye el llamado de Dios en su vida antes de saber siquiera cuáles son sus dones. Cuando Dios te llama a hacer algo para lo que «no te sientes preparado», puedes confiar en que Dios te equipará para que lo hagas. Tus dones llegarán a ser claros a medida que das pasos de fe. Así que si sientes que no tienes lo que se requiere para cumplir tu llamado, alégrate, porque vas a tener que depender de Dios para todo lo que necesitas. Y aunque pueda parecer aterrador para ti en ese momento, en realidad es la mejor posición en la que puedes estar, debido a que *Él* tiene que serlo todo o no va a ocurrir nada.

Es posible ejercer tus dones sin ponerle atención a tu llamado. Demasiada gente lo hace. Por eso es que pueden usar sus dones en el ministerio y aun así engañar a su esposa o serle infiel al esposo. Si estás casado, preservar el matrimonio es la parte más grande de tu ministerio y llamado. Si no estás llamado a casarte, no te cases. En cambio, no te cases y después decidas que no te llamaron a casarte. Ni digas: «Tengo el llamado para casarme, solo que no es con esta persona con la que estoy casado ahora». Si Dios te ha dado el regalo de hijos, ellos no son algo que puedas devolver ni intercambiar por otra cosa. Tienes el llamado a cuidarlos. Tu don no te guiará a abandonar tu matrimonio ni a tus hijos. Si te sientes guiado a hacerlo, ve ante el Señor, confiésalo y averigua cuál es tu llamado en realidad.

Cuando Dios te llame, Él también te equipará. Un ángel del Señor se le apareció a Gedeón y le dijo: «Ve con esta tu fuerza, y salvarás a Israel» (Jueces 6:14). Entonces Gedeón le dijo: «Ah, Señor mío, ¿con qué salvaré yo a Israel? He aquí que *mi familia es pobre* en Manasés, y *yo el menor* en la casa de mi padre» (Jueces 6:15, énfasis añadido). Y el Señor le dio a Gedeón la razón por la que podía hacer esto, diciendo: «Ciertamente *yo estaré contigo*» (Jueces 6:16, énfasis añadido). *El Señor te equipa con su presencia* para que hagas lo que te llamó a hacer.

Cuando los discípulos recibieron poder mientras el Espíritu Santo venía sobre ellos, se convirtieron en testigos de Jesús a dondequiera que iban (Hechos 1:8). Dios quiere hacer lo mismo contigo. Él quiere que su Espíritu Santo obre *en* ti para *trabajar a través* de ti y alcanzar a otros con su amor y verdad. Él no vive en cada uno de nosotros para hacer lo que se *nos* antoje, para que *podamos* tener una vida feliz. Él obra en nosotros para ayudarnos a ser más como Jesús, de modo que podamos vivir la vida que Dios nos ha llamado a vivir.

Cuando recibimos la dirección del Espíritu Santo, nuestra vida transformada llega a ser un testigo del poder de Dios a medida que el Espíritu Santo nos permite hablarles a otros de Jesús y de las cosas de Dios.

Cuando Dios te llame, Él te refinará. Dios le dio un canto a Moisés para que se lo enseñara a los israelitas en el que les advertía de las consecuencias de su corrupción, insensatez y falta de sabiduría. El canto da una imagen de Dios que revolotea por encima de nosotros y que nos lleva como un águila que revolotea sobre sus polluelos y los lleva sobre sus alas (Deuteronomio 32:11). Esta es la manera en que Dios quiere guiarnos ahora. Él nos llevará a alturas que nosotros no podemos imaginar, pero *tenemos que permanecer tan cerca de Él como sea posible*, o nos caeremos y no podremos llegar a donde quiere que vayamos.

Cuando caminamos cerca del Señor, Él nos *refina*. El fuego es un símbolo del Espíritu Santo. Solo el fuego refinador del Espíritu Santo consume todo lo que no es bueno o que no se necesita. No nos daña ni nos lastima, pero si no nos purifican, el enemigo puede poner un gancho en nosotros que sea capaz de llevarnos a la ruina. La Biblia dice: «No apaguen al Espíritu Santo» (1 Tesalonicenses 5:19, NTV). La palabra «apagar» significa sofocar o extinguir, o dominar o destruir un fuego. No queremos apagar ni extinguir el fuego del Espíritu Santo en nosotros. Ahogamos todo lo que Él quiere hacer a través de nosotros cuando no lo recibimos para que nos use para su gloria.

Dios quiere facultarte para usarte con poder, pero si tratas de lograr eso lejos del fuego refinador del Espíritu Santo que llega a prepararte, estás destinado al fracaso.

La única manera en la que podemos ser un instrumento eficiente del amor, la paz y el poder de Dios es mediante la purificación por el Espíritu Santo en nosotros y por nuestra obediencia a la Palabra de Dios.

Cuando Dios te llama, Él te da paz en cuanto a eso. Sin la dirección del Espíritu de Dios, no podemos saber nada en cuanto a lo que ha de venir. ¿Cómo podemos ver hacia el futuro lejano si no sabemos lo que pasará mañana? La única manera en que nos podemos mover con éxito hacia nuestro futuro es caminando paso a paso con Dios ahora, siguiendo la dirección del Espíritu Santo en cualquier cosa que hagamos en este momento. El futuro no se puede saber, aparte de la revelación que Dios nos pueda dar. E incluso con la revelación del Señor, no sabemos todos los detalles al respecto. Solo sabemos que Dios dice que tenemos un buen futuro, y esto nos da paz.

Cuando Dios te llama, Él pone un sueño en tu corazón de lo que se tiene que lograr. Cuando Dios pone un sueño en tu corazón y te da una visión del futuro, Él no quiere que trates de llevar a cabo ese sueño, ni que cumplas esa visión con tus propias fuerzas. Quiere que te rindas a Él por completo y, luego, te bendecirá con la unción de su Espíritu y con una nueva liberación de su presencia y poder en ti. Dios te equipará para lo que Él quiere que hagas. Aun así, debes buscarlo para eso.

Si el sueño que tienes en tu corazón no concuerda de ninguna manera con el llamado que Dios tiene para tu vida, ríndele tu sueño al Señor. Si esto no es de Él, Dios lo quitará y lo sustituirá con el suyo,

Cuando Dios te llama, el Espíritu Santo te capacita para hacer lo que debes lograr. No estamos simplemente suspendidos en el espacio tratando de servir a un Dios exigente. De ninguna manera. Dios tiene grandes expectativas de nosotros, pero quiere que dependamos de Él para ver esas expectativas hechas realidad. Cuando nos sometemos a Él, decidimos vivir a su manera y escuchamos con atención la dirección de su Espíritu en nuestras vidas, Él nos permitirá llevar a cabo y cumplir esas expectativas.

Dios quiere que también esperemos mucho de Él. Lo que nos da para que hagamos es siempre mucho más de lo que podemos lograr por nuestra cuenta, y Él se asegurará de que estemos convencidos de eso. Nos llevará a un lugar en nuestra vida donde reconozcamos que no hay manera en la tierra en que podamos hacerlo sin Él, pero podemos esperar que con Dios, todas las cosas son posibles. Y debido a eso, Él puede permitirnos cumplir nuestro llamamiento.

Como en el caso de una mujer embarazada que dice: «Estoy esperando», tú puedes decir que esperas a que Dios dé a luz algo grande en ti.

Cuando Dios te llama, el enemigo trata de frustrar lo que Dios te ha llamado a hacer. El enemigo de Dios y tu enemigo es una misma cosa. El nombre de Satanás significa «adversario». Jesús lo llamó el maligno (Juan 17:15, NVI). Él tiene hostilidad hacia todos los creyentes y siempre te desanimará de lo que Dios te ha llamado a hacer. Tratará de *perturbarte* y estimulará a alguien para que se resista a tu trabajo. Por eso es siempre importante saber con claridad lo que Dios te ha llamado a hacer y lo que *no* te ha llamado a hacer. La intimidación y el temor son dos de las tácticas del enemigo. El enemigo dice: «No puedes hacerlo». Sin embargo, *tú* sabes que por medio de Cristo puedes hacerlo, porque el que te ha llamado es también capaz de hacer que suceda.

Enfrenta siempre las mentiras del enemigo con la verdad de la Palabra de Dios. Confía en la dirección del Espíritu Santo en tu corazón, más que en la voz de tu enemigo que te amenaza. Ten cuidado de vivir siempre de manera coherente con lo que Dios te ha llamado a hacer.

EL PODER DE LA ORACIÓN

Señor:

Abre mis ojos para que vea lo que necesito ver en cuanto a tu llamado en mi vida. Abre mis oídos para que oiga tu voz que me guía hacia eso. Prepárame y equípame para lo que quieres que haga. No permitas que haga algo que viole o comprometa eso. Sé que se requerirá mucho de mí, y te pido que me ayudes a cumplir esos requisitos. No puedo hacer lo que quieres que haga si el poder de tu Espíritu no me permite hacerlo. Refíname para que llegue a ser una vasija pura a través de la que tú puedas obrar. Ayúdame a someterme a ese proceso refinador.

Enséñame a poder identificar siempre las tácticas del enemigo que trata de desanimarme con sus mentiras. Ayúdame a nunca caer en su engaño, a fin de que no me aparte del camino que tienes para mí. No permitas que haga algo que obstaculice todo lo que quieres hacer en mí y por medio de mí. Te pido que tú, Dios de mi Señor Jesucristo, el Padre de gloria, me des el espíritu de sabiduría y de revelación, de modo que mis ojos del entendimiento sean alumbrados y que yo siempre sepa cuál es la esperanza de tu llamamiento en mi vida (Efesios 1:17-18).

Te lo pido en el nombre de Jesús.

EL PODER DE LA PALABRA

Porque irrevocables son los dones y el llamamiento de Dios.
ROMANOS 11:29

Yo, que estoy preso por causa del Señor, les ruego que vivan como es digno del llamamiento que han recibido.
EFESIOS 4:1, RVC

8

Guiado para llevar buenos frutos

Cuando tienes al Espíritu Santo en ti y buscas su dirección a diario, te das cuenta de que llegas a ser más creativo y productivo en cada aspecto de la vida. Eso se debe a que estás conectado a la suprema fuerza creadora, nuestro Dios, que creó el universo y todo lo que hay en él.

Donde está el Espíritu de Dios, hay creatividad y productividad.

Si te sumerges en el Señor y te guardas de la contaminación del mundo, su voz en ti llegará a ser más clara. Te guiará, te inspirará y te revelará cosas que no habrías visto por tu cuenta. Cuando sometes tu propia creatividad natural al Señor, *su* creatividad fluirá en ti y tu vida producirá fruto.

El Espíritu Santo nos da fruto espiritual, pero el grado en el que crece en nuestra vida depende de nosotros. La Biblia dice: «El fruto del Espíritu es *amor, gozo, paz, paciencia, benignidad, bondad, fidelidad, mansedumbre, dominio propio*» (Gálatas 5:22-23, LBLA, énfasis añadido). Cuando estas virtudes llegan a ser visibles en ti, es una buena señal de que el Espíritu Santo está obrando de manera poderosa en tu vida.

Los primeros tres frutos del Espíritu son sentimientos y actitudes que son como Dios. Son el *amor* de Dios, el *gozo* de Dios y la *paz* de Dios que sobrepasa todo entendimiento. Esto es lo que es Dios. Él *es* amor. Él *es* paz. Él *es* gozo. Y nos da todo lo que *es Él* a través de su Espíritu Santo en nosotros. Si te das cuenta de que no tienes suficiente amor, gozo o paz en tu corazón, acércate a Dios pasando tiempo con Él en su Palabra, en oración y en adoración. Recuerda que Él se derrama en ti cuando tú lo adoras.

Los segundos tres frutos del Espíritu son la manera en que debemos ser, en especial alrededor de otras personas, animales y de la creación de Dios. Son *paciencia, benignidad* y *bondad.* Necesitamos la paciencia de Job. Paciencia para esperar en Dios. Paciencia con la gente y las situaciones que ponen a prueba nuestra paciencia. Necesitamos benignidad. La clase constante de benignidad que nunca falla y no hace acepción de personas. Benignos con todos siempre. Necesitamos bondad. La bondad de Dios. Esa es la clase de bondad que se manifiesta incluso cuando la gente no la merece. Dios es bueno todo el tiempo, sin importar lo malos que seamos. Sin embargo, no podemos ser buenos todo el tiempo si su bondad no se produce en nosotros.

El tercer grupo del fruto del Espíritu tiene que ver con la manera en que actuamos. Estos son *fidelidad, mansedumbre* y *dominio propio.* Cada uno va más allá de nuestra tendencia natural de expresarlos a la perfección. A menos que el Espíritu Santo produzca ese fruto espiritual en nosotros, hasta el grado en que lo quiere Dios, siempre estaremos carentes en estos aspectos. Por ejemplo, no podemos apretar los dientes y hacer que siempre tengamos dominio propio, pero el Espíritu Santo puede producir el dominio propio en nosotros en todo momento.

Cuando el Espíritu Santo controla nuestra vida, Él produce estas buenas virtudes en nosotros. Sin embargo, muy a menudo reprimimos su obra con emociones negativas tales como miedo, enojo, tristeza, duda, impaciencia, falta de perdón y juicio hacia las demás, lo opuesto al fruto del Espíritu. Podemos incluso permitir que las groserías de otra persona impidan que el fruto espiritual crezca en nosotros.

Cuando estamos llenos del Espíritu, cambia nuestro carácter, pero todavía tenemos que *decidir* vivir en el Espíritu. «Los que son de Cristo han crucificado la carne con sus pasiones y deseos. Si *vivimos por el Espíritu, andemos también por el Espíritu*» (Gálatas 5:24-25, énfasis añadido). Cuando andamos por el Espíritu, el fruto del Espíritu Santo se manifiesta en nosotros de maneras sorprendentes.

Guiado para llevar buenos frutos en tu vida

A fin de producir buen fruto en nuestra vida tenemos que plantar las semillas adecuadas. Hasta la semilla más pequeña que plantemos puede llegar a ser algo grande. Además, podemos comenzar a ver el buen fruto de inmediato.

Jesús dijo: «Yo soy la vid y ustedes son las ramas. El que permanece en mí, como yo en él, dará mucho fruto; *separados de mí no pueden ustedes hacer nada*» (Juan 15:5, NVI, énfasis añadido). No podemos producir buen fruto sin Él.

Para producir buen fruto en tu vida, no solo tienes que plantar buenas semillas, sino que también debes sacar y desenterrar las semillas malas. Eso significa que tus hábitos personales deben someterse al Señor para que lo glorifiquen. Sé que esto es difícil, porque tus hábitos personales son... bueno, personales. Y muy a menudo pensamos que nuestros hábitos privados son nuestros. Y lo son, siempre y cuando no interfieran con el propósito y el plan de Dios para tu vida.

Jesús también dijo que Él es «la vid verdadera» y que su Padre Dios «es el labrador», y que cada rama que en Él «no da fruto, la corta; *pero toda rama que da fruto la poda para que dé más fruto todavía*» (Juan 15:1-2, NVI, énfasis añadido). Somos las ramas que no pueden llevar fruto sin estar conectados con la Vid Verdadera. Con todo, el Labrador debe limpiarnos.

Si no estás produciendo buen fruto, tal vez no le hayas dado acceso total al Espíritu Santo en tu vida. O quizá solo se trate de tiempo. A lo mejor no veas *todavía* la cosecha *total* del buen fruto. Es posible que haga falta más poda. Tal vez se necesite más tiempo.

Cuando vivíamos en California, pude cultivar los rosales más bellos. Tenía alrededor de cuarenta arbustos de muchos colores espectaculares. Producían rosas con tanta abundancia en la primavera y en el verano que la gente pasaba en su auto solo para verlas. Todos los días cortaba algunas con cuidado para ponerlas en un jarrón en la casa o para dárselas a alguien. Las alimentaba y les ponía agua con diligencia.

Temía cuando de manera inevitable comenzaban a caerse los pétalos de las rosas y era tiempo de volver a podarlas. Teníamos a un hombre que lo hacía porque las espinas eran enormes y sabía cómo hacer las cosas bien. Sin embargo, después que él lo hacía, los pobres arbustos parecían un montón de palos desnudos... horrible madera desnuda y muerta, nada qué admirar. Y parecía como que iban a estar así por mucho tiempo; por lo menos hasta que volviera la primavera, que salieran las hojas verdes y comenzaran a aparecer las yemas.

Las estaciones de nuestra vida son así. Es posible que hayamos estado produciendo fruto y, luego, de repente se siente como que ese fruto se hubiera cortado y quedamos como un palo muerto. Podemos pensar que debimos haber hecho algo malo para perder el favor de Dios. En cambio, es una época de poda, de *deshacernos de todo lo que no es necesario en nuestra vida para producir nuevos frutos*. Es una época de un crecimiento interno más profundo. Quizá no sea evidente para otra persona que esté sucediendo esto, pero podemos sentirlo.

La poda es un trabajo necesario del Espíritu Santo que, a la larga, nos libera para que produzcamos más fruto en el futuro. Aunque se puede sentir como que se acabó la vida que conocemos y que no hay futuro, la realidad es que Dios nos está preparando para una nueva cosecha.

Si eso te ocurre, puede hacerte sentir como que te han destituido y que Dios ya no quiere usarte a ti ni a tus dones. Sin embargo, anímate. Si no estás caminando en pecado, esto es cuando Dios te prepara para una nueva estación de producción de fruto. La gente a veces se rinde durante este período. Cree que Dios los ha abandonado o que ha perdido la confianza en *ellos*. Así y todo, eso está lejos de la verdad. Aférrate al Señor y niégate a albergar cualquier duda acerca de lo que Dios está haciendo en tu vida. Confía en Él con todo tu corazón. Profundiza en Él. Lee más la Biblia. Ora más. Ora con otros creyentes. Busca gente a la que puedas ayudar de alguna manera. No será difícil; están por todas partes. Sé la mano extendida de Dios para otros.

Aun cuando la poda es incómoda, debemos darle la bienvenida. El Espíritu Santo quitará de nosotros ciertas actitudes, hábitos de pensamiento y acción, posesiones innecesarias y metas que no son lo que Dios quiere para nosotros ahora. Él cambiará la manera en que siempre hemos hecho las cosas, no porque sean malas, sino porque quiere hacer algo nuevo.

Dios no quita algo que nos sea indispensable para vivir, aunque entonces sintamos que sí lo quita. Nuestra carne se puede resistir, pero aun en nuestro espíritu podemos sentirnos aliviados porque Dios quiere que simplifiquemos nuestra vida a fin de que podamos hacer mejor lo que nos ha llamado a hacer. Podemos decir: «Señor, ¿qué tengo en mi vida que ya no debería estar allí?». Soltar las cosas innecesarias nos libera para recibir más de lo que Dios quiere impartirnos.

Se nos ordena que produzcamos buen fruto. Y cuando lo hacemos, atraemos a otros a Jesús. Solo el buen fruto que surge del Espíritu en nosotros es duradero. Todos hemos visto personas que no producen buen fruto. No pueden producir el fruto de un buen espíritu porque no tienen un buen espíritu en su vida. Incluso si son creyentes, el Espíritu Santo no puede funcionar a plenitud en alguien que no tiene en cuenta al Espíritu Santo en él o que lo niega.

Jesús dijo: «Cuídense de los falsos profetas, que vienen a ustedes disfrazados de ovejas, pero por dentro son lobos rapaces. *Ustedes los conocerán por sus frutos*» (Mateo 7:15-16, RVC, énfasis añadido). Eso se debe a que un «buen árbol da buenos frutos, pero el árbol malo da frutos malos» (Mateo 7:17, RVC). Él dijo que «todo árbol que no da buen fruto, es cortado» (Mateo 7:19, RVC).

Cualquier pecado sin arrepentimiento evitará que alguien produzca buen fruto. El fruto del Espíritu será visible solo en una persona que vive en obediencia a los caminos de Dios.

Cuando nuestra carne tiene el control, hacemos cosas que no queremos hacer. Es una batalla constante. He visto cambiar el buen fruto del ministerio de alguien cuando la carne de esa persona le ha quitado el control al Espíritu. Quizá no fuera consciente de eso al principio, pero no dejó de hacer lo que estaba haciendo en el momento a fin de echar fuera las semillas malas y darse la vuelta. El orgullo lo hizo pensar que podía salirse con la suya con la desobediencia.

El orgullo hace que la gente crea que tiene el derecho de hacer lo *que* quiera, *cuando* quiera hacerlo. Es una obra de la carne que ciega nuestros ojos. Es lo que hace que las personas que saben más hagan el mal. Todo esto sucede debido a que a se le permitió a la carne que ganara el control, en lugar de que se *invitara* con regularidad al Espíritu a que tuviera el control. Puede ocurrirle a cualquiera de nosotros en un momento débil y descontrolado. Si ves orgullo en ti, humíllate ante el Señor y confiésalo. Si ves orgullo en alguien más, ¡CORRE! Una gran caída está a punto de ocurrir, y no quieres caer con ellos. Ora por esa persona para que tenga sus ojos abiertos a la verdad.

Mientras más acceso libre tenga el Espíritu de Dios en tu vida y más espacio tenga para crecer en ti, más exhibirás el fruto de su Espíritu.

No tenemos que esforzarnos por producir buen fruto en nuestra vida. Solo tenemos que dejar de plantar las semillas malas y aprender a plantar solo las buenas. Debemos caminar cada día con Jesús, permanecer en Él al seguir la dirección del Espíritu Santo en nosotros, mantener la comunicación constante con Él y cada vez más rendir nuestra vida a su control. Esto no es algo que nosotros *hacemos* que suceda. Es algo que decidimos *permitir* que suceda.

Sin embargo, el fruto no puede crecer lejos de la luz. Somos hijos de luz que estamos llenos con el fruto del Espíritu, el cual «es en toda bondad, justicia y verdad» (Efesios 5:9). No debemos tener nada que ver con «las obras infructuosas de las tinieblas, sino más bien» reprenderlas (Efesios 5:11). Todos caminamos en la oscuridad antes de recibir a Jesús, pero ahora, como hijos de luz, debemos deshacernos de cualquier cosa que bloquee su luz en nosotros y que nos impida producir el fruto espiritual. Cuando damos muestra del fruto del Espíritu, Dios se glorifica, y es una señal de que somos sus discípulos (Juan 15:8).

EL PODER DE LA ORACIÓN

Señor:

Te pido que me ayudes a producir buen fruto en mi vida. Enséñame a plantar las semillas buenas en mi corazón. Que crezca lo que ya se ha plantado en mí por tu Palabra. Sé que cada momento que paso en tu presencia en adoración, alabanza y oración riega, nutre y hace crecer las semillas de tu carácter en mí. No permitas que haga algo que impida ese proceso. Produce una cosecha en la tierra buena de mi corazón que produzca a ciento por uno (Mateo 13:8, lbla). Escudriña mi corazón y muéstrame cualquier semilla mala que se haya plantado allí, a fin de que yo pueda arrancarla y desecharla. Me someto a tu proceso de poda. Ayúdame a soltar cualquier cosa en mi corazón o en mi vida que no debería estar allí. Aléjame de todo orgullo. No quiero que nada me impida producir el fruto de tu Espíritu en mi vida.

Te ruego que la gente perciba tu amor, gozo y paz en mí, y que se sienta atraída a ti por eso. Te pido que el fruto de tu Espíritu se manifieste en mí de manera tan poderosa que otros no puedan evitar verlo y te glorifiquen. Permíteme mostrarles paciencia, benignidad y bondad a los demás. Ayúdame a tener tu fe, mansedumbre y templanza, de modo que pueda reflejar la naturaleza de Cristo en todo lo que hago.

Te lo pido en el nombre de Jesús.

EL PODER DE LA PALABRA

Será como árbol plantado junto a corrientes de aguas, que da su fruto en su tiempo, y su hoja no cae; y todo lo que hace, prosperará.

Salmo 1:3

Si el árbol es bueno, también su fruto es bueno; pero si el árbol es malo, también su fruto es malo. Al árbol se le conoce por sus frutos.

MATEO 12:33, RVC

Guiado para llevar buenos frutos en tu trabajo

Hay algo que siempre verás en la vida del creyente que sigue con ahínco a Dios y a quien lo guía su Espíritu Santo, y es el fruto de su trabajo. La verdad es que no puedes luchar en contra del fruto. En otras palabras, no puedes negarlo cuando lo ves. No me refiero a que no haya tiempos difíciles de batalla. Todos pasamos por eso. La época de crecimiento, aprendizaje y poda puede ser dolorosa, pero aun así hay fruto.

Si el Espíritu Santo *no* te guía en el trabajo que haces, no producirás el buen fruto que Dios quiere que produzcas. Si el Espíritu Santo no te faculta, no produces fruto para la eternidad de la manera que lo desea Dios. El ministerio de Jesús tiene que ser el modelo de tu obra, a Él lo facultó el Espíritu Santo y no hizo nada que no lo dirigiera su Padre Dios.

Cualquiera que sea tu trabajo, somételo al Señor. Pídele que te infunda con su vida, poder y productividad. Pídele que su Espíritu fluya a través de ti y te permita ser más creativo. Cuando haces eso, es posible que te guíe a salir del trabajo que haces en la actualidad y te lleve a algo distinto, si lo que haces no es lo que quiere el Señor.

Nosotros no le decimos a Dios lo que vamos a hacer y le pedimos que lo bendiga. Más bien, le preguntamos qué quiere que hagamos y hacemos lo que Él dice para que pueda bendecirlo.

Al fruto también se le llama «producto». Eso se debe a que cuando se plantan las semillas adecuadas, se riegan y nutren, se produce el fruto. ¿Puedes evaluar la productividad de tu vida, quizá no en el pasado, sino en la época desde que has seguido de cerca al Señor? ¿Ha sido positiva y buena tu influencia o afecto hacia los demás? ¿Has ayudado a la gente? ¿Ven y experimentan algo del Señor por ti? Si dejas que Dios te guíe por el poder de su Espíritu Santo, verás que Él bendice lo que haces.

Conocí a un hombre que era contencioso, juzgaba a los demás, era explosivo y egoísta hasta el punto de herir a los demás. La hierba mala de su carne había ahogado el crecimiento de su creatividad. Cuando obstaculizó la obra del Espíritu Santo en él con el pecado, detuvo las bendiciones de Dios en su trabajo. La buena noticia es que cuando eso ocurre, se puede cambiar con un corazón arrepentido. Tardó mucho tiempo, pero eso es lo que por fin le pasó a este hombre. El arrepentimiento produce fruto. ¡Siempre! Dios puede darles vida a las cosas muertas cuando nos arrepentimos. El arrepentimiento abre camino al crecimiento espiritual y a la creatividad. En algunos círculos esto se subestima muchísimo.

No establezcas expectativas demasiado bajas en cuanto a lo que Dios producirá en ti y a través de ti. Será mucho más de lo que puedes imaginar. Además, no permitas que tus expectativas de ti mismo sean tan altas que no puedas apreciar el fruto que Él está produciendo en tu vida ahora mismo. Pon tus expectativas en el Señor. Espera que Él mantenga su Palabra y produzca grandes cosas en ti y a través de ti.

Si sientes que no estás produciendo fruto en tu obra o ministerio, pídele al Señor que te muestre cualquier lugar en el que no lo hayas obedecido. Dios bendice el trabajo de un hijo obediente (Deuteronomio 12:28). Averigua lo que es bueno y aceptable para el Señor y hazlo (Efesios 5:10). Ayuna y ora. Busca una nueva plenitud de su Espíritu. Cuando estás lleno del Espíritu Santo y Él te guía, produces fruto en tu trabajo.

El Espíritu Santo te equipará para el trabajo que tiene para ti. Cuando se estaba construyendo el templo, Dios pidió que artesanos hábiles vinieran e hicieran lo que Él les había ordenado que hicieran. Dios llenó a uno de los artistas con el Espíritu Santo y le dio «sabiduría, en inteligencia, en ciencia y en todo arte» (Éxodo 35:31-32). El Espíritu Santo equipó a este hombre para que hiciera lo que Dios lo había llamado a hacer. El Espíritu Santo también puso «en su corazón el que pueda enseñar» (Éxodo 35:34). Dios no solo lo equipó para hacer el trabajo, sino que también le permitió que enseñara a otros cómo hacerlo.

La Biblia dice de los artesanos que Dios «los ha llenado de sabiduría de corazón, para que hagan toda obra» (Éxodo 35:35). En otras palabras, *el Espíritu Santo hizo que fuera posible su talento*. Es obvio que tenían algunas habilidades, pero el Espíritu Santo les permitió que hicieran con destreza justo lo que Dios quería que hicieran.

Lo que el Espíritu te llama a hacer, también te permitirá lograr. Si Él te guía a hacer algo que no quieres hacer, o que no crees que puedas hacer, pídele un cambio de corazón en ti. Sé que es aterrador, pero Él no te va a pedir que hagas algo que a la larga no será lo mejor para tu vida.

Encuentra el propósito de Dios en todo el trabajo que hagas. Después que Moisés y el pueblo terminaron todo el trabajo, la labor y el sacrificio para la construcción del tabernáculo, «entonces una nube cubrió el tabernáculo de reunión, *y la gloria del Señor llenó el tabernáculo*» (Éxodo 40:34, RVC, énfasis añadido). El propósito supremo de lo que hacemos para el Señor, nuestra obediencia a lo que Él nos indica que hagamos, es tener la presencia de Dios con nosotros. Eso lo dice todo. Todo su tiempo, trabajo y sacrificio se recompensó con el mayor regalo posible: la presencia del Señor. En ese momento todo cobra sentido. En ese momento no preguntas: «¿Por qué, Señor?».

Dios le dio a Moisés las leyes de cómo tenían que hacer los sacrificios, y a nosotros pueden parecernos estrictas en extremo. Son interminables, y si perdemos de vista su propósito, llegan a ser tediosas y difíciles. *Sin embargo, todo el propósito de estas leyes era tener un pueblo santo para que la presencia de Dios pudiera visitarlos.* Cuando la gloria del Señor se le apareció al pueblo, «viéndolo todo el pueblo, alabaron y se postraron sobre sus rostros» (Levítico 9:23-24). En ese momento, lo que habían hecho para Dios llegó a ser claro.

Quizá no puedas ver ahora mismo cuál es el propósito de todo lo que haces en tu trabajo. A veces tu trabajo puede ser tedioso y pierdes de vista la razón por la que lo haces, pero si sigues al Espíritu Santo, un día llegará a ser muy claro. Por eso es que percibes la magnífica presencia del Espíritu de Dios que se manifiesta a través de ti de una manera que no lo has visto antes. Quieres sacrificar lo que sea necesario a fin de darle cabida a una plenitud mayor de la presencia de Dios en tu vida.

EL PODER DE LA ORACIÓN

Señor:

Te pido que me ayudes a producir fruto en mi trabajo y ministerio. Ayúdame a recabar todo lo que necesito en tu Palabra. Enséñame a plantar semillas buenas en oración y adoración. Capacítame para que produzca la clase de fruto que dura por la eternidad. No permitas que establezca mis expectativas demasiado bajas en cuanto a todo lo que tú quieres hacer a través de mi trabajo para ti. Ayúdame a no establecerlas tan altas que no aprecie lo que estás haciendo en mí todos los días. Permíteme hacer siempre lo que *tú* quieres. Mi deseo es el de ser capaz de reclamar el regalo de tu presencia en mi vida como mi mayor recompensa.

Enséñame a examinar mi propio trabajo y a ver si se ajusta a tus normas (Gálatas 6:4-5). Dame ideas nuevas y creativas para que nunca me estanque y disminuya la producción, porque sé que mi creatividad viene de ti como una fuente que nunca se acaba. Ayúdame a hacer todo mi trabajo con la actitud adecuada, porque lo estoy haciendo para ti. Permíteme hacerlo bien de modo que pueda sobresalir en todo lo que me has llamado a hacer. Ayúdame a verte, Jesús, como mi modelo. Sé que nunca hiciste nada que no lo fortaleciera el Espíritu Santo. Yo también quiero vivir de esa manera.

Te lo pido en el nombre de Jesús.

EL PODER DE LA PALABRA

El hombre bueno, del buen tesoro del corazón saca buenas cosas; y el hombre malo, del mal tesoro saca malas cosas.

MATEO 12:35

Aun en la vejez fructificarán; estarán vigorosos y verdes.

SALMO 92:14

Guiado para llevar buenos frutos en tus relaciones

Las relaciones fructíferas no son esas en las que dos personas son uña y carne y son tan dependientes la una de la otra que no pueden funcionar sin la otra. No son la clase de relaciones donde una demanda demasiado de la otra, y hay un desgaste constante en la relación. En una relación fructífera, una persona no controla a la otra, ni hace que la otra persona siempre esté triste, ni tenga miedo. Las relaciones fructíferas son las que permiten que las personas sean lo que Dios quiere que sean.

En una relación fructífera, el fruto que se produce con esa relación es... espéralo... ¡bueno! Ese es tu punto de referencia. Cuando siempre te insultan, hieren, no te tienen en cuenta, te humillan o te hacen sentir mal contigo mismo, la relación no produce buen fruto. Si la relación no vale el gasto de tiempo y dinero para arreglar las cosas, sigue adelante hacia relaciones que sean positivas. Sal de ella, si es posible de alguna manera. Si tu relación difícil e infructuosa es tu matrimonio, busquen juntos alguna clase de consejería. No glorifica a Dios que cualquiera de los dos sea desdichado en ella.

Es crucial producir buen fruto en tus relaciones. No puedes continuar en una relación que te aleje de Dios, que te lleve a hacer cosas malas o que haga que te tengas que perder lo que Dios quiere que seas. Las mejores semillas para plantar en una relación son semillas de oración, amor, compasión y entrega de ti mismo. Es más, el buen fruto de cualquier relación surge de la entrega de las dos partes.

Cuando no cedemos en nuestras relaciones, detenemos las bendiciones que Dios tiene para nosotros en ellas, y no podemos producir una cosecha de su fruto.

Es posible que te digas: «¿No es siempre bueno dar?». La respuesta es sí... y no. Siempre es bueno dar *cuando te guía el Espíritu del Señor*. En cambio, si le das a alguien sin la dirección del Señor, puedes hacerle un perjuicio a esa persona. Debemos ayudar a la gente, pero se supone que no debemos tratar de ser su Dios. Si a menudo sacas de apuros a alguien a quien Dios quiere enseñarle a confiar en Él, tu acción de dar no produce buen fruto. Estás creando dependencia de *ti* y *no de Dios*. Hay una línea muy delgada entre las dos cosas, y solo el Espíritu del Señor te ayudará a discernir eso.

El orgullo es uno de los mayores obstáculos para producir buen fruto en una relación. Cuando tenemos orgullo, nos hacemos «vanagloriosos, irritándonos unos a otros, envidiándonos unos a otros» (Gálatas 5:26). Irritamos a otra persona cuando somos insensibles y hacemos cosas desagradables. Cuando el Espíritu nos guía, extinguimos el orgullo y exhibimos cada uno de los frutos del Espíritu.

Tu compasión por la gente que batalla con el miedo, las adicciones, la baja autoestima, las limitaciones físicas u otros retos, se convertirá en tu pasión por ayudarlos cuando te guíe el Espíritu. La productividad de tu vida aumentará de manera sorprendente cuando se alimente del amor a los demás que produce el Espíritu Santo.

La Biblia dice que no podemos seguir adelante en una relación si no estamos en unidad con esa persona. Tenemos que estar de acuerdo con lo que es bueno, moral y decente. Tenemos que estar de acuerdo en cuanto a quién es Dios y cómo nos relacionamos con Él. Si no están de acuerdo en esas cosas, uno de los dos tendrá que doblegarse al otro. La relación tendrá productividad limitada hasta que haya un cambio positivo.

EL PODER DE LA ORACIÓN

Señor:

Te pido que me muestres las relaciones que debo cultivar y cuáles dejar si es necesario. Si hay uno o más que no sea de ti y nunca producirá buen fruto, te pido que me lo reveles para que pueda apartarme de ellos. Sé que debemos tener unidad de espíritu y ser afines en nuestras creencias. Te pido sinceridad y rectitud en todas mis relaciones, a fin de que puedan producir el buen fruto que tú quieres que produzcan. Envía a mi vida relaciones piadosas que siempre te den la gloria. Sana todas las contiendas en cualquier relación que tenga ahora y hazla fructífera. Si no puede arreglarse, muéstramelo de modo que pueda terminarla.

Señor, te agradezco por tu obra en mi vida. Ayúdame a caminar siempre con la dirección de tu Espíritu Santo y a decidir no caminar en la carne. Vuélveme a llenar de tu

Espíritu cada día y quita cualquier pecado o egoísmo de mi corazón. Quita todo orgullo, crítica, envidia, falta de amabilidad o de amor en mí, o en cualquier persona con quien tenga una relación. Enséñame a darles de mí a otros de una manera compasiva, pero equilibrada. No quiero tratar de ser tú en la gente. Quiero ser yo con la gente y también permitir que sean quienes son. Guíame, Espíritu Santo, a hacer lo apropiado en cada relación que tenga.

Te lo pido en el nombre de Jesús.

EL PODER DE LA PALABRA

Mejores son dos que uno; porque tienen mejor paga de su trabajo. Porque si cayeren, el uno levantará a su compañero; pero ¡ay del solo! que cuando cayere, no habrá segundo que lo levante.

ECLESIASTÉS 4:9-10

¿Andarán dos juntos, si no estuvieren de acuerdo?

AMÓS 3:3

9

Guiado para discernir

El Espíritu Santo siempre te guiará hacia un mayor discernimiento en tu vida. El discernimiento tiene que ver, en realidad, con la percepción de la verdad desde la perspectiva de Dios. Mientras más te guíe el Espíritu Santo, más discernidor llegarás a ser. Él te mostrará cosas que antes no podías ver. Tendrás una certeza mayor en cuanto a la voz de Dios que le habla a tu corazón. Dios se comunicará contigo de maneras que podrían sorprenderte.

El avance hacia esta clase de discernimiento espiritual no es algo automático. Tienes que buscar primero a Dios en todas las cosas y buscar la verdad en su Palabra. Cualquiera puede leer la Biblia, pero solo las personas a las que el Espíritu Santo les abre los ojos pueden comenzar a ver la verdad en toda su plenitud. Y mientras lo haces, no solo verás la verdad de tu propia vida y tus circunstancias, sino que también observarás el mundo que te rodea con nuevos ojos.

En el laberinto del engaño y la información confusa que está en el mundo, necesitas el discernimiento de Dios para navegar a través de él con éxito.

Las Escrituras nos dicen que el rey Asa «se enfermó de los pies. Su enfermedad era grave, *pero aun en su enfermedad no buscó al Señor, sino a los médicos*» (2 Crónicas 16:12, LBLA, énfasis añadido). Asa se negó a buscar al Señor por discernimiento en cuanto a su enfermedad. Los médicos que buscó quizá trabajaran con la brujería y la magia, algo que nuestros médicos no hacen ahora. (O, al menos, oremos para que nunca terminemos con un médico que lo haga). ¿Cuántas veces tomamos medicinas o buscamos a un médico sin orar por eso primero? Esto, de ninguna manera, quiere decir que no debamos buscar ayuda médica. Sin embargo, siempre debemos buscar primero a Dios antes de hacer cualquier cosa. Pídele que te sane y después pregúntale si debes buscar un médico o ir a un hospital. Ora por los médicos que veas de modo que tengan mucho conocimiento, sabiduría y discernimiento.

Debido a que Asa no buscó al Señor por discernimiento en cuanto a eso, hubo varias consecuencias para él. La razón es que hay consecuencias graves para nosotros, también, cuando no buscamos primero a Dios en todas las cosas y tomamos decisiones sin el discernimiento que Él pudo habernos dado.

El Espíritu Santo en ti puede revelarte lo que sea que necesites saber en cualquier momento dado, pero debes buscarlo.

El Espíritu Santo es tu guía. En cambio, si nunca lo reconoces como eso, o le niegas esa posición en tu vida, restringes su capacidad de guiarte. Él nunca se entremeterá ni derribará un muro para obligarte a seguirlo. No es un controlador obsesivo. Los controladores obsesivos toman el control ya sea que tú quieras o no. El Espíritu Santo, por otro lado, solo toma el control cuando lo invitas y confías lo suficiente en Él para *permitirle* que tenga el control.

Es de suma importancia tener la perspectiva adecuada en nuestras situaciones para el éxito y la realización de nuestra vida. Sin eso podemos vagar de un esfuerzo sin significado a otro, o de un desperdicio sin propósito de tiempo y energía tras otro. O podemos estar de un error tras otro, y siempre volver al mismo problema y a los mismos hábitos malos de pensamiento, sentimiento o acción. ¿Cuándo termina esto? ¿Cuándo encontramos el cambio radical que necesitamos y deseamos? Es cuando comenzamos a ver la verdad desde la perspectiva de Dios. Y para eso se requiere del discernimiento que da Dios.

Necesitamos la perspectiva de Dios para todo, y el único que puede darnos eso es el Espíritu Santo de Dios que le susurra a nuestra alma.

Guiado para discernir la dirección de Dios

El Espíritu Santo es nuestro *guía*, y Él quiere guiarnos en *todas* las cosas. «El hombre natural no percibe las cosas que son del Espíritu de Dios, porque para él son locura, y no las puede entender, porque se han de discernir espiritualmente» (1 Corintios 2:14).

¿Qué haces cuando necesitas discernimiento de Dios para algo específico? Primero, debes estar tanto en su Palabra que sea como un suero intravenoso que te sustente a cada momento. Luego, por supuesto, orar tanto como sea posible. Sin embargo, para asuntos importantes, *el ayuno y la oración* son una manera poderosa de buscar la dirección de Dios.

Se dice del profeta Esdras que *la buena mano de Dios estaba con él* (Esdras 7:9). Eso significa que oía a Dios y su Espíritu lo guiaba. Y Dios proveyó lo que él necesitaba para hacer la obra para la que le llamaron; en este caso, reconstruir el muro que rodeaba el templo. Esdras *ayunó y oró en busca de dirección*, y le pidió al pueblo que también orara y ayunara por *protección, seguridad* y *bendición* en todo lo que harían (Esdras 8:21-23).

Incluso el rey de Persia reconoció que la mano de Dios estaba con Esdras y que el Espíritu de Dios lo guiaba. Por lo que le dio a Esdras un decreto escrito que le permitía guiar a los israelitas, que estaban cautivos en Persia, de regreso a Jerusalén para reconstruir el muro del templo.

Cuando la mano del Señor está contigo y su Espíritu te guía, hallas gracia en la gente que reconoce algo especial en ti.

Esdras le aseguró al rey que debido a que la mano de Dios estaba con él, tendría protección. Aun así, Esdras todavía *ayunó y oró* por eso. Cuando hay una promesa de Dios para ti en cuanto a algo específico, y su Espíritu te guía, todavía necesitas humillarte con el esfuerzo del ayuno y la oración. Tu parte siempre es buscar con humildad a Dios y orar, a veces con ayuno. Aun cuando el Espíritu Santo es tu guía, sigues necesitando la búsqueda de dirección.

El ayuno y la oración es un sacrificio que hacemos para tener los resultados que no podemos tener de ninguna otra manera.

Ayuna y ora por discernimiento cuando el asunto es importante y no te des el lujo de cometer un error. ¿Cuántos dolores y problemas nos habríamos ahorrado en el pasado si lo hubiéramos hecho?

Jefté era «esforzado y valeroso» y el Espíritu del Señor estaba con él (Jueces 11:1). Sin embargo, cuando fue a la batalla en contra de su enemigo, le hizo un voto apresurado e impulsivo al Señor. Dijo que sacrificaría lo primero que saliera de su casa cuando volviera a su casa si el Señor le entregaba al enemigo en sus manos (Jueces 11:29-31). Él no ayunó ni oró en cuanto a este asunto de tanta importancia.

Cuando Jefté volvió victorioso a casa, su hija, su única hija, salió primero de su casa. Cuando la vio, se perturbó debido a su voto al Señor del que no podía retractarse (Jueces 11:34-35). No estaba bajo la dirección del Espíritu Santo cuando hizo el voto. Ahora a su hija nunca se le permitiría casarse ni que tuviera descendencia.

¿Cuántas veces hemos tomado una decisión apresurada sin la dirección del Espíritu Santo y sacrificamos algo valioso en nuestra vida por eso? ¿Alguna vez has tomado una decisión apresurada con tu dinero para obtener algo que querías y, luego, sacrificaste la seguridad financiera como resultado? ¿O acabaste después con algo que no valía la pena? ¿Alguna vez observas las cosas que has comprado y desearías volver a tener el dinero? Tenemos que orar por todo, y tenemos que ayunar cuando necesitamos discernimiento en especial.

A menudo, la oración y el ayuno es lo único que dará la victoria. Los israelitas querían ir a la guerra en contra de la malvada tribu de Benjamín, por lo que le pidieron la dirección de Dios. El Señor les dijo lo que tenían que hacer, pero en lugar de eso los derrotaron (Jueces 20:21). Oraron otra vez pidiendo guía, lloraron ante el Señor todo el día, buscaron su consejo y dijeron: «¿Volveremos a pelear con los hijos de Benjamín nuestros hermanos?». Y el Señor dijo: «Subid contra ellos» (Jueces 20:23). Sin embargo, los derrotaron otra vez. Buscaron a Dios una tercera vez, *en esta ocasión con ayuno, oración, llanto y adoración* (Jueces 20:26). Y cuando fueron de nuevo en contra de Benjamín, obtuvieron la victoria.

Esta historia nos habla de no rendirse. No debemos dejar de buscar la dirección de Dios, aunque experimentemos derrota. Debemos seguir presionando con *ayuno, oración ferviente, humildad* y *adoración.*

¿Por qué les dijo Dios a los israelitas que continuaran con la batalla las dos primeras veces sabiendo que los derrotarían? Sin duda, tenía un propósito. Quizá estuviera refinándolos o hiciera que dependieran por completo de Él. O tal vez fuera necesaria una humillación del pueblo a través del ayuno y la oración. Tenían que enfocarse con atención en Dios. Hay mucho que podemos aprender en la derrota, si mantenemos nuestros ojos en el Señor y no nos rendimos. Cuando seguimos buscando a Dios y dependemos más de Él, nos fortalecemos en la fe y Él puede hacer cosas grandiosas por medio de nosotros.

Tener acceso a la dirección del Espíritu Santo a través del discernimiento que da Dios y, luego, no seguir su guía es un crimen en contra del Espíritu. ¿Cuántas veces hemos continuado, y hemos hecho algo sin buscar el consejo de Dios porque parecía una buena idea en ese entonces? Incluso cuando nos *parece* adecuado, tenemos que seguir pidiéndole el discernimiento a Dios. A veces, cuando vemos algo que queremos, creemos que debe ser lo adecuado. Muchos de nosotros hemos hecho eso una que otra vez, y muy a menudo con consecuencias nefastas. Al igual que los niños, cada uno extiende los límites tanto como puede. ¿Cuánta azúcar, chocolate o papas fritas comeríamos si no hubiera consecuencias? ¿Qué tan lejos extendemos esos límites hasta que aprendemos la difícil lección?

También podemos suponer que debido a que el Espíritu Santo nos guió a hacer algo de una manera en cierta ocasión, nos guiará a hacerlo de la misma forma la próxima vez. Y podríamos equivocarnos. Por eso es que Dios quiere que estemos cerca de Él, que dependamos de Él y que oigamos su dirección en cada paso que demos.

El joven David tenía un gran discernimiento. Sabía que el ejército de Israel era el ejército de Dios, y tenía claro de qué lado se encontraba y quién estaba a su lado. David trató de convencer a los hombres del ejército del rey Saúl que *él* solo debía subir en contra de Goliat, el gigante enemigo. Cuando Saúl se enteró de la petición de David, lo descartó por su juventud (1 Samuel 17:32-33).

Los jóvenes que han recibido a Jesús, y tienen al Espíritu Santo en ellos, a menudo tienen un corazón valiente. Creo que a veces escuchan mejor a Dios que un adulto que tiene demasiado conocimiento del mundo y no suficiente conocimiento de los caminos de Dios. David oyó a Dios, tenía al Espíritu Santo que lo guiaba y tenía la confianza que surge de eso. Por lo que David convenció a Saúl de que tenía lo que se requería para hacer el trabajo.

Debido a que David sabía que tenía la dirección del Espíritu de Dios, se enfrentó a Goliat solo, con una honda y cinco piedras lisas. Le dijo a Goliat: «Tú vienes a mí con espada, lanza y jabalina, pero yo vengo a ti en el nombre del SEÑOR de los ejércitos, el Dios de los escuadrones de Israel, a quien tú has desafiado. El SEÑOR te entregará hoy en mis manos, y yo te derribaré y te cortaré la cabeza [...] para que toda la tierra sepa que hay Dios en Israel [...] *porque la batalla es del SEÑOR* y Él os entregará en nuestras manos» (1 Samuel 17:45-47, LBLA, énfasis añadido).

El enfrentamiento ocurrió como David dijo que ocurriría (1 Samuel 17:50-51). Cuando David mató a Goliat, Saúl le temió a David. Eso se debía a que reconoció que Dios estaba con David, pero que había dejado a Saúl (1 Samuel 18:12).

Tú sabes cuándo Dios está contigo. Su Espíritu te da confianza y valor, no en ti mismo, sino en el Señor. Una persona puede pensar que su confianza en sí misma es todo lo que necesita, pero no es suficiente. Su confianza debe estar en Dios, así como la de David.

A veces Dios te guiará por medio de otros, pero necesitas discernimiento del Espíritu Santo para reconocerlo.

David y sus hombres se quedaron por un tiempo en Carmel, y protegían a unos pastores con sus rebaños de la región. Sin embargo, cuando los hombres de David le pidieron al amo rico de los pastores, a Nabal (que significa «insensato», si eso te da algún indicio de su carácter), que les diera comida, Nabal no solo se negó, sino que insultó a David. Entonces, David respondió: «Ciertamente en vano he guardado todo lo que éste tiene en el desierto, sin que nada le haya faltado de todo cuanto es suyo; y él me ha vuelto mal por bien» (1 Samuel 25:21). David planificó vengarse de él, pero la esposa de Nabal, Abigail, al enterarse de lo que planificaba David, fue a ver a David y le suplicó que no hiciera algo que lamentaría (1 Samuel 25:22-31).

David discernió que el consejo de Abigail *venía de Dios*, por lo que oyó y respetó todo lo que le dijo y prestó atención a su advertencia (1 Samuel 25:32-35). Cuando Abigail le contó a su esposo lo ocurrido, Nabal tuvo un ataque al corazón y murió (1 Samuel 25:37-38). Cuando David supo que Nabal estaba muerto, reconoció que Dios había «vuelto la maldad de Nabal sobre su propia cabeza» (1 Samuel 25:39). *Alabó a Dios por guardarlo de hacer lo malo en represalia.*

David prestó atención a la dirección del Señor a su alma a través de una mujer piadosa, y eso le ahorró un derramamiento de sangre innecesario y una marca en contra de su reputación.

Cuando no escuchamos la dirección de Dios a través de una persona piadosa que Él lleva a nuestra vida, podemos perder una de nuestras mayores bendiciones.

Cuando oras por dirección, estás dispuesto a recibir la guía del Espíritu Santo a través de otra persona que Él pone en tu vida. A veces necesitas la información que otra persona tiene para poder hacer lo que es debido.

Aunque mencioné esto en el capítulo 3, bien vale la pena repetirlo aquí, y es que cuando recibes el consejo de otra persona que no se ha solicitado, o si no estás seguro de que es del Señor, apóyalo con la Palabra de Dios. Ora por eso. Observa si el Espíritu Santo en ti da testimonio de la exactitud de eso. Examínalo con otro consejero piadoso o asesor, a fin de ver si cree que el consejo es de Dios. No continúes con él sin alguna clase de confirmación a tu alma. Tiene que ser de alguna persona que sirve a Dios y oye al Espíritu Santo en ella.

El Espíritu Santo te ayudará a discernir cuando Dios está guiándote a través de otra persona.

Invita a Dios a que sea parte de tu vida a cada momento. Háblale con frecuencia a lo largo de cada día y pídele que te hable. Espera su respuesta. Prepara el tiempo en que necesitas oírlo. A veces dirá: *«No vayas por este camino, ve por este otro». «No te vayas ahora, vete más tarde». «No compres eso, sino compra esto». «Confía en esta persona, no en esa».* Es posible que pienses que Dios no tiene tiempo para todos estos detalles menores, pero Él tiene todo el tiempo del mundo. Si tiene tiempo para contar los cabellos de tu cabeza y nunca te dejará ni te desamparará, tiene tiempo para guiarte en todas las cosas. A Dios le importa cada detalle de tu vida, por lo que no tomes decisiones sin alguna clase de confirmación del Señor para tu alma, en cuanto a cuál debería ser tu decisión.

Muchas veces la forma en que Dios puede hablarle a tu corazón acerca de ciertas decisiones es con la paz, o la falta de la misma, que tienes en cuanto a eso. La mejor regla a seguir es que si no tienes paz total en cuanto a algo, no tomes una decisión hasta que tengas paz de una u otra forma. No obstante, si tienes que tomar una decisión rápida, pídele a Dios que te lo muestre de inmediato. Él está allí al instante, porque su Espíritu está en ti. Y si has estado caminando de cerca con el Señor, comunicándote con Él a diario, pidiendo su discernimiento y guía, orando por todo y permaneciendo en su Palabra, oirás su voz que te habla incluso cuando no tienes tiempo para pedírselo. Eso se debe a que ya has orado por sabiduría.

EL PODER DE LA ORACIÓN

Señor:

Tú has dicho en tu Palabra que cualquiera que guarde tus mandamientos será protegido del mal, y en la sabiduría que viene de ti podemos discernir bastante (Eclesiastés 8:5). Te pido que me des sabiduría para discernir las cosas que necesito ver. Ayúdame a discernir entre el justo y el malo, y entre la gente que de verdad te sirve y la que no te sirve, incluso cuando finja hacerlo (Malaquías 3:18). Guárdame de creer una mentira.

Dame discernimiento para saber cuándo el consejo que recibo de alguien es de ti en realidad. No quiero nunca perder tu dirección debido a que mis oídos estén cerrados para recibir con humildad tu guía a través de otra persona. Habla a mi corazón. Guíame en cada paso que doy. No quiero dar por sentado que siempre sé lo que es bueno y paso por alto lo que estás tratando de decirme. Trae a mi vida consejeros piadosos y gente que te sirve y que tú guías. No permitas que el orgullo en mí haga que no sea lo bastante humilde como para recibir tu dirección de una manera que no esperaba.

Ayúdame, también, a discernir cuándo el consejo que recibo *no* es de ti. Ayúdame a saber con claridad lo que quieres que entienda.

Te lo pido en el nombre de Jesús.

EL PODER DE LA PALABRA

Ustedes se volverán a mí, y sabrán distinguir entre los justos y los malvados, entre los que sirven a Dios y los que no le sirven.

MALAQUÍAS 3:18, RVC

El que guarda el mandamiento no experimentará mal; y el corazón del sabio discierne el tiempo y el juicio.

ECLESIASTÉS 8:5

Guiado para discernir la bendición de Dios

Ahora bien, podrías pensar que reconoceremos cuándo nos bendice Dios, pero ese no siempre es el caso. A menudo, ni siquiera vemos una bendición cuando está justo delante de nosotros, porque no es la bendición que esperamos. Nos enfocamos en nuestros deseos y nuestras necesidades, y muchas veces no apreciamos lo que Dios hace en nuestras vidas en ese momento. En ciertos casos, lo pasamos por alto porque pensamos que nuestra vida está funcionando bien, y nos sorprendería darnos cuenta de que no es así. Dios nos bendice al salvarnos de nosotros mismos con más frecuencia de lo que nos enteramos.

También puede haber ocasiones en las que no pensemos que nuestra vida está funcionando de alguna manera, pero sí funciona. Creemos que las cosas deberían ser de cierto modo y no lo son, por lo que pensamos que Dios no nos bendice cuando, en realidad, nos bendice. Por eso es de todo punto crucial para tu éxito en la vida que puedas discernir las bendiciones de Dios para ti.

Aquí me refiero a los éxitos piadosos, no a los del mundo. Una vida exitosa de verdad es la que marcha como debe hacerlo, donde llegas a ser todo lo que Dios quiere que seas sin violar siquiera eso, y tienes una relación íntima con Él y te guía su Espíritu Santo.

El Espíritu Santo puede ayudarte a ver tu vida a la luz de la eternidad y permitirte discernir las bendiciones de Dios ahora.

Algunas veces Dios te dará regalos especiales en tu día, y es bueno poder reconocerlos. Pídele al Espíritu Santo que te los revele. Dios le hablará a tu corazón de alguna manera, aunque solo sea para decirte que te ama. Cuando puedes reconocer un regalo suyo de esa manera, recibes la bendición afirmadora, estimulante y agradable que debe ser.

Cuando construimos nuestra casa nueva, tuvimos que cortar algunos árboles. Después de mudarnos, había un bello cardenal que todos los días, muchas veces al día desde temprano en la mañana, trataba de entrar por la gran ventana de nuestro baño. Se posaba en el alféizar de la ventana y picaba el vidrio, o revoloteaba al lado del vidrio, como un helicóptero, y volaba hacia él una y otra vez golpeando con su pico. Para mí era obvio que teníamos que haberle cortado su árbol favorito y estaba tratando de penetrar por la ventana para volver a encontrar su hogar.

En pocas palabras, era tenaz. Temprano cada día lo oía golpear la ventana, y ese era mi inoportuno reloj despertador cada mañana.

Es Rojo otra vez, pensaba. (De manera inteligente lo llamé «Rojo»).

No era posible abrir la ventana porque el vidrio era demasiado grande como para que no fuera estacionario. De otra manera, lo habría abierto para convencerlo de que no había ningún árbol en nuestra casa para que pudiera vivir.

Por fin, después de un par de meses en esto, mi esposo puso unos comederos para pájaros en el patio trasero, junto a la pequeña fuente que fluía hacia el estanque del fondo. Plantamos tres árboles nuevos también, de los que tienen bellas flores rosadas como de encaje en la primavera, pero que pierden todas sus hojas en el invierno.

Al final, Rojo se fue a vivir a uno de los árboles más cercanos al comedero de pájaros. Y comía con ganas con el resto de los pequeños pájaros cafés y grises que de seguro también habían sido desplazados por nuestra brusca tala de sus hogares.

Por un par de años estuvo allí. En ocasiones, otro cardenal se le unía en su árbol entre los comederos de pájaros, y se bañaban en el pequeño estanque que se formaba con la cascada.

Una mañana temprano, a mediados del invierno, me desperté con una espesa nevada que cubría el suelo. Todos los árboles eran grises ramas desnudas, sin señal de verde por ningún lado. El cielo también estaba gris y frío, pero había una débil luz del sol, cubierta por una nube que hacía que la nieve fuera blanca y brillante. Me levanté para hacer un poco de té caliente.

En nuestra cocina, una pared que da al patio es de vidrio. La ladera de la montaña comienza desde la parte de atrás de la casa y da una gran vista de la cascada, de árboles, de comederos de pájaros y del estanque, a unos cuantos metros de la ventana. Todo el paisaje, con la blanca nieve brillante en contra del telón de fondo gris del cielo, y de los árboles grises sin hojas, era maravilloso. Fui a la ventana para admirarlo, y allí, en el árbol favorito de Rojo, habría entre treinta a cuarenta cardenales exactamente como él. Estaban posados de manera tan uniforme que parecía un árbol de Navidad decorado con adornos. Fue increíblemente bello. ¡Impresionante!

Quería llamar a todos en la casa para que se despertaran y lo vieran. Quería correr a buscar mi cámara para captar el momento para siempre. En cambio, no me podía mover. Estaba paralizada. Sabía que si me iba, se habrían ido cuando volviera.

¿De dónde habían salido todos estos maravillosos cardenales que se habían reunido allí en ese momento? Sabía que era de Dios. Algunas cosas solo las sabes. Era demasiado impresionante como para que fuera otra cosa. ¿Quién más podía haber orquestado esa escena? No había una pizca de color en todo el cuadro, excepto todos los cardenales en un árbol. No había ninguno en los otros árboles. Fue más allá de la imaginación. Más allá de las palabras. Al cabo de un minuto, todos se fueron volando, excepto Rojo, y esa fue la última vez que lo vi. Nunca lo olvidaré.

Aunque fue un momento muy espiritual, y yo sabía que era del Señor, no pude imaginar lo que significaba. Pensé en el simbolismo de la Biblia. El Espíritu Santo apareció en forma de una paloma blanca. El blanco representa a la pureza. El color rojo es símbolo de la sangre de Cristo. Y los árboles sin hojas eran como la desnudez de nuestra vida cuando todo se elimina. A pesar de eso, seguía sin entender el significado de todo eso. ¿Qué estaba tratando de decirme Dios? Le pedí al Espíritu Santo que me lo mostrara, pero nunca oí nada de Él en cuanto a eso. Alabé a Dios por la espectacular exhibición y lo guardé en mi corazón.

Unos meses más tarde era primavera y el pastor Jack llegó a la ciudad en un viaje de negocios, y se quedó en nuestra casa. Él y Anna siempre son invitados bienvenidos. Mi esposo y yo estábamos desayunando con él una mañana, antes de su ronda de reuniones, y estábamos sentados a la mesa del desayuno viendo el intenso césped verde y las coloridas flores que rodeaban el estanque y la cascada, y los árboles que ahora tenían flores rosadas. El pastor Jack hizo un comentario acerca del bello cardenal que estaba en el árbol y yo le conté lo que me pasó esa mañana a mediados del invierno.

«Sé que ese momento fue del Señor», dije. «Aun así, no puedo entender el mensaje que Dios trató de comunicarme. ¿Qué cree que fue?»

Él estuvo de acuerdo en que era de Dios, pero agregó: «Fue un regalo para mostrarte su amor».

Estaba asombrada. Nunca había considerado esa posibilidad. Y no creo que alguna vez hubiera pensado en eso yo sola. *¿Dios me dio esa escena maravillosa como regalo para mostrarme su amor por mí? ¿Cómo puede ser eso?*, me preguntaba.

Al acordarme de ese día ahora, recuerdo que estaba pasando por una etapa difícil en mi vida justo entonces. Me sentía triste y desanimada esa mañana cuando me levanté. Y ese regalo encantador del Señor fue un estímulo para mí, hizo que recordara que Dios tenía un lugar de excepcional belleza, descanso y paz en medio de los tiempos difíciles. Incluso ahora, entusiasma mi corazón cuando pienso en eso.

Dios te dará regalos también en medio de tiempos difíciles. Sin embargo, debes ser capaz de identificarlos como las bendiciones que son. Cuando pensamos en bendiciones, buscamos algo tangible para sostenerlo con nuestras manos, o en nuestra cuenta bancaria, o algo que sea identificable de manera específica, que reúna las cualidades de una bendición legítima. Y aunque la profunda percepción de su presencia es un regalo que no podemos sostener en nuestras manos ni depositarlo en nuestra cuenta bancaria, podemos guardarlo en nuestro corazón para siempre, y se depositará en nuestra mente para toda la vida. Es una joya valiosísima, mucho más que cualquier otra cosa.

Pídele al Espíritu Santo que te ayude a discernir las bendiciones de Dios, a fin de que puedas recibirlas con un corazón agradecido de adoración. Si no puedes discernir cuando Dios te bendice, no podrás mostrarle el placer que tienes en eso.

EL PODER DE LA ORACIÓN

Señor:

Te agradezco por las muchas bendiciones que le has otorgado a mi vida. Sé que hay bendiciones de las que no soy consciente, y no quiero ser malagradecido por ellas. Dame discernimiento para ver cuándo una situación que creo que es inconveniente, en realidad es una bendición tuya. Ayúdame a ver todas las veces que me has salvado de mí mismo. Te agradezco porque «sobre tu pueblo» es «tu bendición» (Salmo 3:8). Ayúdame a reconocer siempre eso y a darte la gloria por ello. Gracias, Señor, porque «hay bendiciones en la cabeza del justo» (Proverbios 10:6).

Señor, ayúdame a apreciar todo lo que haces por mí. No quiero estar tan preocupado que nunca tome un momento para ver y respirar todo lo que estás haciendo en mi vida. Dame discernimiento para ver tu mano de bendición en mí. Sé que cuando derramas bendiciones en nuestra vida, nunca hay tristeza con ellas (Proverbios 10:22). Tus bendiciones son puras y beneficiosas para el corazón de los que las reciben. Sé que bendices a todos los que te temen y andan en tus caminos (Salmo 128:1). Ayúdame a demostrarte mi gratitud por todas tus bendiciones de maneras que te agraden.

Te lo pido en el nombre de Jesús.

EL PODER DE LA PALABRA

La bendición del Señor es la que enriquece, y Él no añade tristeza con ella.

Proverbios 10:22, lbla

El bendecirá a los que temen al Señor, tanto a pequeños como a grandes.

Salmo 115:13, lbla

Guiado para discernir la protección de Dios

¿Cuántas veces nos ha protegido Dios del mal o del peligro y no nos hemos dado cuenta, ni le hemos agradecido por eso? ¿Con cuánta frecuencia ha tratado de guardarnos del daño, pero no hemos oído su guía? ¿Cuántos de nosotros estamos pagando el precio de no haber buscado la voluntad de Dios antes de tomar una decisión para hacer algo, ya sea en lo financiero, en las relaciones o en el cuidado de nuestro cuerpo? ¿Cuándo nos ha protegido en un lugar o en una hora en que pudimos resultar heridos de gravedad? Dios nos protege más de lo que nos damos cuenta. Tenemos que poder discernir cuándo Dios nos protege para que podamos colaborar con Él.

Parte de la protección de Dios es también su *provisión*. Necesitamos discernir cuándo Dios lo hace, porque no siempre lo vemos. Él nos provee de maneras innumerables, y no siempre le damos la alabanza que se merece.

Aparte de la resurrección, el milagro de Jesús de alimentar a cinco mil personas es el único milagro que se registra en los cuatro Evangelios. Nos habla de cómo el Señor nos protege al multiplicar lo que tenemos para suplir nuestras necesidades.

Mi esposo y yo fuimos a cenar a la casa de una amiga una noche. Ella y su esposo siempre invitaban gente a su casa a comer, y esa noche éramos ocho; en realidad, un grupo pequeño para ellos. Mi amiga ya había puesto la comida en la mesa, al estilo bufé, y nos estábamos preparando para orar por los alimentos cuando llegaron unas ocho personas más. Ella en seguida se volteó hacia su esposo y hacia mí y dijo: «No tenemos suficiente comida para tantos. Oremos para que el Señor multiplique la comida para suplir las necesidades de todos». Entonces, nos tomamos de la mano con todos los demás y le dimos gracias a Dios por lo que íbamos a recibir.

No se lo mencionamos a los nuevos invitados y, por supuesto, los que sabíamos la situación tomamos menos comida de lo que tomaríamos en condiciones normales. Aun así, todavía no era suficiente para poder alimentar al doble de personas y satisfacer su apetito por completo. Aún puedo recordar la comida que había allí, y que no era suficiente. Algunos podrían haberlo explicado, pero nosotros no. Nunca olvidaremos cómo Dios proveyó a través de un milagro.

Otro ejemplo de la *protección de Dios para nosotros al proveernos* es el profeta Eliseo, a quien buscó una viuda que temía a Dios y le dijo que sus acreedores vendrían y se llevarían a sus dos hijos como esclavos. Eliseo le dijo: «Declárame qué tienes en casa». Y ella le dijo: «Tu sierva ninguna cosa tiene en casa, sino una vasija de aceite» (2 Reyes 4:1-2).

Eliseo le indicó que pidiera prestadas vasijas vacías de sus vecinos, pero *ella no iba a juntar solo unas cuantas*. Ella se iba a preparar para un milagro más grande del que pudiera imaginar. Cuando llevó a casa las vasijas, se le indicó que cerrara la puerta (2 Reyes 4:3-4). En esencia, iba a dejar fuera la duda del mundo.

Eliseo le dijo que echara el aceite que tenía en las vasijas, y ella lo hizo, y no dejó de salir hasta que se quedó sin vasijas (2 Reyes 4:6). El aceite dejó de fluir cuando ella llenó la última vasija. La viuda entonces pudo vender el aceite y pagar sus deudas. *Dios usó lo poco que ella tenía y lo multiplicó. Él hará lo mismo contigo también. Dios derramará tanto en ti como puedas recibirlo.*

Cuando estés en necesidad extrema, busca la guía del Espíritu Santo en cuanto a lo que debes hacer. Él puede mostrarte lo que ya tienes que puede usarse como una solución al problema. O puede hacer algo nuevo. A fin de prepararte para una bendición de Dios, debes cerrar la puerta de la duda. No limites lo que Dios puede hacer en tu situación solo porque no puedes imaginarlo. Su recompensa puede ser en proporción a tu fe y a tu disposición de recibirla. Pídele al Espíritu Santo que te ayude a discernir su provisión para ti.

Dios nos protege de muchísimas formas y mucho más de lo que sabemos. Pídele al Espíritu Santo que te dé discernimiento en cuanto a tu vida y a las situaciones, a fin de que puedas ver las maneras en las que te protege Dios. Eso te ayudará a cooperar con Él y a no resistirlo de ningún modo.

EL PODER DE LA ORACIÓN

Señor:

Te agradezco por protegerme de los planes malvados del enemigo. Tú eres «mi Dios, mi roca en quien me refugio; mi escudo y el cuerno de mi salvación, mi altura inexpugnable y mi refugio; salvador mío, tú me salvas de la violencia. Invoco al Señor, que es digno de ser alabado, y soy salvo de mis enemigos» (2 Samuel 22:3-4, LBLA). Gracias por las innumerables veces que me has librado de problemas sin saberlo siquiera. En mi aflicción, te he invocado muchas veces, y has escuchado mi voz y has respondido mis oraciones (2 Samuel 22:7).

Te pido que sigas protegiéndome en todo lo que haga. Gracias porque suples todas mis necesidades y, en especial, mi necesidad de protección. Gracias por todas las formas en que me has protegido en el pasado, muchas de las cuales ni siquiera fui consciente. Gracias por anticipado por protegerme en el futuro. Te agradezco que me libraras «de mi poderoso enemigo, de los que me aborrecían [...] Se enfrentaron a mí el día de mi infortunio», pero tú, Señor fuiste «mi sostén». El Señor «me sacó a un lugar espacioso»; y me libró porque Él se «complació en mí» (2 Samuel 22:18-20, LBLA).

Te lo pido en el nombre de Jesús.

EL PODER DE LA PALABRA

Bendeciré abundantemente su provisión; a sus pobres saciaré de pan.

SALMO 132:15

Mi Dios suplirá todo lo que les falte, conforme a sus riquezas en gloria en Cristo Jesús.

FILIPENSES 4:19, RVC

10

Guiado para orar

El Espíritu Santo siempre nos guiará a orar. La oración es fundamental para establecer nuestra relación con Dios.

Dios nos manda que oremos. Es su *voluntad* que oremos. No solo quiere que oremos por nuestras necesidades, también quiere que oremos por otras personas y situaciones. La forma en que Dios cumple su voluntad en la tierra es a través de nuestras oraciones. Si no oramos, no estamos en su voluntad perfecta. Jesús prometió que cuando oremos en su nombre, el poder se libera para ver las respuestas a esas oraciones. Sin embargo, orar no es decirle a Dios qué hacer. Podemos decirle lo que *queremos* que haga, pero debemos confiar en que Él responderá nuestras oraciones a *su* manera y a *su* tiempo.

Hay más por lo que Dios quiere que oremos de lo que podemos imaginar. Por eso es que nos dio a su Espíritu para que no solo nos guíe a orar, sino para que nos *ayude* a orar. Él pone en nuestro corazón a personas y situaciones por las que quizá no pensáramos orar.

Pablo dice «que a los que aman a Dios, todas las cosas les ayudan a bien, esto es, a los que conforme a su propósito son llamados» (Romanos 8:28). En cambio, ¿podemos dar por sentado que todo va a obrar para bien en la vida de cada creyente? A veces las cosas no salen bien. A veces le pasan cosas terribles a la gente que ama a Dios.

¿Y entonces qué?

Los versículos anteriores al versículo 28 hablan de la oración. Es más, hablan de cómo el Espíritu Santo nos ayuda a orar. «*El Espíritu nos ayuda en nuestra debilidad*, pues *no sabemos qué nos conviene* pedir, pero *el Espíritu mismo intercede por nosotros* con gemidos indecibles» (Romanos 8:26, RVC, énfasis añadido). Debido a que no siempre sabemos cómo debemos orar, el Espíritu Santo orará a través de nosotros.

Cuando el Espíritu Santo nos guía a orar, Él da las palabras adecuadas que debemos decir para que nuestras oraciones sean poderosas y eficaces. Hace poco entré a una habitación donde había una transmisión en directo en la televisión, que mostraba una terrible tormenta que estaba a punto de llegar a una ciudad de otro estado. De mi boca salieron palabras de oración y supe que el Espíritu Santo me estaba guiando a interceder a favor de la ciudad. Resultó que la comunidad se salvó. Creo que Dios oyó las oraciones de todos los que recibieron el llamado como instrumentos de intercesión en ese mismo momento.

Entonces, ¿podría ser que todo obra para bien cuando oramos? A la luz de las Escrituras, ¿cómo podemos verlo de otra manera? El obrar para bien no ocurre de forma automática.

Quizá te preguntes por qué es necesario que ores cuando Dios ya sabe lo que necesitan tú y otros. Sin embargo, Él lo ha establecido de esa manera. *Nosotros oramos* y *Él se mueve* como respuesta a nuestras oraciones. Una de las razones para eso es que quiere que dependamos de Él en cada aspecto de nuestra vida, a fin de que podamos caminar con Él de cerca. Quiere que sometamos nuestra voluntad a la suya.

Mientras más ores, más respuestas verás a tus oraciones, y tu fe crecerá más. «Ustedes, amados hermanos, sigan edificándose sobre la base de su santísima fe, *oren en el Espíritu Santo*, manténganse en el amor de Dios» (Judas 20-21, RVC, énfasis añadido). «Oren en el Espíritu Santo» significa que escuchas al Espíritu Santo y que Él te guía cuando oras. «Edificándose sobre la base de su santísima fe» es lo que ocurre cuando te comunicas con Dios en oración, lees su Palabra y después escuchas al Espíritu Santo que le habla a tu corazón.

Jesús dijo: «*Pidan*, y se les dará, *busquen*, y encontrarán, *llamen*, y se les abrirá» (Mateo 7:7, RVC, énfasis añadido). «Pidan», «busquen» y «llamen» son verbos en tiempo presente que sugieren que sigamos pidiendo, que sigamos buscando y que sigamos llamando. Estas promesas increíbles de Jesús sugieren que todo lo que tenemos que hacer es pedir y se nos dará. Aun así, todos sabemos que no recibimos todo lo que pedimos cuando oramos. ¿Por qué? Porque tenemos que pedir de acuerdo a la voluntad de Dios. Si no sabemos cuál es la voluntad de Dios, podemos pedirle al Espíritu Santo que nos la revele a medida que oramos.

Dios promete que vamos a encontrar lo que estamos buscando, a menos que lo que buscamos vaya en contra de su voluntad. Él nos ama lo suficiente como para evitar cualquier cosa que no sea buena para nuestra vida.

No debemos limitarnos a tocar una vez y a no hacerlo nunca de nuevo. Si la puerta no se abre, sigamos llamando hasta que Dios hable a nuestro corazón. ¿De qué puertas estamos hablando? Quizá sea una puerta de oportunidad, como un trabajo nuevo, un lugar nuevo para vivir, una relación nueva o un cambio radical en algún aspecto de tu vida. Sin embargo, no podemos llamar a cualquier puerta. Tal vez la puerta a la que estás llamando no sea lo mejor de Dios para ti. De nuevo, debes estar en su Palabra y pedir la dirección de su Espíritu. Si estás llamando y todavía no tienes conocimiento de la guía del Señor, di: «Señor, ayúdame a entender cómo debo orar de acuerdo a tu voluntad».

Guiado para orar por las cargas de tu corazón

A veces orar por ti mismo puede ser abrumador. A menudo es mucho más fácil orar por otra persona. Podemos ver con más claridad cuáles son sus necesidades. Muchas veces nuestras necesidades son complejas, y podemos estar confundidos en cuanto a cómo orar. Por eso es que necesitamos al Espíritu Santo para que nos ayude. Hay veces en que tenemos un trauma o un dolor tal que todo lo que podemos decir es: «Dios, ayúdame» o «Dios, sáname». En ciertos casos, cuando el enemigo de nuestra alma nos miente, podemos estar tan abrumados por la mentira que comenzamos a creerle. Esto agota nuestra esperanza y energía. En esos tiempos es difícil orar, pero es lo que más necesitamos hacer.

La mejor noticia en cuanto a la oración es que el Espíritu Santo no solo nos ayuda a orar, sino que también fortalece nuestra fe para que podamos creer las respuestas a nuestras oraciones.

Cuando ores, comienza con adoración y, luego, expresa las cargas de tu corazón. Son una carga pesada que hay que levantar. Solo después que le hayas entregado esas cargas a Dios puedes moverte por completo hacia otras cosas importantes en paz.

La historia de Ana es uno de los ejemplos más bellos de la oración ferviente y lo que Dios hace en respuesta a ella. De vez en cuando, Dios nos permite pasar por épocas difíciles para llevarnos a un punto donde nos veamos obligados a orar con fervor, y para ver que algo grandioso ocurra en nuestra vida.

Ana, que era estéril, le hizo un voto a Dios y le pidió que le diera un «hijo varón» que le entregaría «al Señor por todos los días de su vida» (1 Samuel 1:11, LBLA). Cuando Ana hizo este voto a Dios, derramó su alma delante del Señor (1 Samuel 1:15). Le llevó su «amargura de alma» al Señor en oración y «lloró abundantemente» (1 Samuel 1:10). Esto significa que sus oraciones fueron fervientes, justo de la manera en que Dios quiere que oremos. Ana no se aferró a la amargura, como pudo haberlo hecho, sino que oró hasta que oyó del Señor. Toda esta historia habla de orar con la dirección del Espíritu Santo.

El Señor respondió sus oraciones y le dio un hijo. Ella dijo: «Todos los días de su vida estará dedicado al Señor» (1 Samuel 1:28, LBLA). Esto significa que le dedicó su hijo a Dios para su servicio. Su hijo fue Samuel, quien llegó a ser uno de los profetas y líderes más grandes en toda la historia de Israel.

La oración ferviente hace que ocurran grandes cosas. No tengas miedo cuando te ves obligada a orar de manera ferviente debido a tus circunstancias. Dios quiere hacer algo grande a través de ti.

EL PODER DE LA ORACIÓN

Señor:

Te adoro y te agradezco porque te interesas en las cosas que pesan en mi corazón. No quiero cargar estas cosas conmigo. Quiero entregártelas en oración. En especial, elevo en oración (menciona tu necesidad más apremiante). La persona que más me preocupa ahora es (menciona a la persona que más te preocupa y por qué). Lo que más quiero que ocurra ahora mismo es (declara lo que más te gustaría ver que ocurra). Donde más quiero ver que tu poder se mueve a mi favor es en (menciona dónde te gustaría ver obrar el poder de Dios por ti). La situación más imposible que ahora enfrento es (menciona la situación que es imposible para ti).

Señor, tú has dicho que no tenemos lo que queremos porque no lo hemos pedido, o no lo hemos pedido de acuerdo a tu voluntad (Santiago 4:2-3). Enséñame a orar con la dirección de tu Espíritu Santo, a fin de que pueda orar con fervor por lo que creo que es tu voluntad. Gracias con antelación por las respuestas a estas oraciones. Mientras espero las respuestas, renueva mis fuerzas y aumenta mi fe (Isaías 40:31). Solo tú puedes quitar estas cargas de mi corazón, y yo te daré la gloria por eso.

Te lo pido en el nombre de Jesús.

EL PODER DE LA PALABRA

Si ustedes desean algo, y no lo obtienen, entonces matan. Si arden de envidia y no consiguen lo que desean, entonces discuten y luchan. Pero no obtienen lo que desean, porque no piden; y cuando piden algo, no lo reciben porque lo piden con malas intenciones, para gastarlo en sus propios placeres.

SANTIAGO 4:2-3, RVC

Los que esperan en el Señor renovarán sus fuerzas; se remontarán con alas como las águilas, correrán y no se cansarán, caminarán y no se fatigarán.

Isaías 40:31, lbla

Guiado para orar por tu tierra

Por favor, no pienses ni por un momento que puedes pasar por alto esta sección. Es una de las más cruciales para tu felicidad y tu bienestar. Una nación en la que Dios ha retirado su mano de protección es horrenda. No quieras experimentar eso.

Orar por su país es la prioridad menos importante para la mayoría de la gente, excepto para los que tienen la visión de lo que ocurrirá si *no* oramos. Yo tengo esa visión, y por eso es que he puesto este asunto casi en lo más alto en mi lista de las cosas por las cuales orar. Tiene que llegar a ser una *prioridad número uno* para todos nosotros. Esto es cierto para cualquier país, pero en especial para el nuestro ahora.

El pecado de nuestra tierra invita al juicio de Dios. Nuestra tierra la fundaron sobre la libertad de adorar a Dios, y ahora han sacado a Dios de todo: escuelas, edificios públicos, incluso de los centros comerciales para la Navidad. Se burlan de Dios, se ofende a Jesús, y los cristianos son despreciados por gente hinchada de orgullo contra Dios.

Nosotros, el pueblo de Dios, tenemos el llamado a humillarnos y a orar.

Dios le habló a Salomón y le dijo: «Si mi pueblo, sobre el cual se invoca mi nombre, *se humilla y ora*, y *busca mi rostro*, y *se aparta de sus malos caminos*, yo lo escucharé desde los cielos, *perdonaré sus pecados y sanaré su tierra*» (2 Crónicas 7:14, rvc, énfasis añadido). Debemos memorizar estas instrucciones poderosas de Dios hasta que estén grabadas en nuestro corazón. Estamos en la situación en la que estamos hoy en día debido a que la gente no oró. Sí, mucha gente ha orado, y gracias a Dios que lo ha hecho, o no tendríamos las bendiciones que tenemos ahora. No obstante, las cosas empeorarán mucho más si la iglesia no despierta al llamado de Dios de interceder por nuestra nación.

Si estás orando por tu país, el Espíritu Santo te está guiando.

Dios siempre permite que lleguemos al punto en que sabemos con seguridad que no podremos lograr lo que tiene que pasar por nuestra cuenta. Dios quiere la gloria de lo que Él logra. El que nos atribuyamos algún mérito de alguna manera solo contribuye a nuestro propio orgullo, que será nuestra ruina. Nos preparamos para calamidades en nuestra tierra cuando hay pecado desenfrenado y adoración a ídolos. Cuando la gente adora ídolos, Dios dice: «Vayan y pidan la ayuda de esos dioses que han elegido. Que sean ellos quienes los libren de todas sus aflicciones» y Él quita su mano de protección (Jueces 10:14, RVC). La única razón por la que no lo ha hecho es porque la gente está orando ahora.

Si no oramos, seremos culpables de las consecuencias. Cuando vivimos nuestra vida dependiendo del Espíritu Santo a medida que nos guía a orar, Dios se glorifica y nos salva de nosotros mismos.

EL PODER DE LA ORACIÓN

Señor:

Te pido que nosotros, tu pueblo, oigamos tu llamado a humillarnos y a orar por nuestra nación. Danos corazones que estén arrepentidos por los pecados de nuestra nación y ayúdanos a volvernos de nuestros malos caminos. En el nombre del pueblo de los Estados Unidos, me arrepiento ante ti por los pecados de esclavitud, pornografía, abuso sexual infantil, asesinato, hurto, codicia, egoísmo, inmoralidad, rechazo a Dios, pecados sexuales, asesinato de nuestros niños y por el rechazo de Dios en las escuelas, edificios públicos y estadios. El hedor de nuestra maldad y la perversión deben ser repugnantes para ti. Ayúdanos a buscar tu rostro y a volvernos de nuestros caminos malos y perversos, a fin de que oigas desde los cielos y sanes nuestra tierra (2 Crónicas 7:14).

Confieso, en nombre de todos los creyentes, nuestra infidelidad, falta de oración y negativa a arrepentirnos. Perdónanos, Señor, por pelear unos con otros por desacuerdos menores, en lugar de estar unidos en nuestras oraciones y en la búsqueda de que se haga tu voluntad en la tierra. Ayúdanos a indignarnos por lo que el enemigo está haciendo. Ayúdanos a arrepentirnos de nuestra haraganería en la oración y por nuestras preocupaciones que le han permitido ganar tanto terreno. Ayúdanos a tener la pasión de ver que se haga tu voluntad. Permítenos ser guiados por tu Espíritu Santo para que nos levantemos en oración y recuperemos nuestra nación para que una vez más sea una nación cuyo Dios sea el Señor.

Te lo pido en el nombre de Jesús.

EL PODER DE LA PALABRA

También les puse vigilantes que les advirtieran: «Presten atención al sonido de la trompeta». Pero ustedes dijeron: «No vamos a prestar atención».

JEREMÍAS 6:17, RVC

Abrid las puertas, y entrará la gente justa, guardadora de verdades. Tú guardarás en completa paz a aquel cuyo pensamiento en ti persevera; porque en ti ha confiado.

ISAÍAS 26:2-3

Guiado para orar por otros

El Espíritu Santo siempre te guiará a orar por otras personas. Cuando oras por las necesidades conocidas de otros, el Espíritu de Dios te hablará de manera específica acerca de esas personas y sus situaciones. Él puede poner en tu mente algo por lo que nunca habías pensado orar. O quizá descubras que estás orando por gente que ni siquiera conoces, debido a que el Espíritu Santo la ha puesto en tu corazón. Cuando hace eso, debes estar siempre disponible para Él, de modo que te muestre cómo quiere que ores. Di: «Espíritu Santo, revélame cómo quieres que ore por esta persona ahora mismo». Luego, ora por lo que Él ponga en tu mente, «orando en todo tiempo con toda oración y súplica en el Espíritu, y velando en ello con toda perseverancia y súplica por todos los santos» (Efesios 6:18).

¿Alguna vez que te han guiado a orar por alguien, incluso por una persona que no conocías personalmente, y te sorprendes por tu fervor, tus lágrimas o tu angustia al orar? A mí me ha pasado muchas veces, y si tomas en serio la intercesión por otros, estoy segura de que te ha pasado también. Eso significa que el Espíritu Santo te está guiando a orar por ellos. Las lágrimas son parte del afán, parte del fervor. No han salido de la nada. Surgen de lo más profundo, iniciadas por el Espíritu Santo en ti que ve que tu corazón está dispuesto a su dirección. En realidad, no puedes detenerlas.

Habrá muchas veces en tu vida en las que alguien vendrá a tu mente y quizá no lo conozcas bien o en absoluto, pero debido a que eres creyente y tienes al Espíritu Santo en ti, no puedes pasarlo por alto. La razón por la que viene a tu mente es para que puedas orar por esa persona.

No tienes que dedicar mucho tiempo para orar por alguien que llega a tu mente. Podrían ser solo unas cuantas oraciones, según la guía del Señor. Sin embargo, podrías darte cuenta de que el Espíritu Santo te guía a orar más tiempo y de manera más ferviente de lo que pensaste que lo harías. A mí me ha pasado en muchas ocasiones. A veces, no he sabido por qué, pero otras veces me he dado cuenta después que hubo una buena razón para eso. Todo lo que digo es que no lo tengas a menos. No orar cuando el Espíritu Santo te llama a hacerlo es un pecado en contra de Dios. No sabes cuántas vidas podrías salvar al orar por alguien que Dios pone en tu corazón.

No olvides orar por los extranjeros. Dios dijo que debemos amar a los extranjeros (Deuteronomio 10:19). Y a menudo me he sentido guiada a orar por extranjeros. No importa dónde esté, Dios acelerará mi corazón por alguien que veo y por quien Él quiere que ore.

¿Alguna vez has estado en una habitación con personas que no conoces y una persona sobresale para ti por alguna razón? Podrías tener alguna clase de preocupación por ella. No me refiero a la mirada que se cruza con los desconocidos que están en un salón lleno de gente, sino a experimentar cierto interés por esa persona. Si eso te pasa alguna vez, pídele al Espíritu Santo que te enseñe a orar por ese hombre o esa mujer. O cuando estás con gente, pídele al Señor que te muestre si hay alguien allí por quien Él quiere que ores. Dudo que alguna vez te diga: «¡No, de ningún modo!».

La gente en cualquier parte que vas necesita oración, pero no sientas que tienes que orar por cada desconocido que veas. Lo he experimentado y he tratado de hacerlo. Créeme, es agotador. Sin embargo, Dios podría acelerar tu corazón para que ores por cierta persona desconocida, y cuando lo haga, tienes que poner atención a su impulso.

Conozco a una autora que se llama River Jordan [Río Jordán]. ¿No te encanta ese nombre? Ella ha llevado el concepto de orar por los desconocidos a un nivel que solo lo puede hacer alguien que recibe ese llamado y le guía el Espíritu Santo. Ella se sintió guiada a orar por una persona desconocida cada día por un año. Con destreza, relata sus experiencias en un libro que se llama *Praying for Strangers* [Cómo orar por los desconocidos]. La mayoría de nosotros no puede encontrar trescientas sesenta y cinco personas desconocidas en un año, a menos que salgamos y las busquemos. River, en cambio, lo hizo. Inspírate con eso. La Biblia dice que lo que hagamos por nuestros hermanos o hermanas en Cristo, también tenemos que hacerlo por los desconocidos (3 Juan 5). ¿Y no hemos estado con un desconocido con necesidad de oración una que otra vez? ¿Puedes visualizar la onda expansiva de bien si todos oráramos de esta manera? Es posible que tengamos que irnos al cielo antes de que averigüemos las ramificaciones de esas oraciones, pero podemos sentirnos bien porque hemos obedecido a Dios y hemos amado a los desconocidos que están entre nosotros.

Ora por cualquier persona que influya en tu vida. Hay innumerables personas que influyen en tu vida todos los días, y a la mayoría no la conoces en persona y es probable que nunca las conocerás. Dios nos dice en su Palabra que oremos por todos los que están en autoridad. Eso significa orar por los líderes de tu país, desde el presidente hasta los senadores, los congresistas, el gobernador, el alcalde y el representante del estado. Ora también por protección para el ejército, la policía y los bomberos que te protegen. Ora por tu jefe o por cualquiera que esté sobre ti. Ora por tu pastor, por otros pastores y sus familias.

El listado de personas que influyen en tu vida es largo, pero no dejes que eso te abrume. Pídele al Espíritu Santo que te muestre quién influye en tu vida ahora, o la influirá en el futuro, y necesita tus oraciones. Es posible que ni siquiera te des cuenta quién podría ser hasta que el Espíritu Santo te lo revele. Y es posible que nunca sepas lo que está en juego si no oras.

¿Entiendes que cualquier paz, seguridad o prosperidad que experimentas ahora es por gente que ora?

Manasés, el hijo de Ezequías, fue un rey malo que reinó después de Ezequías. Fue el gobernante de Judá que reinó más tiempo y el más malo de todos. ¿Por qué sería que el peor gobernante reinó más tiempo? ¿No sería porque había tanta gente que lo rodeaba que era tan malvada como él y, como es obvio, no trató de detenerlo? Su maldad quizá se extendiera hasta el pueblo, y él no oró de manera ferviente por su remoción.

Nosotros, el pueblo, terminamos pagando el precio de los líderes corruptos y malos. Debemos orar para que sean removidos de su cargo y que gente buena y piadosa pueda ocupar su lugar. Y debemos seguir orando para que surja gente buena y piadosa preparada para dirigir. Creo que nuestras oraciones para que nuestros líderes sirvan a Dios nunca han sido más necesarias que ahora. Ora por tu ciudad o comunidad. No sabes qué posible desastre está al acecho a la vuelta de la esquina si no lo haces.

EL PODER DE LA ORACIÓN

Señor:

Ayúdame a orar con poder por la gente de mi vida que me importa de verdad. Trae a mi mente los miembros de mi familia, amigos, compañeros de trabajo, gente de la iglesia y a mis conocidos cuando necesiten oración. Guíame, Espíritu Santo, al orar por cada uno de acuerdo a tu voluntad. Ayúdame a reconocer cuándo has puesto en mi corazón a alguien por quien deba orar. Oro por los que influyen en mi vida, ya sea en lo financiero, en mi trabajo, en mi vecindario o en nuestro gobierno. Muéstrame las personas por las que debo orar y que influyen en mi vida de más formas de las que puedo pensar ahora. Jesús, tú dijiste que cualquier cosa que pidamos en tu nombre nuestro Padre Dios lo hará (Juan 16:23-24). Ayúdame a orar de acuerdo a tu voluntad.

Señor, te pido que no importa dónde esté, que tú me muestres cuándo alguien que me rodea necesita de mis oraciones. Sé que todos somos «extranjeros y peregrinos sobre la tierra» (Hebreos 11:13). Sin embargo, como creyentes, ya no somos «extranjeros ni advenedizos, sino conciudadanos de los santos, y miembros de la familia de Dios» (Efesios 2:19). Me alegra ser parte de tu familia, Señor, y tengo compasión por los que no tienen esto. Ayúdame a saber quiénes son esas personas y cómo orar por ellas.

Te lo pido en el nombre de Jesús.

EL PODER DE LA PALABRA

Exhorto ante todo, a que se hagan rogativas, oraciones, peticiones y acciones de gracias, por todos los hombres; por los reyes y por todos los que están en eminencia, para que vivamos quieta y reposadamente en toda piedad y honestidad. Porque esto es bueno y agradable delante de Dios nuestro Salvador.

1 TIMOTEO 2:1-3

Sobrellevad los unos las cargas de los otros, y cumplid así la ley de Cristo.

GÁLATAS 6:2

Guiado para orar por los milagros

Jesús oró por milagros, y nos dijo que *nosotros* podemos hacer lo mismo también. ¿Cuántas veces quiere Dios que oremos por un milagro y no lo hacemos, ya sea porque no tengamos fe para creerlo o porque no seamos sensibles a la dirección del Espíritu? Algunas personas insisten en que los milagros no ocurren ahora, y para ellas estoy segura que no ocurren. Algunas personas no reconocen un milagro, incluso cuando lo ven.

Solo porque Dios no obra un milagro de inmediato cuando oran, algunas personas piensan que nunca lo hará. Nosotros no le decimos a Dios qué hacer, pero podemos limitar lo que Él *quiere* hacer. Solo porque no salte a nuestras órdenes y no haga un milagro en seguida, no significa que no obrará un milagro en la situación.

Los milagros no son de acuerdo a *nuestras* condiciones; son de acuerdo a las *suyas*. Debemos abrir nuestros ojos para ver los verdaderos milagros en nuestra vida, darle la alabanza a Dios y agradecerle por ellos. Mientras más reconozcamos los milagros diarios, más grandes serán los milagros que veremos.

El profeta Elías fue guiado a ir a cierta ciudad donde Dios le había ordenado a alguien que proveyera para él. Era una pobre viuda que no tenía nada. Ahora bien, Dios pudo haberle dado a Elías una persona rica para que le proveyera, alguien que tuviera una casa de huéspedes espléndida y servicio de habitación, pero esa no es la manera en que Dios hace las cosas. Él te pondrá en situaciones donde debes tener un milagro a toda costa. La razón por la que lo hace es que quiere que sepas, con toda seguridad, que *Él* es el que obra en tu vida. Por lo que no te alarmes si el Espíritu te guía a situaciones que son imposibles sin un milagro de Dios.

La viuda le dijo: «No tengo pan cocido; solamente un puñado de harina tengo en la tinaja, y un poco de aceite en una vasija; y ahora recogía dos leños, para entrar y prepararlo para mí y para mi hijo, para que lo comamos, y nos dejemos morir» (1 Reyes 17:12). Ella estaba al final de sus provisiones. Sin embargo, Elías le dijo: «No tengas temor; ve, haz como has dicho; pero hazme a mí primero de ello una pequeña torta cocida debajo de la ceniza, y tráemela; y después harás para ti y para tu hijo» (1 Reyes 17:13).

La viuda siguió la dirección del Señor y le dio a Elías, aun cuando ella y su hijo no tenían suficiente para sí mismos. Y así como lo dijo Dios, no se les acabó la comida (1 Reyes 17:16). Fue un milagro.

Más tarde, el hijo de la viuda se enfermó y murió. Elías oró de manera ferviente por un milagro debido a que *creía que Dios podía resucitar al niño. Pudo haber ayudado a la viuda a enterrar al niño, pero en lugar de eso le guiaron a orar por lo imposible.* Solo alguien guiado por el Espíritu de Dios sabría hacerlo. «El Señor escuchó la voz de Elías, y el alma del niño volvió a él y revivió» (1 Reyes 17:22, LBLA).

Cuando oras por un milagro, el Espíritu Santo puede darte un incremento súbito de fe para que creas que puede ocurrir un milagro. Aun así, debes rechazar la incredulidad de todos y seguir siendo sensible a su guía en cada situación. Puede ser que el milagro que estás pidiendo no sea la voluntad de Dios en esa situación.

No tengas miedo cuando ocurra una situación difícil. Más bien, pregúntale a Dios si hay un milagro que Él quiere obrar allí, y pídele al Espíritu Santo que te indique cómo orar.

Si Jesús no hizo milagros cuando hubo duda e incredulidad en la gente que lo rodeaba, ¿cómo podemos esperar ver respuestas a nuestras oraciones si oramos alrededor de los que no tienen fe? (Mateo 13:58). Tenemos que estar alrededor de gente de fe si queremos ver que ocurran milagros como respuesta a nuestras oraciones. Los milagros tienen que ver con la fe en la capacidad de Dios de hacerlos. No tiene nada que ver con nuestra exigencia de un milagro y todo que ver con seguir la dirección del Espíritu Santo cuando oras. Los milagros no ocurren bajo petición. Dios los revela como algo que Él quiere, así que busca a alguien con la suficiente fe como para orar como lo indica.

EL PODER DE LA ORACIÓN

Señor:

Ayúdame a aprender a orar con la dirección de tu Espíritu, a fin de que pueda orar con poder y ver que ocurran milagros. Concédeme que la plenitud de tu Espíritu en mí me permita pedirte grandes milagros, a medida que tú me los revelas. Dame fe firme para orar por un milagro y esperar con expectación. No quiero nunca ser quien obstaculice el camino de un milagro con mi incredulidad y falta de oración. Ayúdame a oír tu voz que me guía para que nunca pida algo demasiado pequeño, en comparación a lo que tú quieres que se logre. Mantén mi fe fuerte y libre de duda.

Aumenta mi fe para que crea lo que parece imposible. Tú has dicho en tu Palabra que todas las cosas son posibles para el que cree (Marcos 9:23). Ayúdame a tener la fe suficiente para creer muchos milagros. Ayúdame a reconocer los milagros que obras en mi vida todos los días: cómo me has protegido, alejado del peligro, me has provisto y me has salvado de mucho más de lo que me doy cuenta. Enséñame a moverme con fe firme para ver las respuestas a mis oraciones por milagros. Tú has dicho que las oraciones fervientes logran mucho. Ayúdame a orar con convicción y poder.

Te lo pido en el nombre de Jesús.

EL PODER DE LA PALABRA

De cierto, de cierto les digo: El que cree en mí, hará también las obras que yo hago; y aun mayores obras hará, porque yo voy al Padre.

JUAN 14:12, RVC

Jesús le dijo: Si puedes creer, al que cree todo le es posible.

MARCOS 9:23

Guiado para orar por sanidad

Jesús tiene poder sobre toda enfermedad. «Y recorrió Jesús toda Galilea [...] sanando toda enfermedad y toda dolencia del pueblo» (Mateo 4:23).

Cuando Dios le dijo al rey Ezequías que era su hora de morir, este se humilló de inmediato y le pidió a Dios que lo dejara vivir. Dijo: «Te ruego, oh SEÑOR, que te acuerdes ahora de cómo yo he andado delante de ti en verdad y con corazón íntegro, y he hecho lo bueno ante tus ojos» (2 Reyes 20:3, LBLA). Y Ezequías lloró. Debido a que antes había obedecido a Dios y persistido en oración, el Señor lo sanó de forma milagrosa. Dios incluso le dio una señal de que lo sanaría al hacer que el reloj de sol retrocediera diez grados, un milagro imposible. Como resultado de las oraciones de Ezequías, Dios le dio quince años más de vida.

Esta historia deja ver que nunca es malo orar por un milagro de sanidad, incluso al enfrentar la muerte. El Señor dio instrucciones que se le pusiera a Ezequías un emplasto de higo, un método médico de la época, pero todavía queda claro que Dios fue el sanador. Dios nos pide que hagamos ciertas cosas para que demostremos nuestra sumisión a Él al responder como nos ha pedido que lo hagamos.

Está claro por las Escrituras que Jesús sanó. Sin embargo, ¿fue un capricho de su parte? ¿Solo sanaba cuando tenía ganas? ¿O fue más? Las Escrituras dejan claro que la sanidad se proveyó para nosotros por el sufrimiento, la muerte en la cruz y la resurrección de Jesús. La Biblia dice que Jesús «tomó nuestras enfermedades, y llevó nuestras dolencias» (Mateo 8:17). La sanidad divina es parte de la obra redentora de Jesús que se logró con su muerte en la cruz, su resurrección y «por cuya herida fuisteis sanados» (1 Pedro 2:24). Jesús sufrió por nuestros pecados, los tuyos y los míos, y sufrió por nuestras enfermedades.

Tener fe en Dios y en su capacidad de sanar nos dará sanidad. Una mujer que tenía un flujo de sangre desde hacía doce años tocó el borde del manto de Jesús porque creía que si lo tocaba sanaría. Cuando Él vio que lo había tocado, le dijo: «¡Ánimo, hija! *Tu fe te ha sanado"*. Y la mujer quedó sana en ese instante» (Mateo 9:22, NTV, énfasis añadido). Jesús recompensa nuestra fe con sanidad.

La fe es un don de Dios, y debemos agradecerle por la fe que tenemos y orar para que Él la aumente.

Debemos pedirle a Dios sanidad y tener fe en su capacidad de hacerlo. Un ciego que se llamaba Bartimeo no dejó que nada lo detuviera para llegar a Jesús, pues creía que Él podía darle la vista. Jesús sabía lo que él necesitaba, pero quería oírlo de Bartimeo. Después que le dijo a Jesús lo que quería, Él le dijo: «Vete, *tu fe te ha sanado*. Y al instante recobró la vista» (Marcos 10:51-52, LBLA, énfasis añadido).

Algunas cosas no ocurrirán en nuestra vida si no ayunamos y oramos por ellas. Los discípulos de Jesús le preguntaron por qué no podían hacer algunas de las cosas que hacía Él, en este caso en particular, sanar a alguien que necesitaba liberación. Jesús explicó: «Por vuestra poca fe; porque de cierto os digo, que si tuviereis fe como un grano de mostaza, diréis a este monte: Pásate de aquí allá, y se pasará; y nada os será imposible. Pero este género no sale sino con oración y ayuno» (Mateo 17:20-21).

No hay sustituto para la fe, pero si *ayunamos y oramos*, hay gran poder. Debemos ayunar y orar para atravesar ciertos dominios de las tinieblas. Jesús dijo: «Yo te daré las llaves del reino de los cielos; y lo que *ates* en la tierra, será atado en los cielos; y lo que *desates* en la tierra, será desatado en los cielos» (Mateo 16:19, LBLA, énfasis añadido). Esto tiene que ver con prohibir y permitir. *«Atar»* es *prohibir* o *detener*. *«Desatar»* es *permitir* o *liberar*.

«Llaves» significa *«autoridad»*. Jesús les dio autoridad a los creyentes de detener cosas y de liberar cosas. En oración, podemos detener algo que está ocurriendo o evitar que suceda *algo* malo.

Una vez expresado esto, ¿qué me dices de la gente que *no* sana? ¿Sana Dios al azar a algunos y a otros no? ¿Qué de dos cristianas muy famosas que no han sido sanadas de sus condiciones específicas?

Me refiero a Joni Erickson Tada, que ha sido tetrapléjica desde que tenía diecisiete años; y a Jennifer Rothschild, a quien le diagnosticaron una enfermedad degenerativa ocular cuando tenía quince años, y que le ocasionó la ceguera no mucho después. Se han hecho innumerables intercesiones por su sanidad desde el primer día que la necesitaron. ¿Por qué no respondió Dios esas oraciones?

Tengo el privilegio de conocer a estas dos mujeres de Dios, y puedo decirte que no es por falta de fe que no se han sanado. Hay una fe excepcionalmente fuerte en las dos y en la gente de todo el mundo que ha orado por ellas. No es por falta de oración, porque se han hecho oraciones por ellas en todo el planeta. No es porque no merezcan sanar, porque no he conocido personas más merecedoras que ellas. Además, Jesús no sana porque la gente lo merezca. Él sana porque ama. ¿Significa esto que Jesús no ama a Joni ni a Jennifer? Lejos de eso. Él las ama de manera completa e incondicional.

No sé por qué no las ha sanado, y no estoy diciendo que no las sanará, pero ha decidido no hacerlo para sus propósitos. Él las ha usado con poder en este mundo y seguirá haciéndolo en el futuro. Las dos tienen la responsabilidad de muchos cambios que han permitido que la gente en situaciones similares tenga una mejor vida. También hay una característica en las dos que va más allá de lo común. Es un resplandor sobrenatural del Señor, y es sorprendente. Aunque las dos son bellas por naturaleza, cada una tiene una belleza que va más allá de la belleza terrenal. Dios les ha dado una porción de *su belleza* que reside en ellas. Es innegable. Y las dos son lo suficientemente humildes como para no reconocerlo por sí mismas. Sin embargo, cuando estoy en su presencia, percibo la presencia de Dios. Son una inspiración para todos los que las conocen o saben de ellas. Nadie representa a Dios de mejor manera.

No me gusta el hecho de que no sean sanas, y seguiré orando por eso. En cambio, Dios las ha usado y las usa con poder para llevarles esperanza a otros. No puedo contar las veces que han sido una inspiración para mí, y hay innumerables personas que han leído sus libros y las han oído hablar que se sienten de la misma manera. Nos ayudan a continuar y a no desanimarnos cuando el tiempo se pone difícil y Dios no ha respondido nuestras oraciones. Podría ser que su sanidad final sea en el cielo, cuando vean a Jesús. En cambio, sé que su recompensa por el servicio fructífero será grande y se regocijarán por la eternidad, porque tocaron al mundo con poder y se distinguieron de una manera profunda en la vida de todos los que las conocieron.

Si has orado una y otra vez y no has sanado, podría ser que Dios te esté usando también a fin de que sirvas de estímulo a otros para que no se rindan. El Espíritu Santo en ti puede marcar la diferencia en todos los que están a tu alrededor, sin importar en qué condición estés. Siempre ora por sanidad, pero ten en cuenta que Dios tiene la palabra final en cuanto a la persona que sana.

EL PODER DE LA ORACIÓN

Señor:

Te pido que tu Espíritu Santo se manifieste con poder en mi vida de modo que pueda orar para que la gente sane y que sea así. Ayúdame a interceder cuando la gente esté atada por el enemigo de su alma y necesite liberarse. Muévete a través de mí cuando ore por los demás, a medida que me guía tu

Espíritu. Oye mis oraciones cuando ore por mí, por mi familia y por la gente que sé que necesita tu toque sanador. No quiero nunca glorificarme en el proceso, pero sí quiero glorificarte a ti.

Señor, no entiendo por qué algunas personas sanan y otras no, pero confío en ti. Aunque quiero que todos por los que se ora y que tienen fe en ti reciban sanidad, sé que tú usas a la gente que no sanas de maneras milagrosas. Ayúdame a confiar en ti en eso. *Ayúdalos* a confiar en ti también. Guíame a orar por sanidad, sin importar lo que ocurra. Muéstrame por quiénes debo orar y cómo debo orar por ellos. Enséñame a orar de la manera en que quieres que ore y de la manera en que tu Espíritu Santo me guíe. Úsame como un instrumento para tu poder sanador. Gracias, Jesús, porque en la cruz tú tomaste «nuestras enfermedades» y llevaste «nuestras dolencias» (Mateo 8:17). Te agradezco por siempre y eternamente por lo que has hecho por mí.

Te lo pido en el nombre de Jesús.

EL PODER DE LA PALABRA

¿Está alguno entre vosotros afligido? Haga oración. ¿Está alguno alegre? Cante alabanzas. ¿Está alguno enfermo entre vosotros? Llame a los ancianos de la iglesia, y oren por él, ungiéndole con aceite en el nombre del Señor. Y la oración de fe salvará al enfermo, y el Señor lo levantará; y si hubiere cometido pecados, le serán perdonados.

SANTIAGO 5:13-15

Confiésense unos a otros sus pecados, y oren unos por otros, para que sean sanados. La oración del justo es poderosa y eficaz.

SANTIAGO 5:16, NVI

Guiado para orar por todo el tiempo que sea necesario

Cuando oras por algo importante, no te rindas ni dejes de orar antes de que el Espíritu Santo te guíe a hacerlo.

El ángel del Señor se le apareció a la esposa estéril de Manoa y le dijo que concebiría y daría a luz un hijo. No debía beber vino ni comer nada inmundo, y no debía permitir que se le cortara nunca el cabello a su hijo. Eso se debía a que sería un nazareo, alguien que hace un voto de consagración al Señor, y libraría a Israel de las manos de los filisteos (Jueces 13:2-7).

Cuando el niño nació, le pusieron por nombre Sansón. Cuando crecía, «*el Espíritu del Señor comenzó a manifestarse en él*» (Jueces 13:25, LBLA, énfasis añadido). El Señor lo facultó por medio de su Espíritu Santo y lo preparó para que liberara a Israel.

A menudo, en los tiempos al parecer estériles de nuestra vida, cuando no ha habido oraciones respondidas por mucho tiempo, si seguimos orando y no nos rendimos, nuestras oraciones se responderán al fin con algo grande. Quizá no se responderán como lo esperábamos, pero Dios *responderá*. La Biblia contiene muchos ejemplos de mujeres que agonizaban por su incapacidad de concebir. Sus oraciones por un hijo no recibieron respuesta por un tiempo *insoportablemente* largo, hasta que un día el Espíritu Santo les revela que no solo concebirán, sino que tendrán un hijo al que Dios usaría con poder. Aparte de Sansón, otros ejemplos de la Biblia de hijos por quienes sus madres oraron con fervor son José, Samuel y Juan el Bautista, cada uno de ellos fue hijo de la promesa.

Si has estado buscando a Dios para la realización de un sueño en particular que has tenido por mucho tiempo, Dios pondrá una palabra en tu corazón en cuanto a eso. Si el sueño es suyo, sentirás en lo profundo que es la voluntad de Dios y tendrás paz. Sigue orando y no te rindas ante el desánimo y, a la larga, darás a luz esa promesa.

Si el sueño en tu corazón *no* es la voluntad de Dios para tu vida, Él te lo revelará cuando tú se lo pidas. Ten la disposición de poner el sueño a los pies de Dios y a rendírselo a Él. Te quitará tu deseo por eso y te dará un sueño que es mucho mayor. Escucha al Espíritu Santo que le habla a tu corazón en cuanto a eso. No quieres ir por ahí con un sueño en tu corazón que Dios no bendecirá.

Cuando creas que por lo que oras es de Dios, aférrate a eso. Incluso cuando las cosas te desaniman para que no creas que ocurrirá, sigue aferrado a la promesa que Dios ha puesto en ti. El hecho de que debes orar y esperar por tanto tiempo solo significa que Dios quiere hacer algo grande. Y se requiere de mucha intercesión ferviente para lograrlo. También, Dios esperará hasta que ya no tengas nada de duda de que Él es quien lo logrará. Estarás convencido de que no podría ocurrir de otra manera. Dios te promete un buen futuro y una razón para esperar. No te des por vencido.

Cuando te desanimes, ora más. Cuando parece que Dios nunca pondrá de manifiesto lo que buscas, niégate a darte por vencido. Cuando parezca que no ocurrirá nada, ayuna y ora otra vez.

Dios no siempre responde a nuestras oraciones de la manera en que se lo pedimos. Allí es donde entra la fe. A menudo, las personas se rinden y dejan de orar con demasiada rapidez. Si sus oraciones no se responden de inmediato, creen que Dios no oye o que no les importa. Conozco a personas que se alejaron de Dios debido a que sus oraciones no recibieron respuesta, como si Él fuera el gran viejo ricachón del cielo que existía solo para darles lo que querían. Por lo que están dispuestas a sacrificar todo lo que Dios tenía para ellas, que habría sido mucho mejor que lo que había soñado para sí mismas, porque Dios no le dio lo que querían en ese tiempo.

Sé sensible al Espíritu cuando se trate de la oración. Sigue orando por todo el tiempo que sea necesario a fin de obtener una respuesta de una u otra manera.

EL PODER DE LA ORACIÓN

Señor:

Te pido que me ayudes a no darme por vencido con la oración cuando no vea las respuestas a mis oraciones de inmediato, o porque mis oraciones no se respondan con exactitud a como yo las pedí. En cuanto a las cosas que son más urgentes en mi corazón, permíteme orar por el tiempo que sea necesario. Por otras cosas que no son tan urgentes, cada vez después de orar, ayúdame a dejar el asunto en tus manos. Dame sabiduría para saber cómo orar. Ayúdame a entender si *todavía* no has respondido esas oraciones, o si no vas a responderlas de la manera en que yo lo pedí. Guíame, Espíritu Santo, a medida que oro, para que pueda entender *la manera en que debo* orar.

Ayúdame a no cansarme de hacer el bien, porque sé que «a su tiempo segaremos, si no desmayamos» (Gálatas 6:9). Sé que quiero ver las respuestas a mis oraciones ahora, y es difícil esperar, pero pongo mi confianza en ti y en tu calendario perfecto. Gracias porque siempre oyes y siempre respondes, a tu manera y en tu tiempo. Siempre te he puesto delante de mí, Señor, porque estás conmigo, no seré conmovido (Salmo 16:8).

Te lo pido en el nombre de Jesús.

EL PODER DE LA PALABRA

También les refirió Jesús una parábola sobre la necesidad de orar siempre, y no desmayar.

LUCAS 18:1

Por lo tanto, echen mano de toda la armadura de Dios para que, cuando llegue el día malo, puedan resistir hasta el fin y permanecer firmes. Por tanto, manténganse firmes y fajados con el cinturón de la verdad, revestidos con la coraza de justicia.

EFESIOS 6:13-14, RVC

11

Guiado para seguir a Dios

El Espíritu Santo siempre te guiará a seguir con empeño a Dios. Descubrirás que tu alma ansía más de Él. Vas a querer que su Palabra se grabe en tu corazón. Tendrás el anhelo de estar más cerca de Él que te dará una pasión incesante por su presencia.

Es sorprendente que después de todo lo que Dios había hecho por los israelitas con muchas señales en Egipto (convertir el agua en sangre; el ataque de ranas, piojos, moscas, enfermedad, furúnculos, granizo, langostas y oscuridad; la muerte de los primogénitos egipcios; y la liberación de los israelitas de la esclavitud a la vez que se llevaban el oro y la plata de los egipcios), *todavía dudaban* de Dios y se rebelaron en su contra.

¿Cómo pudieron olvidar los hijos de Israel cuando atravesaron el Mar Rojo por tierra seca, mientras que el ejército egipcio los perseguía en el mar y se ahogó? ¿Cómo pudieron dudar de Dios después que les proveyó para cada día que estuvieron en el desierto? Su ropa no se desgastó por cuarenta años (Deuteronomio 8:4). ¿Cómo no pudieron recordar sus obras?

No es que *no pudieran* recordar; decidieron *no* hacerlo. Querían lo que querían. «Bien pronto *olvidaron sus obras*; *no esperaron su consejo*. *Se entregaron a un deseo desordenado* en el desierto; y *tentaron a*

Dios en la soledad» (Salmo 106:13-14, énfasis añadido). «Se olvidaron de Dios su Salvador, que había hecho grandes cosas en Egipto» (Salmo 106:21, LBLA, énfasis añadido). Como resultado de no querer seguir la dirección de Dios, tuvieron que quedarse en el desierto por años.

Cuando Dios llevó a los israelitas a una tierra buena y rica, con todo lo que pudieran querer, les advirtió que si se olvidaban de Él y sus caminos, y dejaban de vivir de acuerdo a sus mandamientos, serían destruidos (Deuteronomio 8:11-20). Aun así, persistieron en querer hacer las cosas a *su* manera y no en seguir a Dios. Por lo tanto, Él les dio lo que querían, «mas envió mortandad sobre ellos» (Salmo 106:15).

Somos muy parecidos a los israelitas. Muchas veces queremos cosas que no son la voluntad de Dios para nosotros, y llegamos a estar vacíos cuando tenemos demasiado y no lo seguimos a Él.

¿Por qué es que cuando nosotros como pueblo tenemos abundante comida, un lugar donde vivir y están cubiertas nuestras necesidades, tendemos a olvidarnos de Dios? No oramos mucho porque no necesitamos mucho. No leemos mucho la Palabra porque estamos demasiado ocupados y pensamos que podemos confiar en nuestra memoria. Decimos, como ellos, que el poder y la fuerza de nuestras manos nos han dado lo que tenemos, en lugar de recordar que Dios es el que nos da el poder para prosperar (Deuteronomio 8:18).

El rey Asa, al principio de su reinado, derribó los lugares altos y los altares de adoración a dioses falsos. Le ordenó al pueblo que buscara al Señor y que viviera según sus caminos. Cuando las cosas marchaban bien y ya no estaban en guerra, dijo: «Edifiquemos estas ciudades y cerquémoslas de murallas y torres, puertas y barras. La tierra es aún nuestra, porque *hemos buscado al SEÑOR nuestro Dios; le hemos buscado, y Él nos ha dado tranquilidad por todas partes*. Edificaron, pues, y prosperaron» (2 Crónicas 14:7, LBLA, énfasis añadido).

Cuando hubo paz y prosperidad en la tierra, el pueblo no se puso gordo y haragán. En lugar de eso, *buscaron al Señor y usaron el tiempo para reconstruir y fortalecerse*. Debemos recordar hacer eso también. Cuando las cosas están bien en tu vida, toma el tiempo para edificar y fortalecer tu relación con Dios. Ya sea que estés en buenos tiempos o malos, síguelo a un lugar aun más profundo.

Guiado para seguir a Dios hacia un íntimo caminar diario con Él

Cada día, el Espíritu Santo te guiará a un caminar íntimo con Él. Y obrará en ti para que tu corazón esté limpio delante de Él. No tienes que ser perfecto, pero tu corazón debe ser recto. No puedes vivir tu vida haciendo lo *que* tú quieres, *cuando* tú quieres; debes someterte a la dirección del Espíritu Santo. Eso no significa que lo hagas a cualquier espíritu, porque hay otros y de seguro que no quieres que te guíen ellos. No son santos. No son Dios. No les importa tu beneficio. Y te guiarán en la dirección opuesta de donde quieres estar en tu vida.

Cuando vives bajo las leyes de Dios y caminas día a día y momento a momento con el Espíritu Santo, siempre te dirigirás por el buen camino. Y no es difícil, porque Él hace todo el trabajo pesado. Cuando lo elevas en oración, Él te eleva de cualquier otra manera. Él llega a ser tu *fortaleza* cuando no la tienes. Él es tu guía cuando no sabes qué hacer. Él es tu *consolador* cuando sufres y estás afligido. No digo que nunca más tendrás problemas cuando el Espíritu Santo te guíe, porque no siempre lo seguimos a la perfección. Y Jesús dijo que habrá épocas de sufrimiento, pero que Él siempre estará contigo en ellas.

Todos tenemos la tendencia de ocasionarnos sufrimiento sin necesidad, debido a que queremos tomar el control total de nuestra vida y no le permitimos al Espíritu Santo que nos perfeccione. Pablo dijo: «¿Tan necios son? *¿Comenzaron por el Espíritu, y ahora van a acabar por la carne?*» (Gálatas 3:3, RVC, énfasis añadido).

Él quiere que tengas una vida en la que puedas lograr cosas que no podrían ocurrir si no te permitiera hacerlo, una vida en la que sabes que si Él no se manifiesta en ti estás arruinado. Y parece aterrador vivir de esa manera. Sin embargo, la verdad es que es más aterrador *no* vivir de esa manera. Vivir lejos de su poder, sabiduría y dirección es atemorizante.

Dios quiere que vivamos una vida que no es posible vivir sin Él.

Cuando el rey Saúl dejó de seguir a Dios y se obsesionó con tratar de matar a David, el Espíritu Santo lo dejó. Cuando buscó al Señor y Dios no le respondió, Saúl buscó a una médium para que hiciera llegar de los muertos el espíritu del profeta Samuel. Este le dijo a Saúl que, por su desobediencia a Dios, el Espíritu Santo lo había dejado (1 Samuel 28:3-20). Nosotros también podemos caer del camino que Dios tiene para nosotros si no hacemos un esfuerzo deliberado de caminar cerca de Él todos los días.

Ten cuidado de cómo caminas. Aprovecha tu tiempo al máximo y úsalo con sabiduría. No lo desperdicies. Sé productivo. No dejes que Dios solo esté allí; interactúa con Él. Camina tan cerca de Él que escuches el latido de su corazón. Ora. Escucha. Busca la dirección de su Espíritu Santo. Comienza cada día con Dios, en oración, en su Palabra y en adoración, a fin de que no importe lo que surja, pues estás más que preparado.

EL PODER DE LA ORACIÓN

Señor:

Te pido que me acerques a ti y que me ayudes a establecer un caminar sólido y diario contigo. Purifica mi alma y ayúdame a obedecerte en todo sentido, comenzando con mis pensamientos y actitudes. No quiero nada en mi vida que me separe de ti. No permitas que trate de vivir mi vida haciendo solo lo que *yo* quiero, y no lo que *tú* quieres. No quiero nunca pagar el precio de ser apático en cuanto a seguir tu dirección. Sé que la única manera de encontrar paz verdadera es viviendo en obediencia a ti.

Ayúdame a andar «como es digno del Señor, agradándole en todo, llevando fruto en toda buena obra, y creciendo en el conocimiento» de ti (Colosenses 1:10). Ayúdame a andar «en vida nueva» por la que tú moriste, Jesús (Romanos 6:4). Permíteme andar en medio de mi casa «en la integridad de mi corazón» (Salmo 101:2). Ayúdame a apartar tiempo cada día para pasar a solas contigo, como una prioridad que nunca descuide. Quiero reunirme contigo en tu Palabra a diario, y ver grandes manifestaciones de tu presencia. Ayúdame a conocerte mejor cada día. Permíteme vivir una vida que no es posible sin ti.

Te lo pido en el nombre de Jesús.

EL PODER DE LA PALABRA

Si alguno me sirve, sígame; donde yo esté, allí también estará mi servidor. Si alguno me sirve, mi Padre lo honrará.

JUAN 12:26, RVC

Por eso, de la manera que recibieron a Cristo Jesús como Señor, vivan ahora en él, arraigados y edificados en él, confirmados en la fe como se les enseñó, y llenos de gratitud.

COLOSENSES 2:6-7, NVI

Guiado para seguir a Dios hacia la purificación de las palabras que expresas

Cuando le das rienda suelta al Espíritu Santo en tu vida, Él limpia la casa en tu alma. Él no se va a trasladar a un hogar desagradable, de caos y pecado, sin hacer algo al respecto. La única razón por la que puede morar allí es porque Dios ve la justicia de Jesús en ti. Él sabe cuando tus pensamientos y acciones no concuerdan con lo que Dios quiere que seas.

Dios no solo demanda pureza de corazón, sino la manifestación más obvia de un corazón puro, que es la pureza del lenguaje. Es más, Él no tolerará nada menos. El Espíritu Santo hará que las palabras que salgan de tu boca te atormenten si violas las directrices claras de Dios en cuanto a ellas en su Palabra.

Nuestro corazón y nuestras palabras deben alinearse con Dios, para que hablemos con nuestra boca lo que Él ha puesto en nuestro corazón por el poder de su Espíritu Santo.

La Biblia dice: «Cada uno de ustedes debe desechar la mentira y *hablar la verdad* con su prójimo; porque somos miembros los unos de los otros» (Efesios 4:25, RVC, énfasis añadido). «*Ninguna palabra corrompida* salga de vuestra boca, sino la que sea buena para la necesaria edificación, a fin de dar gracia a los oyentes [...] Quítense de vosotros toda [...] *maledicencia*» (Efesios 4:29, 31, énfasis añadido).

Jesús dijo que «no lo que entra en la boca contamina al hombre; mas lo que sale de la boca, esto contamina al hombre» (Mateo 15:11). «*Porque del corazón provienen malos pensamientos*» (Mateo 15:19, LBLA, énfasis añadido). Lo que hablamos nos contamina. Y lo que ocurre en nuestra mente y nuestro corazón determina si de nuestra boca sale el bien o el mal.

Nuestras palabras siempre revelan la condición de nuestro corazón. Cuando hablamos palabras desagradables, engañosas o infieles, es un indicio de que tenemos problemas en el corazón.

DIEZ COSAS QUE DICE LA BIBLIA ACERCA DE LAS PALABRAS QUE DECIMOS

1. **Las palabras de chismes destruyen.** «El hombre perverso levanta contienda, y el chismoso aparta a los mejores amigos» (Proverbios 16:28).

2. **Las palabras descuidadas implican destrucción.** «El que guarda su boca guarda su alma; mas el que mucho abre sus labios tendrá calamidad» (Proverbios 13:3).

3. **Las palabras deben ser amables y perdonadoras.** «Antes sed benignos unos con otros, misericordiosos, perdonándoos unos a otros, como Dios también os perdonó a vosotros en Cristo» (Efesios 4:32).

4. **Las palabras deben edificar.** «Ninguna palabra corrompida salga de vuestra boca, sino la que sea buena para la necesaria edificación, a fin de dar gracia a los oyentes» (Efesios 4:29).

5. **Las palabras dan salud.** «Hay hombres cuyas palabras son como golpes de espada; mas la lengua de los sabios es medicina» (Proverbios 12:18).

6. **Las palabras deben ser verdaderas.** «El testigo falso no quedará sin castigo, y el que habla mentiras no escapará» (Proverbios 19:5).

7. **Las palabras dan fortaleza.** «Jehová el Señor me dio lengua de sabios, para saber hablar palabras al cansado; despertará mañana tras mañana, despertará mi oído para que oiga como los sabios» (Isaías 50:4).

8. **Las palabras de queja son en contra de los caminos de Dios.** «Haced todo sin murmuraciones y contiendas» (Filipenses 2:14).

9. **Las palabras pueden ponernos una trampa.** «Te has enlazado con las palabras de tu boca, y has quedado preso en los dichos de tus labios» (Proverbios 6:2).

10. **Las palabras pueden ocasionar la muerte en alguna situación.** «La muerte y la vida están en poder de la lengua, y el que la ama comerá de sus frutos» (Proverbios 18:21).

Nuestras palabras importan más de lo que pensamos. Creamos nuestro propio mundo con las palabras que decimos. El Espíritu Santo nunca te guiará a hablar mal de Dios, de ti, ni de otra persona. Y algún día tendremos que dar cuenta ante Dios de cada palabra descuidada que digamos (Mateo 12:36). ¡Qué pensamiento más aterrador! Si quieres dejar cualquier forma de hablar negativa, habla a propósito la Palabra de Dios. Hay una correlación entre ser lleno del Espíritu Santo y hablar la Palabra de Dios con audacia (Hechos 4:31). Cuando el Espíritu Santo te guía a hablar la Palabra de Dios con audacia, no vas a querer volver a cualquier forma de hablar negativa.

EL PODER DE LA ORACIÓN

Señor:

Llena mi corazón de tu amor, paz y gozo para que lo que salga de mi boca represente tu voluntad. Te pido que la plenitud de mi corazón me haga siempre hablar palabras que den vida y no destrucción. Ayúdame a hacer todas las cosas sin quejarme. He decidido que mi boca no pecará (Salmo 17:3). «Sean gratas las palabras de mi boca y la meditación de mi corazón delante de ti, oh SEÑOR, roca mía y redentor mío» (Salmo 19:14, LBLA).

Señor, hazme ver cuando diga cosas negativas de mí mismo o de los demás. Ayúdame a no hablar palabras que te entristezcan. Guárdame de palabras infieles. Ayúdame a seguir tu dirección a fin de que nunca diga cosas que hieran a otros. Derrama tu Espíritu otra vez en mi corazón cada día, para que lo que diga refleje tu naturaleza. Sé que «los labios del justo saben hablar lo que agrada; mas la boca de los impíos habla perversidades» (Proverbios 10:32). Dame palabras apropiadas todo el tiempo. Guarda mi boca de decir algo que no sea agradable o amable. Dame la «lengua de sabios, para saber hablar palabras al cansado» (Isaías 50:4). Ayúdame a edificar y a bendecir a otros con las palabras que diga.

Te lo pido en el nombre de Jesús.

EL PODER DE LA PALABRA

De la abundancia del corazón habla la boca.

MATEO 12:34

El que quiere amar la vida y ver días buenos, refrene su lengua de mal, y sus labios no hablen engaño.

1 PEDRO 3:10

Guiado para seguir a Dios hacia los pasos de la fe que mueve montañas

El Espíritu Santo en ti siempre te guiará hacia pasos de fe cada vez mayores. Jesús dijo que con la fe firme en Él es posible mover montañas. Eso quizá no signifique que vayas a trasladar la montaña de tu patio trasero a otro lugar, sino que puedes mover otros obstáculos del tamaño de una montaña en tu vida. Pueden moverse los obstáculos en tus relaciones, matrimonio, finanzas, salud, mente o emociones, o cualquier cosa que se presente.

La fe habla de algo que todavía no ves como si ya hubiera pasado. Lo que parece derrota será una victoria mayor, aunque no puedas imaginar cómo ocurrirá. La fe significa apartarse de todo lo demás en que has confiado y poner tu confianza en Dios.

Dios permite ciertas cosas en nuestra vida para fortalecernos y madurarnos. Él tiene un lugar de paz para nosotros en medio de cualquier prueba, si ponemos nuestra fe en Él y lo buscamos.

Nuestros tiempos difíciles nos perfeccionan, y por eso es que nunca podemos perder la fe en que Dios haga algo grande, sin importar lo que esté ocurriendo.

Lo primero que Dios hizo en el ejército de Gedeón fue eliminar a los que tenían miedo y estaban llenos de duda (Jueces 7:3-8). Era mejor tener trescientos hombres que tuvieran fe y no tuvieran miedo, y que sabían cómo estar listos para la batalla, que tener treinta y dos mil hombres que no tenían fe y no estaban alertas. Dios usa gente con una fe fuerte y audaz que le dé la gloria a Él.

A veces nos sentimos débiles en la batalla en contra de los desafíos de la vida, porque llegamos a tener miedo y a sentirnos abrumados. En cambio, si vamos a tener fe en el poder de Dios como nuestro defensor, y estamos preparados para la batalla, Él nos llevará a la victoria de una manera en que estaremos seguros de que no fue por nuestra propia fuerza y poder.

Debemos tener fe cuando oramos. No fe en nuestra fe, ni fe en nuestras oraciones, sino fe en el Único a quien le oramos. Y le dejamos la respuesta final en sus manos.

Cuando Jesús y sus discípulos estaban en una barca y cruzaron al otro lado del mar, hubo una gran tormenta y el agua comenzó a llenar la barca (Marcos 4:35-37). Jesús estaba dormido en la barca, por lo que los discípulos lo despertaron y le dijeron: «Maestro, ¿no tienes cuidado que perecemos?» (Marcos 4:38). Se imaginaron que iban a morir. Aun así, Jesús se levantó y reprendió al viento, «y cesó el viento, y se hizo gran bonanza» (Marcos 4:39).

Entonces, Jesús les dijo: «¿Por qué tienen tanto miedo? *¿Cómo es que no tienen fe?*» (Marcos 4:40, RVC, énfasis añadido). Habían estado con Él y lo habían visto hacer muchos milagros, y aun no tenían fe más allá de lo que podían imaginar. Ese también es nuestro problema muy a menudo. Debido a que no podemos imaginar cómo Dios puede sacarnos del lío en que estamos, pensamos que no se manifestará por nosotros. Sin embargo, con Jesús siempre puedes pasar al otro lado de tus problemas. Cuando llega una tormenta, recuerda que Él está en la barca contigo. Puedes pensar que no le importa, porque ante todo estás en la tormenta, pero Él puede hablarles a las tormentas de tu vida y silenciarlas.

En otra terrible tormenta en el mar, cuando los discípulos tuvieron miedo en la barca, Jesús se les acercó caminando sobre el agua. Eso los asustó aun más porque pensaban que podía ser un fantasma. A menudo, cuando estamos en medio de una tormenta, no pensamos que Dios podría hacer un rescate milagroso. No creemos que Él pueda hacernos surgir por encima de ella. Pedro tuvo suficiente fe para salir a recibirlo, caminando sobre el agua, pero cuando observó el viento y comenzó a hundirse, Jesús lo agarró y le dijo: *«¡Hombre de poca fe! ¿Por qué dudaste?»* (Mateo 14:31, RVC, énfasis añadido). Estoy segura de que tiene que decirnos lo mismo en las tormentas de nuestra vida, cuando comenzamos a perder la fe.

Jesús les dijo a sus discípulos: «Tengan fe en Dios [...] cualquiera que diga a este monte: "¡Quítate de ahí y échate en el mar!", su orden se cumplirá, siempre y cuando no dude en su corazón, sino que crea que se cumplirá. Por tanto, les digo: *Todo lo que pidan en oración, crean que lo recibirán, y se les concederá*» (Marcos 11:22-24, RVC, énfasis añadido). Ten fe. No dudes. Dile la verdad al problema. Cree que recibirás la respuesta de Dios.

Jesús relaciona el temor con la falta de fe, y eso es lo que es el temor atormentador. «Sin fe es imposible agradar a Dios; porque es necesario que el que se acerca a Dios crea que le hay, y que es galardonador de los que le buscan» (Hebreos 11:6). Tú necesitas *esa* clase de fe ahora. Pídele al Espíritu Santo que la cultive en ti.

EL PODER DE LA ORACIÓN

Señor:

Sé que sin fe es imposible agradarte (Hebreos 11:6). No quiero pasar la vida sin agradarte por tener poca fe. Quiero llegar a ti creyendo que eres mayor que cualquier cosa que enfrente, y que tú recompensas a los que te buscan con todo el corazón. Dame la fe que mueve montañas de la que hablas en tu Palabra (Marcos 11:22-24). Confieso los tiempos en los que he dudado que siempre me cuidarás. Perdóname cuando me pregunto si te volverás a manifestar en mí otra vez. Confieso mi duda como pecado y pido tu perdón.

Ayúdame a tomar por completo el escudo de la fe, sin el que nunca podría estar protegido de los planes del enemigo en mi contra. Enséñame a orar siempre con fe, sin nada de duda. No quiero ser de doble ánimo ni inconstante por dudar de ti (Santiago 1:6-8). No quiero ser arrastrado ni echado por el viento. Que me sea hecho conforme a mi fe (Mateo 9:29). Sé que «por fe andamos, no por vista» (2 Corintios 5:7). Ayúdame a no ver las cosas que me dan miedo, sino a verte a ti en todo tu poder y gloria, extendiéndote para levantarme por encima de la tormenta y evitar que me hunda.

Te lo pido en el nombre de Jesús.

EL PODER DE LA PALABRA

Tened por sumo gozo cuando os halléis en diversas pruebas, sabiendo que la prueba de vuestra fe produce paciencia. Mas tenga la paciencia su obra completa, para que seáis perfectos y cabales, sin que os falte cosa alguna.

SANTIAGO 1:2-4

Aunque ahora por un poco de tiempo, si es necesario, tengáis que ser afligidos en diversas pruebas, para que sometida a prueba vuestra fe, mucho más preciosa que el oro, el cual aunque perecedero se prueba con fuego, sea hallada en alabanza, gloria y honra cuando sea manifestado Jesucristo.

1 PEDRO 1:6-7

Guiado para seguir a Dios hacia la compañía de las personas piadosas

El Espíritu Santo siempre te guiará para que formes tus relaciones más profundas con personas piadosas. Se trata de los creyentes con quienes te unes y pasas tiempo. Esto no quiere decir en absoluto que nunca debes estar con no creyentes, pero la *gente que le aporta de manera espiritual y personal* a tu vida debe ser creyente. El Espíritu Santo te guiará para que no pases tiempo con gente que no produzca la justicia de Dios en tu vida.

Se ha dicho mucho en la Biblia acerca de la importancia de los amigos piadosos y no podemos pasarlo por alto. «No se dejen engañar: "Las malas compañías corrompen las buenas costumbres"» (1 Corintios 15:33, NVI). Los malos amigos nos corrompen. No hay duda de eso. Es por eso que el Espíritu Santo siempre nos guiará a estar con gente piadosa.

Uno de los peores ejemplos de la terrible influencia de un mal amigo es Amnón, hijo de David. Él tenía un amigo que se llamaba Jonadab que «era hombre muy astuto» (2 Samuel 13:3). Amnón estaba enfurecido con su medio hermana Tamar, y a Jonadab, con lo mal amigo que era, se le ocurrió un plan para engañar a Tamar, de modo que fuera a la casa de Amnón. Este fingió estar enfermo y le pidió a su padre, el rey David, que enviara a Tamar para que lo cuidara. Cuando ella llegó a su cama de enfermo, la violó. Debido a que no tenía amor ni respeto por ella, cuando obtuvo lo que quería, la despreció (2 Samuel 13:14-15).

El rey David se enojó mucho cuando se enteró de que su hijo Amnón había violado a Tamar. Aun así, David no hizo nada al respecto. Este crimen de incesto se castigaba con la muerte, pero David no hizo nada en lo absoluto para castigar a Amnón. El resultado fue que después Absalón, el hermano de Tamar, mató a Amnón por este terrible crimen en contra de su hermana. Un amigo corrupto tuvo influencia en Amnón y destruyó a toda la familia.

Cuando estás sometido a la dirección del Espíritu Santo en tu vida, Él te guiará para que te alejes de amigos que corrompen.

La tribu de Dan no había recibido su herencia de tierra porque no pudo vencer a sus enemigos. Eso se debe a que no obedecieron a Dios ni hicieron lo que Él quería que hicieran. La tribu de Dan quería más tierra, por lo que encontró otro pueblo que era tranquilo y pacífico y que no tenía líderes que se opusieran a su invasión. Este pueblo estaba lejos de cualquiera que pudiera protegerlos y *«no tenían negocios con nadie»* (Jueces 18:7, énfasis añadido). En otras palabras, eran buena gente, pero estaban aislados.

Hay dos puntos principales en esta historia. Uno es que la tribu de Dan hizo lo que quiso y a eso le puso el nombre de Dios, en lugar de buscar de verdad la dirección del Señor y del Espíritu de Dios. El otro es que el pueblo tranquilo estaba indefenso porque no tenía relación ni apoyo de otros.

Debemos relacionarnos con otros creyentes, a fin de que podamos permanecer firmes los unos con los otros. Debemos poder ir en defensa de los que están bajo ataque del enemigo. No podemos vivir por completo para nosotros mismos, en nuestra familia ni en nuestra comunidad, y en especial no podemos vivir bien sin una iglesia. He visto que eso ocurre con mucha frecuencia, que hasta la gente más piadosa se aleja en su forma de pensar cuando se aísla de otros creyentes. No tener relación con un cuerpo eclesiástico hace que lleguemos a estar demasiado enfocados en nosotros mismos, aunque tratemos de no hacerlo y pensemos que no lo hacemos.

Sin gente piadosa en tu vida que esté entregada al Señor, terminarás haciendo lo que quieres. Te guiarán tus propios deseos, opiniones y pensamientos, en lugar de que lo haga el Espíritu Santo.

EL PODER DE LA ORACIÓN

Señor:

Te pido que me guíes hacia la compañía de personas piadosas y lejos de las que no lo son. Evita que la gente que permito que hable a mi vida influya en mí o me corrompa. Veo en tu Palabra la importancia de estar alrededor de creyentes firmes para que nos podamos afilar unos a otros (Proverbios 27:17, NVI). Sé que nunca podré llegar a mi destino lejos de la gente que pusiste en mi vida y que camina de cerca contigo. Ayúdanos a fortalecernos y a estimularnos los unos a los otros y a rendirnos cuenta de la misma manera. Sé que «el justo sirve de guía a su prójimo; mas el camino de los impíos les hace errar» (Proverbios 12:26). Dame el discernimiento que necesito para saber cuándo una relación no te glorifica. Ayúdame a caminar con gente sabia para que nunca haga nada insensato (Proverbios 13:20).

Para las relaciones que tengo, o que *tendré,* con gente que no te conoce, te pido que yo sea una influencia importante en sus vidas y que los atraiga a ti. Te pido que no sigan siendo incrédulos por mucho tiempo, sino que vean a Jesús en mí, que perciban a tu Espíritu Santo que obra en mi vida y que quieran conocerte. Envía a mentores piadosos y ejemplos a mi vida, personas que te aman y son ejemplo de tu fidelidad. No permitas que ande nunca «en camino de pecadores» (Salmo 1:1).

Te lo pido en el nombre de Jesús.

EL PODER DE LA PALABRA

Si andamos en luz, como él está en luz, tenemos comunión unos con otros, y la sangre de Jesucristo su Hijo nos limpia de todo pecado.

1 JUAN 1:7

Compañero soy de todos los que te temen, y de los que
guardan tus preceptos.

SALMO 119:63, LBLA

Guiado para seguir a Dios hacia el cuidado de tu cuerpo

El Espíritu Santo siempre te convencerá de cualquier pecado que
cometas en contra de tu propio cuerpo. Parte de tu servicio a Dios
es que te cuides. Tu cuerpo es el templo de su Espíritu, y no debes
profanarlo de ninguna manera. Jesús pagó un precio por ti, y tú le
perteneces.

«¿Acaso ignoran que *el cuerpo de ustedes es templo del Espíritu Santo,
que está en ustedes*, y que recibieron de parte de Dios, y que ustedes no
son dueños de sí mismos? Porque ustedes han sido comprados; el precio de ustedes ya ha sido pagado. Por lo tanto, den gloria a Dios en su
cuerpo y en su espíritu, los cuales son de Dios» (1 Corintios 6:19-20,
RVC, énfasis añadido). Siempre debes valorar tu cuerpo como el lugar
donde mora el Espíritu Santo.

El Espíritu Santo nunca te guiará a hacer nada que dañe tu cuerpo de alguna manera. Si haces algo que daña tu cuerpo, el Espíritu
Santo no te está guiando. Más bien te están guiando tus deseos carnales o el enemigo de tu cuerpo, alma y mente. Debido a que tienes
al Espíritu en ti, cuando a propósito haces algo que daña tu cuerpo,
sentirás remordimiento.

No esperes que tu cuerpo sea perfecto. Sé agradecido por lo que
puede hacer tu cuerpo y niégate a criticarlo por lo que crees que *debería
hacer*.

Pídele al Espíritu Santo que te ayude a romper hábitos destructivos
y a adquirir hábitos beneficiosos. Sé lo difícil que es romper con los malos hábitos, pero el Espíritu Santo te ayudará a cada hora de cada día.
Cuéntale a Dios con lo que estás batallando en cuanto al cuidado de tu
cuerpo, y pídele que te guíe a rechazar la tentación y que te dé fortaleza
para hacer lo que es bueno.

Hay demasiado en la Biblia en cuanto a guardar el día de reposo
como para no tenerlo en cuenta, sin mencionar que es uno de los
Diez Mandamientos. Jesús guardó el día de reposo y dijo que se había

establecido para nuestro beneficio. Dios hizo la obra de la creación en seis días y, luego, descansó el séptimo, estableciendo el patrón que debemos seguir (Éxodo 20:11). Él es muy claro en cuanto a eso. Si Dios necesitó tomar un día de descanso, ¿cuánto más no necesitamos nosotros hacer lo mismo?

Dios quiere que seamos distintos para sus propósitos. Debemos ser diferentes del mundo en la manera en que actuamos, pensamos y vivimos. Él quiere que guardemos el día de reposo como un día santo, apartado para Él. A fin de entrar al descanso de Dios, debemos dejar nuestro trabajo, así como Dios dejó el suyo. «Procuremos, pues, entrar en aquel reposo, para que ninguno caiga en semejante ejemplo de desobediencia» (Hebreos 4:11). Honramos a Dios al observar el día de reposo un día a la semana.

El Espíritu Santo siempre te hace progresar. Tomar un día de reposo es parte de hacer que progrese tu vida. Es más, puedes detener el flujo de bendición en tu vida al no obedecer este mandamiento.

Pídele al Espíritu Santo que te guíe en cuanto a cómo conduces tu día de reposo para mantenerlo santo. No programes nada que tenga que ver con trabajo en tu día de reposo. Las veces que he violado esto he pagado un precio muy alto. Una vez tenía una fecha límite para terminar de escribir, y ya estaba muy atrasada, por lo que trabajé el domingo para poder escribir. A pesar de que hice bastante, y aunque estaba escribiendo un libro para el Señor y acerca de Él, pagué un precio con mi cuerpo y mi mente. Me enfermé, me dañé la espalda por estar encorvada escribiendo por muchas horas, y perdí la paz y la lucidez que tenía. Mi mente también necesitaba descanso. Y me vi obligada a tomar tiempo para recuperarme. No valió la pena. Aprendí la lección. Es un precio que ya no estoy dispuesta a pagar. Dios estableció la ley para nuestro beneficio, y cuando lo pasamos por alto, lo hacemos por nuestra cuenta y riesgo. Créeme. O mejor aun, cree en la Palabra de Dios.

EL PODER DE LA ORACIÓN

Señor:

Te pido que me des la capacidad de alejarme de cualquier hábito destructivo que tenga en cuanto al cuidado de mi cuerpo. Permite que siempre sea consciente de que mi cuerpo es tu templo y que debo cuidarlo. Ayúdame a seguir tu guía en cada decisión que tomo cada día, en especial con lo que pongo en mi cuerpo y con la manera en que me ejercito. Ayúdame a valorar mi cuerpo lo suficiente como para cuidarlo. Confieso las veces en que he sido crítica de mi cuerpo y no te he agradecido por él. Perdóname por eso. No permitas que lo juzgue ni lo trate mal de ninguna manera.

Señor, ayúdame a guardar siempre un día de reposo cada semana. Permíteme hacerlo para tu gloria, de modo que mi cuerpo, mi mente y mis emociones se rejuvenezcan. Ayúdame a darle a mi cuerpo y mente descanso de todo lo demás, pero no de tu voz a mi corazón. Tú sabes lo que es mejor para mí porque me creaste. Por lo que te pido que me des la disciplina y el dominio propio que necesito para llevarlo a cabo. Sé que el dominio propio es un fruto del Espíritu, por lo que te ruego que tenga esa manifestación de dominio propio que no se explicará de otra manera más que como un regalo de ti.

Te lo pido en el nombre de Jesús.

EL PODER DE LA PALABRA

¿No saben que ustedes son templo de Dios, y que el Espíritu de Dios habita en ustedes? Si alguno destruye el templo de Dios, Dios lo destruirá a él, porque el templo de Dios es santo, y ustedes son ese templo.

1 Corintios 3:16-17, rvc

Amados hermanos, les ruego que entreguen su cuerpo a Dios por todo lo que él ha hecho a favor de ustedes. Que sea un

sacrificio vivo y santo, la clase de sacrificio que a él le agrada.
Esa es la verdadera forma de adorarlo.

ROMANOS 12:1, NTV

Guiado para seguir a Dios hacia resistir los ataques del enemigo

El enemigo siempre tratará de matarnos, robarnos y destruirnos.
Por eso es que debemos seguir la dirección del Espíritu Santo para saber cómo resistirlo. El Espíritu Santo le dio a Jesús la convicción y el conocimiento de que debía irse al desierto para ayunar, orar y resistir al enemigo con la Palabra de Dios.

Cuando David se enteró de que los amalecitas habían llegado al campamento donde él y sus hombres con sus familias habían estado viviendo y que lo habían saqueado todo, incluso a sus esposas e hijos, David le preguntó a Dios si debía perseguir y alcanzar a sus enemigos. Sus hombres lo culparon por lo ocurrido y querían matarlo (1 Samuel 30:6). Sin embargo, David buscó al Señor y encontró fortaleza en Él.

Nosotros, también, debemos hallar nuestra fortaleza y paz en Dios cuando ataque el enemigo, incluso cuando todo parece estar en contra de nosotros y las cosas están saliendo terriblemente mal. David oyó de Dios que si perseguían a sus enemigos, tendrían la victoria y recuperarían todo lo que se había perdido (1 Samuel 30:8). No hay manera de que David hubiera sabido eso sin la revelación de Dios.

David tuvo la victoria sobre sus enemigos porque no dio por sentado que la victoria sería suya ni que sabía qué hacer. Cuando queremos que el Señor esté con nosotros y que salga delante de nosotros en la batalla que el enemigo libra en contra de nosotros, debemos buscarlo para que Él nos dirija.

Cuando persistes en oración en contra de todo lo que se opone a ti, tú también puedes decir como David: «Perseguiré a mis enemigos, y los destruiré, y no volveré hasta acabarlos» (2 Samuel 22:38).

El Espíritu Santo en ti es más poderoso que cualquier enemigo que enfrentes alguna vez. Cuando estás bajo ataque, recuerda que el enemigo ya está derrotado y que, al final, tú ganarás (Apocalipsis 12:10). *El Espíritu Santo nos ayuda a discernir las mentiras del enemigo.*

«Someteos, pues, a Dios; resistid al diablo, y huirá de vosotros» (Santiago 4:7).

Una de las historias más grandiosas de la Biblia acerca de la guerra espiritual, desde la perspectiva de Dios, es cuando el rey de Siria fue a la guerra con Israel. Este se encontraba perturbado porque el profeta Eliseo le decía al rey de Israel lo que los sirios planeaban hacer. Por lo que el rey de Siria envió espías a averiguar dónde estaba Eliseo, al parecer sin darse cuenta de lo obvio: que el Espíritu Santo le revelaría a Eliseo lo que hacía el rey sirio.

El ejército sirio rodeó la ciudad con caballos y carros, y cuando Eliseo se levantó en la mañana, los vio reunidos allí. Su siervo temeroso preguntó: «¿Qué haremos?». Eliseo le respondió: «No tengas miedo, porque *más son los que están con nosotros que los que están con ellos*» (2 Reyes 6:16, énfasis añadido).

Eliseo oró y dijo: «Señor, te ruego que abras sus ojos para que vea». Cuando el Señor le abrió los ojos del criado, vio que «*el monte estaba lleno de caballos y carros de fuego alrededor* de Eliseo» (2 Reyes 6:17, lbla, énfasis añadido).

Del mismo modo en que Eliseo oró para que su siervo viera lo invisible, nosotros podemos orar para recibir la perspectiva de nuestra situación. Cuando el enemigo te ataque, ora para que se abran tus ojos, para que puedas ver las cosas desde la perspectiva de Dios. Recuerda quién está a tu lado. «Si Dios es por nosotros, ¿quién contra nosotros?» (Romanos 8:31).

Cuando los sirios atacaron, Eliseo oró: «Te ruego que hieras con ceguera a esta gente». Y Dios los atacó con ceguera, tal y como pidió Eliseo, y los llevó a las manos de los israelitas (2 Reyes 6:18).

Debido a Jesús, el gobernante de este mundo está juzgado, y nosotros controlamos el poder del infierno al destronarlo de nuestra vida con la verdad de la Palabra de Dios (Juan 16:11).

Creer significa estar establecidos con firmeza en el Señor. Cuando el enemigo se entremete en tu vida (en tu matrimonio; en tus hijos; en tu trabajo; en tu ministerio; en tu mente, alma o cuerpo), humíllate ante Dios y declara tu dependencia de Él. Ten fe completa en su Palabra y ora por su intervención. Ayuna y ora para la gloria de Dios y por la dirección de su Espíritu. Adóralo en la belleza de su santidad. Esto es una poderosa combinación que te establece con firmeza en el Señor, y ninguna fuerza del infierno prevalecerá en contra tuya cuando te resistas a los ataques del enemigo de esta manera. Aunque parezca que no hay salida de la amenaza, Dios hará algo para producir una victoria que nunca soñaste que fuera posible.

La alabanza y la adoración es una de las armas más poderosas de la guerra. El Espíritu de Dios te infundirá con su poder, fortaleza, paz y gozo cuando lo adores.

El Espíritu Santo siempre te guiará a resistir al enemigo. Cuando oigas las mentiras del enemigo, adora a Dios. Cuando los israelitas lo adoraron, los enemigos se confundieron, pelearon unos contra otros y se destruyeron por completo. Nuestra alabanza confunde al enemigo y él la detesta.

Recuerda, no peleas solo. «El Señor peleará por ustedes» (Éxodo 14:14, RVC) y puedes tener paz en medio de la batalla. No tengas miedo de orar por un milagro. Ten miedo de lo que pasará si *no lo haces.*

EL PODER DE LA ORACIÓN

Señor:

Te pido que me ayudes a resistir todo lo que el enemigo quiera hacer en mi vida. Ayúdame a reconocer cuándo me está atacando, de modo que me niegue a tolerar sus tácticas. Gracias por librarme del mal y porque seguirás haciéndolo en el futuro también (Mateo 6:13). Ayúdame a ponerme «toda la armadura de Dios» para que con poder pueda soportar lo que el enemigo intente hacer (Efesios 6:11). Gracias, Señor, que tú me protegerás del maligno (2 Tesalonicenses 3:3, NVI) porque una de las razones por las que viniste fue para «deshacer las obras del diablo» (1 Juan 3:8).

Sé que aunque camine en la carne, no me enfrento según la carne. «Porque las armas de nuestra milicia no son carnales, sino poderosas en Dios para la destrucción de fortalezas» (2 Corintios 10:4). Gracias porque me has salvado de las manos del enemigo, y eres mayor y más fuerte que su arma más poderosa. Gracias porque «el ángel de Jehová acampa alrededor de los que le temen, y los defiende» (Salmo 34:7). Gracias porque tú me librarás «de toda obra mala» (2 Timoteo 4:18). Gracias porque el enemigo está bajo tus pies (Efesios 1:22). Cuando el enemigo trate de erigir una fortaleza en mi vida, te ruego que tú la derribes.

Te lo pido en el nombre de Jesús.

EL PODER DE LA PALABRA

Por esto sé que conmigo te complaces, porque mi enemigo no canta victoria sobre mí.

SALMO 41:11, LBLA

Del oriente al occidente temerán el nombre del Señor y reconocerán su poder. Ciertamente el enemigo vendrá como un río caudaloso, pero el espíritu del Señor desplegará su bandera contra él.

ISAÍAS 59:19, RVC

Guiado para seguir a Dios hacia el lugar adecuado en el tiempo apropiado

El Espíritu Santo siempre nos guiará hacia el lugar apropiado en el tiempo perfecto. Y nosotros debemos seguir su dirección, porque la verdad es que no podemos llegar por nuestra cuenta.

Al principio de su vida y reino como rey, David buscaba la guía del Señor antes de hacer algo, porque quería estar justo donde Dios quería que estuviera. Se dice que David llegó a ser grande *debido a que Dios estaba con él* (2 Samuel 5:10). Dios estaba con *él* porque *él* estaba con *Dios*.

David tuvo un éxito tras otro y una conquista tras otra, pero después se puso haragán y demasiado seguro de sí mismo. Las cosas comenzaron a cambiar cuando David dejó de pedir la dirección del Espíritu de Dios antes de tomar acción. Así que en la primavera, «en el tiempo que salen los reyes de la guerra», David no fue con sus hombres como debía hacerlo, sino que se quedó cómodamente en Jerusalén (2 Samuel 11:1).

David no estaba donde se suponía que debía estar, y no estaba haciendo lo que se suponía que debía hacer.

David estaba en su terrado observando a la mujer de al lado que se daba un baño. Su lascivia por esta mujer casada, Betsabé, llegó a ser más fuerte que su amor a Dios. Su voluntad de tenerla fue mayor que su deseo de la voluntad de *Dios*. Su esposo, Urías, estaba en el campo de batalla cuando David la sedujo. Cuando Betsabé quedó embarazada, David mandó a llamar al esposo al campo de batalla para que pudiera pasar tiempo con su esposa. De esa manera, la aventura amorosa de David y Betsabé, y posterior hijo ilegítimo, se podría encubrir.

Con lo que David no contaba fue con que Urías era un hombre honorable que sentía que no podía irse a la comodidad de su propia casa y esposa mientras sus hombres sufrían en el campo de batalla. (Algo que David pudo haber sentido, pero que no sintió). Cuando David vio que no podía hacer que Urías encubriera su pecado, dio instrucciones para que pusieran a Urías en una posición vulnerable en el campo de batalla, y que así lo mataran. Cuando Urías murió, David tomó a Betsabé como esposa.

En solo un breve tiempo de no seguir la dirección del Señor, sino de seguir la lascivia de su propia carne, David cometió adulterio, engendró un hijo ilegítimo y después cometió un asesinato para encubrirlo. Dejó de buscar la voluntad de Dios y llegó a ser codicioso, lascivo, egoísta, insensible, malo y asesino. Sucumbió a la voluntad de David. Si hubiera buscado al Señor en cuanto a lo que iba a hacer, en dónde iba a estar y cuándo iba a ir allí, nada de esto habría ocurrido.

Dios envió al profeta Natán a David para enfrentarlo en cuanto a lo que había hecho. Dios dijo: «Ahora no se apartará jamás de tu casa la espada, por cuanto me menospreciaste» (2 Samuel 12:10). David confesó que había pecado en contra del Señor. Como castigo, David no moriría, sino su hijo con Betsabé (2 Samuel 12:14). El resultado del pecado y de una unión pecaminosa es muerte, de una forma u otra. David ayunó y le suplicó a Dios por el niño, pero el niño de todas formas murió (2 Samuel 12:15-18).

Las consecuencias de no permitir que el Espíritu Santo nos guíe al lugar adecuado, en el tiempo perfecto, no compensan el placer egoísta de tomar las cosas con nuestras propias manos y de desobedecer a Dios.

Cada vez que no estás donde Dios quiere que estés, corres peligro. Por eso es que debes pedirle al Espíritu Santo cada día que te dirija al lugar apropiado, en el tiempo perfecto. Aun cuando tengas la percepción de la guía de Dios, sigue orando y probándola a la luz de su Palabra. Debes estar convencido de que solo las cosas buenas y duraderas que logramos son las que se hacen con la dirección del Espíritu Santo.

Dios nos pone en ciertos lugares, en ciertos tiempos, para sus propósitos. Encontrar el camino angosto hacia la vida significa seguir la guía del Espíritu Santo.

Jesús dijo: «Porque estrecha es la puerta, y angosto el camino que lleva a la vida, y pocos son los que la hallan» (Mateo 7:14). La puerta para la vida se encuentra al andar por un camino angosto. Solo lo puedes encontrar al caminar de acuerdo a la Palabra de Dios y al seguir la dirección del Espíritu Santo. Se encuentra al depender de Dios para cada paso que das. El camino a la vida no está en todos lados. Se encuentra al seguir adelante, paso a paso, con Dios.

Cuando vives en obediencia a Dios, haces lo que su Palabra dice que hagas y sigues a su Espíritu Santo, terminarás donde se supone que debes estar. Sin embargo, debes decidirte a ir solo a donde te guía el Espíritu de Dios. Moisés le dijo a Dios: «Si tu presencia no ha de ir conmigo, no nos saques de aquí» (Éxodo 33:15). Determina no hacer nada fuera de la dirección del Espíritu Santo y de la presencia de Dios.

Nunca sabes a dónde te guiará el Espíritu del Señor. Él te llevará a lugares que nunca soñaste que te llevaría.

Cristóbal Colón descubrió América en 1492. En el único libro que escribió, el *Libro de las profecías*, manifestó que no podía haber llegado a América sin la oración y la dirección del Espíritu Santo. Dijo: «No hay duda de que la inspiración fue del Espíritu Santo»*. Nosotros, también, debemos poder decir que la inspiración para todo lo que hacemos es del Espíritu Santo, y que lo seguiremos a cualquier lugar.

Sométete al Señor y disponte a escuchar a su Espíritu que le habla a tu corazón. *Disponte* a seguir la orientación de su Espíritu cuando te da su dirección. *Lee* su Palabra. *Adóralo* y ora. Mientras más hagas todo esto, más lo oirás hablarle a tu corazón, y más te guiará su Espíritu. Él te dará un profundo sentido de paz y entendimiento del camino que debes seguir.

EL PODER DE LA ORACIÓN

Espíritu Santo:

Guíame a todo lo que tienes para mí hoy. Ayúdame a oír tu voz que me guía en todas las cosas. Me someto a ti con mis palabras, pensamientos y acciones, y mi oración es para que pueda cumplir tu voluntad. Háblame y ayúdame a oír tu voz que me habla a mi corazón. Señor, guíame con tu Espíritu Santo al lugar donde debo estar. Ayúdame a no resistirme a tu dirección o, lo que es peor, a no oírte por completo.

Señor, ayúdame a hacer lo que es bueno en todas las cosas. Cuando haya veces en que sea difícil determinar lo que es adecuado, revélamelo con tu Espíritu. Si alguna vez quiero ir por *mi* propio camino y no es el buen camino, abre mis ojos a la verdad. Permíteme estar tan sometido a ti que oiga tu voz que me guía a hacer lo que debo en cada situación. Ayúdame a hacer lo que es recto y bueno a tus ojos, Señor, para que me vaya bien y pueda entrar a poseer todo lo que tienes para mí (Deuteronomio 6:18). Quiero siempre estar en el lugar apropiado en el tiempo perfecto, y sé que no es posible si no sigo la guía de tu Espíritu y no espero tu dirección.

Te lo pido en el nombre de Jesús.

EL PODER DE LA PALABRA

Entonces tus oídos oirán a tus espaldas palabra que diga: Este es el camino, andad por él; y no echéis a la mano derecha, ni tampoco torzáis a la mano izquierda.

ISAÍAS 30:21

¡Espera en el Señor! ¡Infunde a tu corazón ánimo y aliento! ¡Sí, espera en el Señor!

SALMO 27:14, RVC

* Mark A. Beliles y Stephen K. McDowell, *America's Providential History*, Providence Press, Charlotessville, PA, 1989, p. 45.

Guiado para guiar

Tener el Espíritu Santo de Dios en nosotros es el regalo más grande imaginable. Que Dios nos use para sus propósitos debido a eso es asombroso. Hay una correlación directa entre cuánto le damos lugar al Espíritu Santo en nuestra vida y cuánto Él puede usarnos. Si no lo reconocemos en absoluto, se obstaculiza la realización del propósito de Dios para nosotros. Si lo aceptamos sin reservas y lo invitamos a obrar en nosotros, Él cumple su voluntad a través de nosotros.

No tengas miedo de lo que el Espíritu Santo podría hacer en ti y a través de ti. Ten miedo de lo que sería tu vida si no se hace la voluntad de Dios.

El Espíritu Santo siempre te guiará hacia la plenitud y la madurez espiritual. La razón principal por la que Dios hace eso no es solo para tu mayor bien, sino para bendición de otros. Dios quiere usarte para ayudar a otros y que les señales a Cristo.

El problema es que muy a menudo retrocedemos porque pensamos que somos inadecuados para la tarea. Puedo oírlo ahora. «Pero yo no puedo hablar bien». «Soy tímido». «No quiero ofender a nadie». «No me siento cómodo hablando de cosas espirituales». «No soy lo bastante bueno». «Estoy demasiado ocupado». «No soy perfecto». «No siempre hago lo debido». «No sé lo suficiente». «No tengo la ropa adecuada». «Mi casa necesita limpieza» «Mi flequillo es muy corto». «Tengo un defecto». «He tomado decisiones muy equivocadas». «Mi negocio está en dificultades». (¿Dejé algo fuera?). Sé esto porque todas esas fueron mis excusas en alguna ocasión.

¡Por favor! ¡Déjame liberarte de todo temor! Dios quiere que guíes a la gente a la verdad en cuanto a quién es Él y a la esperanza que tienen en Jesús por lo que ha hecho por ella, pero eso no significa que tú tengas que pararte delante de una multitud con un micrófono. Él no te pondrá en frente de un estadio de gente para proclamar el evangelio. Bueno, quizá lo haga... pero solo si tienes el llamado a hacerlo. Dios te capacitará para la tarea que Él tiene para *ti*.

Si estás aprendiendo a escuchar la voz de Dios en su Palabra y a seguir a su Espíritu Santo en tu vida, *Él puede usarte*. Si lo adoras en espíritu y en verdad y estás dispuesto a apartarte del pecado, del mundo, de la tentación, de tu pasado y de cualquier otra cosa que trate de alejarte de Dios, *Él puede usarte*. Si tu mente, tus emociones y tu carácter se están transformando, y te están guiando a ver el propósito en tu vida, *Él puede usarte*. Si la razón por la que te levantas todos los días es servir a Dios con los dones que ha puesto en ti y con su llamado a tu vida, *Él puede usarte*. Si Él te guía a producir fruto y a discernir cuando te guía, te bendice y te protege, *Él puede usarte*. Si oras por tus seres amados, por los desconocidos y por la gente que Dios trae a tu mente, *Él puede usarte*. Si te están guiando a seguir a Dios en un caminar diario e íntimo con Él, a purificar las palabras que dices, a tener una fe mayor, a estar en la compañía de gente piadosa, a resistir el ataque del enemigo y a terminar en el lugar adecuado en el tiempo perfecto, *Él puede usarte*. Si eres humilde y tienes un corazón enseñable y arrepentido, *Él puede usarte*.

No tienes que ser un erudito bíblico, predicador, ni alguien perfecto. Solo tienes que ser tú mismo y dar una razón de la esperanza que hay en ti. Ya tienes el amor de Dios en tu corazón porque tienes al Espíritu de Dios en ti y puedes extenderlo a los demás a medida que Dios te guía. Cuando hablas las palabras que te da Dios, su Espíritu Santo les agregará su poder.

Pablo dijo: «Ni mi palabra ni mi predicación se basaron en palabras persuasivas de sabiduría humana, *sino en la demostración del Espíritu y del poder*» (1 Corintios 2:4, RVC, énfasis añadido). No fueron sus palabras lo que llevó a la gente al Señor; el que lo hizo fue el Espíritu Santo que se manifestó por medio de él. Y Pablo a conciencia no se lo atribuyó a sí mismo, a fin de que la fe de la gente *no esté fundada en la sabiduría de los hombres, sino en el poder de Dios»* (1 Corintios 2:5, énfasis añadido).

La Biblia dice que «el reino de Dios no consiste en palabras, sino en poder» (1 Corintios 4:20). No será tu poder ni tus palabras lo que le dará vida a la gente; será *el poder del Espíritu Santo que unge las palabras que Dios te guía a decir.* Por lo que la presión no está en que produzcas. Todo lo que tienes que hacer es llegar con humildad ante el Señor e invitar al Espíritu Santo que obre a través de ti para tocar las vidas de otros.

Jesús fue concebido por el poder milagroso del Espíritu Santo, y en toda su vida no tuvo pecado, pero no se movió hacia ninguna clase de ministerio sin que le facultara el Espíritu Santo de Dios, lo cual ocurrió cuando lo bautizaron y el Espíritu Santo descendió a Él. Desde entonces, el Espíritu lo guió para declarar que el reino de Dios estaba al alcance de la mano y para demostrarlo de maneras milagrosas. Si Jesús necesitó que el Espíritu Santo lo facultara antes de comenzar su ministerio, ¿cuánto más deberíamos *nosotros* seguir *su* ejemplo y no movernos hacia el ministerio sin su poder?

Conozco a una familia que hace cincuenta años se mudó a otro país en el campo misionero, y por poco la destruyen. Su matrimonio se desintegró, sus hijos se alejaron de Dios, y ellos regresaron quebrantados y derrotados. Hasta el día de hoy, la esposa dice que se debió a que no tuvieron el derramamiento adicional del poder del Espíritu de Dios. Estaban con una iglesia que nunca enseñaba acerca del Espíritu Santo, por lo que no tuvieron la oportunidad de luchar en contra de las fuerzas del infierno en el lugar que estuvieron.

Dios quiere que «alumbre vuestra luz delante de los hombres, para que vean vuestras buenas obras, y glorifiquen a vuestro Padre que está en los cielos» (Mateo 5:16). Tu luz alumbra cuando recibes a Jesús y el Espíritu Santo se manifiesta en ti y a través de ti para otros, y tú con humildad le das la gloria a Dios. Dejar que su luz brille a través de ti es una gran parte de tu ministerio.

El ministerio es lo que hacemos en el amor de Dios, a fin de ayudar a otras personas y llevarlas a una relación con Él por medio de Jesucristo.

Tener al Espíritu Santo en nosotros permite que el poder de Dios fluya a través de nosotros a un mundo que necesita al Señor con urgencia. El tiempo se acorta y se pone más crítico. Los riesgos son altos. La gente tiene hambre de lo sobrenatural. Quiere algo real. No podemos limitar la obra del Espíritu Santo si vamos a influir en el mundo de manera positiva. Lo necesitamos para que Él se mueva en nosotros con poder más que antes. No podemos permanecer firmes en el Señor, ni podemos ayudar a otros a que lo hagan, si no permitimos que el Espíritu de Dios esté firme en nosotros.

Dios quiere que oremos para que se envíen obreros a la cosecha de almas. Jesús les dijo a sus discípulos: «A la verdad la mies es mucha, mas los obreros pocos» (Mateo 9:37). Tú eres uno de los obreros de Dios que llevará gente a Jesús. Esto no significa que tengas que ir a la jungla del África. Significa que tienes que orar para que Dios abra oportunidades para tocar a otros en donde estés. Podría ser justo al lado de tu casa o dondequiera que estés en el transcurso del día.

Quizá en algún momento alguien se te acercara de manera insensible, tratando de presionarte con Jesús, y saliste de ese encuentro corriendo y gritando por dentro y recuerdas lo incómodo que fue y cuánto lo detestaste, por lo que nunca quieres hacerle eso a nadie. Lo entiendo. Yo también he experimentado eso, y tampoco me gustó. No quiero que nunca le hagas algo así a nadie. Sin embargo, nunca lo harás. Eso se hizo *sin* el Espíritu Santo. El Espíritu Santo no obliga. Él atrae. No se lanza, no molesta, no se impone, ni atrapa. Él *guía*. El Espíritu Santo no es desamorado. Él es tierno y amoroso. Una persona guiada por el Espíritu es también así.

Jesús dijo: «Porque todo el que quiera salvar su vida, la perderá; y todo el que pierda su vida por causa de mí y del evangelio, la salvará [...] Porque el que se avergonzare de mí y de mis palabras en esta generación adúltera y pecadora, el Hijo del Hombre se avergonzará también de él, cuando venga en la gloria de su Padre con los santos ángeles» (Marcos 8:35, 38). Es un privilegio perder nuestra vida por Él, y la perdemos cuando hacemos que nuestra vida por *Él* sea una prioridad antes que vivir la vida para *nosotros* mismos. No queremos que Él se avergüence nunca de nosotros debido a que nos dé vergüenza hablarles a otros de Jesús. Sin embargo, siempre debemos ser sensibles a la dirección del Espíritu Santo.

Guiado para guiar a otros para encontrar la esperanza en el Señor

Eres valioso en tu esfera de influencia, y Dios te puede usar en la vida de ciertas personas de una manera que nadie más puede hacerlo. Aunque *sientas* que no tienes nada que ofrecer, eso no es cierto. Tienes al Espíritu Santo en ti. Puedes ayudar a la gente a que eleve sus ojos al Señor, de donde llega su esperanza.

Cuando encuentras tu esperanza en el Señor, no puedes guardártela para ti mismo. Tienes que hablarles a otros de esto.

Esperanza significa que anticipas que algo bueno te va a ocurrir, porque eres hijo de Dios y Él te ama y cuida de ti. ¿Te das cuenta de cuántas personas jamás han sentido eso? Necesitan que les hables de la esperanza que tienes y cómo también pueden tener la misma esperanza. Necesitan entender por qué pueden poner su esperanza en Dios.

Debido a que el Espíritu Santo te guía, serás capaz de *consolar, guiar* y *enseñar* a otros. Si tienes compasión por la gente que sufre, o que se siente desesperada y desanimada en su situación, pídele al Espíritu Santo que te ayude a ministrar amor, esperanza y ánimo a los que Dios lleve a tu vida. Él te dará las palabras apropiadas en el momento perfecto. Él abrirá oportunidades para hablar con un amigo o un conocido, o podrías estar sentado en un avión o en un ómnibus junto a un desconocido que tal vez esté intrigado por la esperanza que percibe en ti, y una puerta se abrirá. Recuerda, las personas no quieren estar impresionadas con tus capacidades; quieren enterarse de cómo Dios puede *ayudarles* a deshacerse de su vacío y su dolor.

Cuando surja la oportunidad de ministrar el amor y la esperanza de Dios a alguien, el Espíritu Santo te permitirá hacerlo de una manera que hará un impacto duradero en la vida de esa persona. Y glorificará a Dios de la forma más eficaz y poderosa. Cuando Dios abra la puerta, no te preocupes en cuanto a qué debes decir. Solo sé el amor de Dios extendido.

EL PODER DE LA ORACIÓN

Señor:

Ayúdame a comunicarles la esperanza que tengo en ti a otros que necesitan escucharlo. Enséñame a percibir cuando alguien esté desanimado y desesperado. Permíteme estar siempre preparado «para presentar defensa con mansedumbre y reverencia ante todo el que» me demande «razón de la esperanza que hay» en mí (1 Pedro 3:15). Permíteme guiar a otros para que vean la esperanza que *tienen* en ti también. Sé que tus ojos están en los que te temen y que ponen su esperanza en ti y en tu misericordia (Salmo 33:18). Me comprometo contigo como obrero en tu campo y digo: «Mas yo esperaré siempre, y te alabaré más y más» (Salmo 71:14).

Sé que hay felicidad al servirte como Señor y al poner mi esperanza en ti (Salmo 146:5). Cuando le hable a alguien de la esperanza que tengo, te pido que tú, «el Dios de esperanza», llene a esa persona con el sentido de esperanza que nunca antes ha tenido (Romanos 15:13). Ayúdame a recordar que le diga a la persona con la que estoy hablando que cada vez que se sienta desesperada por cualquier cosa, dirigiéndose a ti en oración y leyendo tu Palabra puede darle vida a la esperanza en su interior. Permíteme convencerla de que poner su esperanza en ti, el Dios de lo imposible, significa que siempre habrá esperanza para cualquier cosa en su vida.

Te lo pido en el nombre de Jesús.

EL PODER DE LA PALABRA

Oh Israel, espera en el Señor, porque en el Señor hay misericordia, y en Él hay abundante redención.

Salmo 130:7, lbla

Nosotros, por medio del Espíritu, esperamos por la fe la esperanza de justicia.

GÁLATAS 5:5, LBLA

Guiado para guiar a otros para conocer la verdad

Solo por la dirección del Espíritu de verdad en nosotros es que *nosotros* podemos guiar a otros para que vean la verdad de Jesús. Nuestro ministerio a otros no es nada sin la obra del Espíritu Santo a través de nosotros. Solo *Él* puede abrir los corazones de la gente. Solo Él puede darnos las palabras que debemos decir.

Parte de guiar a otros a la verdad tiene que ver con sacar a los pecadores del pecado. Eso no significa que nos sentemos a juzgar a cualquiera. No se hace de manera arrogante ni superior. Nada menos que nuestra humildad ante Dios producirá algo. Se hace en el amor de Dios, con interés sincero por esa persona y solo con la guía del Espíritu Santo.

Si ves a alguien que está viviendo de la manera indebida y sabes que su vida está a punto de caerse por un despeñadero por las semillas de la carne que siembran, o que sembraron en el pasado, pídele al Espíritu Santo que te guíe en cuanto a lo que debes decir para ayudarles a que vayan por el buen camino. «Si alguno fuere sorprendido en alguna falta, vosotros que sois espirituales, restauradle con espíritu de mansedumbre, considerándote a ti mismo, no sea que tú también seas tentado» (Gálatas 6:1). Esas últimas siete palabras significan que no debes ponerte en situaciones donde haya tentación para ti.

Pídele a Dios que te muestre cómo quiere que uses la verdad de su Palabra para responder a las necesidades de otros. Podrías ser una *lluvia de misericordia* para los que sufren, un *alentador* con palabras a fin de que otros puedan encontrar esperanza en el Señor, un fiel *exponente* de la verdad para alguien que necesita escuchar acerca de Dios, un *servidor* de la hospitalidad al que necesita sentirse atendido o un *líder* de otros hacia un caminar más profundo con el Señor (Romanos 12:4-8). Cada uno de estos es un modo de compartir la verdad de Jesús.

Te crearon «en Cristo para buenas obras» (Efesios 2:10). Esta es la razón por la que estás aquí. El Espíritu Santo te guiará en el uso de tus dones para ayudar a otros, y Él te dará los dones espirituales que necesitas. Dios quiere que «anhelemos dones espirituales», pero que solo procuremos «abundar en ellos para edificación de la iglesia» (1 Corintios 14:12).

Cada uno de nosotros es único, y Dios nos dotará de manera excepcional para que seamos usados por Él. Por eso es que nunca debemos anhelar el ministerio de otro. Dios decide lo que hace cada cual. Solo ocúpate de que el Espíritu Santo te guíe en *tu* ministerio. Estás allí para servir a Dios al servir a otros, a medida que el Espíritu de Dios te guía a *ti*. Guíalos a la verdad de la Palabra de Dios. Habla el mensaje que Dios te ha dado. Trata de que te conozcan como alguien que vive en los caminos de Dios, en especial como una persona de verdad. Eso podría impresionar a la gente de forma favorable más que cualquier otra cosa.

Hoy en día, como nunca antes en nuestra vida, vemos que el mundo tiembla. Algunas cosas se están estremeciendo. Otras cosas se están desmoronando, algunas para destrucción total. Todos percibimos que se acerca un temblor espiritual, cuya magnitud nunca hemos visto ni imaginado. Los que enfrentan el futuro *sin* el Espíritu de Dios en su vida, no podrán navegar por lo que ocurrirá. Los absorberán como lo haría un poderoso tsunami y los llevarán a donde los lleve su fuerza. Sin el Espíritu Santo no tendrán la revelación que necesitan para comprender siquiera lo que ocurre en el mundo, mucho menos tener el poder y la esperanza para salir a flote. Sin el conocimiento de la verdad suprema, vivirán en confusión.

La gente tiene que oír la verdad para que pueda decidir si la acepta o la rechaza. Si los creyentes no salimos de nuestra zona de comodidad para alcanzar a otros, ¿quién lo hará? Por eso es que Dios nos da su Espíritu Santo, a fin de hacernos plenos y santos para que estemos preparados para guiar a otros hacia la verdad, para que puedan tener vida eterna y cumplir su propósito en Cristo.

EL PODER DE LA ORACIÓN

Señor:

Sé cuánto te *necesito*, y eso me hace sensible en especial a cuánto te necesita también la demás gente. No quiero ser el que se interponga en el camino para que alguien llegue a ti debido a que he vacilado en responder a tu llamado al ministerio. Te pido que me uses con poder para ser testigo de la verdad de tu Palabra y de la verdad de quién eres. Guíame, Espíritu Santo, cuando esté con alguien que necesita saber más de ti. Aunque esté en una situación donde no tenga la oportunidad de decir algo de ti en ese momento, te pido que tu amor brille a través de mí hacia ellos. Enséñame a comunicarles tu amor de maneras tangibles para que recuerden e identifiquen a tu Espíritu que obra a través de mí.

Señor, sé que no puedo guiar a otros a la verdad si no conozco por completo la verdad ni vivo por ella. Ayúdame a no solo entender tu Palabra, sino a poder demostrar su poder en mi vida. Permíteme comunicarla con claridad, de una manera que sea transformadora. Permíteme ser «ministro de Jesucristo a los gentiles, ministrando el evangelio de Dios» y que tu Espíritu Santo me guíe (Romanos 15:16). Ayúdame a no ser perezoso, sino a siempre ser ferviente «en espíritu» y sirviéndote (Romanos 12:11).

Te lo pido en el nombre de Jesús.

EL PODER DE LA PALABRA

Cuando él venga, convencerá al mundo de pecado, de justicia y de juicio.

JUAN 16:8

¿No ves que desprecias las riquezas de la bondad de Dios, de su tolerancia y de su paciencia, al no reconocer que su bondad quiere llevarte al arrepentimiento?

ROMANOS 2:4, NVI

Guiado para guiar a otros para orar con poder

Una de las cosas más importantes que alguna vez puedes hacer por alguna persona, aparte de guiarla al Señor, es enseñarle a orar. La manera más eficaz de hacerlo es orar *por* ella y, luego, orar *con* ella cuando esté dispuesta a hacerlo. Al decir orar *con* ella, me refiero a que los dos oren juntos en voz alta.

La oración es un ministerio grandioso y poderoso que cualquiera puede hacer en cualquier momento. Es sorprendente cuánta gente está dispuesta a que se ore por ella cuando solo dices: «¿Puedo orar por ti?». He estado con gente sin compromiso espiritual con Dios en absoluto que ha estado dispuesta a que se ore por ella.

Cuando alguna persona expresa una necesidad en particular, tienes la oportunidad perfecta de orar por ella. Cuando el corazón de alguien se abre para que le hables del Señor, puedes aprovechar la oportunidad para orar *con* esa persona. En oración puedes animarla a buscar la dirección de Dios para su vida, a fin de que entienda su propósito y cómo cumplirlo. No tienes que hacer que ocurra nada. Dios abrirá las puertas. La gente verá a Jesús en ti, aunque todavía no lo conozca, y se sentirá atraída a ti por eso. Además, percibirá que puede confiar en ti cuando oras por ella.

No tengas miedo de orar por otros debido a que te preocupe que tus oraciones no reciban respuesta. Tu trabajo es orar y el de Dios es responder. Solo tienes que hacer tu trabajo y dejar que Dios haga el suyo.

Pablo nos instruyó a sobrellevar «los unos las cargas de los otros» y a cumplir «así la ley de Cristo» (Gálatas 6:2). La mejor manera de aliviar la carga de una persona no es solo al orar por ella, sino también enseñándole a orar. Jesús dijo: «Si dos de vosotros se pusieren de acuerdo en la tierra acerca de cualquiera cosa que pidieren, les será hecho por mi Padre que está en los cielos» (Mateo 18:19-20). Esta es la razón fundamental de orar con otros. Solo dos personas orando juntas, y tienes garantizada la presencia de Jesús contigo. ¿Cómo podrías no hacerlo?

Dios llevará gente a tu vida por la que debes orar. En cambio, si caminas por la calle en la ciudad de Nueva York a la hora pico, el sábado antes de la Navidad, no creas que la gente que te rodea está allí para beneficiarse de tus oraciones. Aun así, podría haber alguien que sobresalga para ti en un restaurante, o en una tienda, y que te des cuenta de que Dios le llevó a tu vida en ese momento, y tú podrías ser la única indicación de Jesús que tendrá por cierto tiempo. Ora en silencio para que su corazón se abra al Señor. Luego, solo muéstrale el amor de Dios de alguna manera.

Sonríe y deja que pase antes que tú en la fila. Ayúdale con algo que le cueste cargar. Anímale con un saludo. No tienes idea de cuánta gente necesita que se le afirme que alguien la ve como persona de valor. Si no puedes decirle nada más que «Dios le bendiga», percibirá al Espíritu Santo de Dios en ti, aunque no pueda identificarlo todavía, y le dará un sentido de esperanza. Algún día podría reconocer ese mismo Espíritu en otra persona y darse cuenta de lo que había percibido. Aunque en silencio ores por esa persona sin su conocimiento, esa oración tiene suficiente poder para atraerla a una relación con Dios en el futuro.

No te desanimes si no llevas a otros al Señor de forma directa. Dios tiene muchos obreros en el campo. Algunos plantan semillas, otros riegan y otros cosechan. Los cosechadores no son más valiosos que los sembradores ni que los que riegan. Los cosechadores no tendrían nada que cosechar sin ellos.

La oración es el medio por el que ayudamos a otros a acercarse a Dios. Si tu ministerio nunca fue más allá de orar por otra gente, o con otra gente, y de enseñarle a orar, habrás cambiado su vida para la eternidad.

EL PODER DE LA ORACIÓN

Señor:

Te pido que me enseñes a orar con poder por otras personas, a fin de que ellas también puedan orar con poder. Permíteme guiar a otros en oración cuando se presente la oportunidad. No permitas que me cohíba por temor o duda. Ayúdame a ser sobrio y a velar en mis oraciones siempre, para que nunca pierda tu dirección (1 Pedro 4:7). Espíritu Santo de Dios, te pido que me des las palabras que debo decir cuando no sepa con exactitud cómo orar. Ayúdame a nunca estar corto de palabras. Enséñame a reconocer *con quién* debo orar, *cuál* es el momento apropiado y *qué* debo pedir.

Sé que tus ojos están siempre en el justo y que tus oídos están abiertos a nuestras oraciones (1 Pedro 3:12). Te agradezco porque oyes mis oraciones debido a que he puesto mi confianza en ti (1 Crónicas 5:20). Te pido que me ayudes a ser de ánimo a la gente y que nunca sea una molestia. Cuando oremos juntos por sus problemas, ayúdalos a ver que tú eres el único que puede salvarlos «de sus aflicciones» (Salmo 107:19). Ayúdame a guiar a otros a orar. Cuando ore por ellos, responde de una manera poderosa que los convenza de que eres real.

Te lo pido en el nombre de Jesús.

EL PODER DE LA PALABRA

Pidan, y se les dará. Busquen, y encontrarán. Llamen, y se les abrirá. Porque todo aquel que pide, recibe; y el que busca, encuentra; y al que llama, se le abre.

Lucas 11:9-10, rvc

Si ustedes creen, todo lo que pidan en oración lo recibirán.

Mateo 21:22, rvc

Guiado para guiar a otros para cumplir su propósito

Dios te usará para que ayudes a otros a encontrar el propósito para sus vidas. Él pondrá gente en tu camino, y tú puedes orar por ella de modo que entienda su voluntad para su vida. Lo más probable es que ores *con* esa persona y busquen juntos a Dios por la respuesta. El Espíritu Santo te equipará para que la discipules de esa manera, a fin de que nunca tengas que confiar en tus propias habilidades. «Fiel es el que os llama, el cual también lo hará» (1 Tesalonicenses 5:24).

Cuando Dios te llama para que discipules a alguien, Él te preparará y te permitirá hacerlo.

Discipular a alguien significa pasar tiempo con esa persona, hablando de todo lo que sabes del Señor, de modo que pueda llegar a ser firme en Él y cumpla el propósito y el llamado de Dios para su vida.

Las mujeres jóvenes que he discipulado me han dado mucha alegría cuando veo lo maravillosas que son y la forma tan poderosa en que viven sus vidas para el Señor. No son perfectas que llegaron a ser más perfectas. Tenían serias batallas que Dios les ha ayudado a vencer. Una de ellas ha llegado a ser tan celosa del Señor que va a donde los ángeles temen caminar para contarle a la gente de Jesús. Discipular a alguien puede ser muy gratificante. No te preocupes si sientes que tus capacidades en este sentido son limitadas. Yo también me sentía así, pero puedes tener la seguridad de que el Espíritu Santo en ti te permitirá hacer mucho más de lo que imaginaras alguna vez.

Tener un ministerio no significa que tengas que pastorear una iglesia, conducir un programa de televisión, ir al campo misionero o escribir un libro de éxito en ventas. Jesús dijo que el segundo mayor mandamiento es: «Amarás a tu prójimo como a ti mismo» (Mateo 22:39). Podría ser un miembro de tu familia, un compañero de trabajo, una persona de la calle, alguien de tu vecindario, de tu iglesia o de otra parte. Ayudar a una persona en su caminar con el Señor es un gran llamado. Somos el cuerpo de Cristo en la tierra. Somos sus manos extendidas. Jesús dijo que cuando hacemos cosas para otros lo hacemos para Él (Mateo 25:35-40). ¿No es sorprendente pensar que a medida que bendecimos a otros bendecimos a Jesús también? Piensa cuánto le agrada a Dios cuando ayudas a otros a encontrar al Señor y, luego, el propósito que les dio para su vida. Has ayudado a llevar a otro hijo de Dios a su reino para la eternidad, y lo has ayudado a encontrar el camino aquí y ahora. Haces lo que oyes que el Espíritu te guía hacer, y Dios ungirá lo que has hecho para producir resultados transformadores.

Jesús dijo que hiciéramos discípulos en todas las naciones. Eso no significa que tengas que ir a todas las naciones. Significa que puedes tocar a alguien en cualquier lugar, en cualquier momento, y orar para que el efecto dominó, a la larga, toque a cada nación. Jesús prometió que Él estará contigo siempre (Mateo 28:20). Así que, hasta que Él vuelva, haz lo que te guía a hacer, comenzado precisamente donde estás, y guía a otros a hacer lo mismo.

EL PODER DE LA ORACIÓN

Señor:

Permíteme usar los dones que has puesto en mí para ayudar a otros. Enséñame a entender con claridad tu dirección en mi ministerio a la gente que traes a mi vida. No quiero moverme en la carne, sino poner siempre un fundamento de oración antes, de modo que encuentre a las personas cuyos corazones están abiertos y preparados para recibirte. Te ruego que siempre me des las palabras apropiadas que decir, a fin de comunicar tu amor a los que tú pones en mi camino. Capacítame para ayudarlos a encontrar el propósito para el cual los creaste. Si debo discipular a alguien, muéstramelo con claridad y permíteme hacerlo.

Dame las palabras de sanidad para alguien cuyo corazón esté roto. Ayúdame a proclamar que tú, Jesús, has venido para dar «libertad a los cautivos, y a los presos apertura de la cárcel» (Isaías 61:1). Permíteme comunicar que has venido a consolar a los que lloran y a darles «gloria en lugar de ceniza, óleo de gozo en lugar de luto, manto de alegría en lugar del espíritu angustiado» de modo que tú puedas ser glorificado (Isaías 61:3). Enséñame a dirigir a la gente al llamado que tienes para su vida. Que nunca me canse «de hacer el bien; porque a su tiempo segaremos, si no desmayamos» (Gálatas 6:9).

Te lo pido en el nombre de Jesús.

EL PODER DE LA PALABRA

Toda potestad me es dada en el cielo y en la tierra. Por tanto, id, y haced discípulos a todas las naciones, bautizándolos en el nombre del Padre, y del Hijo, y del Espíritu Santo; enseñándoles que guarden todas las cosas que os he mandado; y he aquí yo estoy con vosotros todos los días, hasta el fin del mundo. Amén.

MATEO 28:18-20

Cualquier cosa que ustedes pidan en mi nombre, yo la haré; así será glorificado el Padre en el Hijo. Lo que pidan en mi nombre, yo lo haré.

JUAN 14:13-14, NVI

El poder de la esposa que ora: La oración que te renueva

Como un jardín, la relación con tu esposo se debe atender y regar. Y una de las maneras más importantes de cuidar tu matrimonio es a través de la oración. En *El poder de la esposa que ora*, Stormie te ofrece cincuenta nuevos devocionales, oraciones y versículos de la Escritura que te ayudarán a estar más en sintonía con el Espíritu Santo, de modo que continúes la búsqueda de lo mejor de Dios para tu esposo. Ya sea que tu matrimonio esté floreciente o en dificultades, estos devocionales y sus oraciones alentarán tu corazón y ayudarán a que tu relación sea todo para la cual la diseñó Dios.

El poder de la esposa que ora: La vida en la presencia de Dios

Como un jardín, la relación con tu esposo se debe atender y regar. Y una de las maneras más importantes de cuidar tu matrimonio es a través de la oración. En *El poder de la esposa que ora*, Stormie te ofrece cincuenta nuevos devocionales, oraciones y versículos de la Escritura que te ayudarán a estar más en sintonía con el Espíritu Santo, de modo que continúes la búsqueda de lo mejor de Dios para tu esposo. Ya sea que tu matrimonio esté floreciente o en dificultades, estos devocionales y sus oraciones alentarán tu corazón y ayudarán a que tu relación sea todo para la cual la diseñó Dios.

El poder de la esposa que ora

En treinta capítulos que abarcan una amplia variedad de temas, Stormie Omartian te inspira a desarrollar una relación más profunda con tu esposo mediante la oración por él. Este recurso de siempre está lleno de consejos prácticos sobre cómo orar por aspectos específicos de la vida de tu esposo, incluyendo sus temores y sus fortalezas espirituales, el papel como padre y como líder, y la fe y el futuro. Cada mujer que desea una relación más estrecha con su esposo apreciará las ilustraciones de la vida, los versículos selectos de la Escritura y las garantías y el poder de las promesas de Dios para su matrimonio.

El poder del esposo que ora

Con historias y ejemplos de su propio matrimonio, Stormie alienta a los hombres, a fin de que intercedan de manera amorosa por sus esposas en cada esfera, incluyendo las prioridades, las emociones, la maternidad, los temores y la sexualidad. Con un prólogo por el esposo de Stormie, el productor de música y ganador de varios Grammy, Michael Omartian, este es un estudio ideal para los hombres que desean desarrollar la disciplina de la oración.

> *«¿Por qué dejar la vida de tu hijo al azar cuando puedes
> entregársela a Dios?»*

El poder de los padres que oran

Después de décadas de criar a sus hijos
junto con su esposo, Michael, la autora de
éxitos de librería Stormie Omartian vuelve
la vista atrás a las pruebas, alegrías y al
poder que se encuentra en la oración por
sus hijos. En treinta y un capítulos fáciles
de leer, Stormie muestra por experiencia
personal acerca de cómo los padres pueden
orar por sus hijos.

- seguridad
- adolescencia
- carácter
- presión de los pares
- experiencias de la escuela
- amigos
- relación con Dios

Ya sea que tu hijo tenga tres años o treinta y tres, nunca es
demasiado tarde para descubrir el gozo que viene de ser parte de la
obra de Dios en su vida. Ser unos padres perfectos, no importa. Ser
unos padres que oran, sí lo es.

***El poder de una vida de oración:
Descubre la libertad, la plenitud y el
verdadero éxito que Dios tiene para ti***
Stormie te ofrece treinta maneras de orar
a fin de ver el trabajo de toda una vida;
es decir, encontrar la libertad, la integridad
y el verdadero éxito que Dios tiene para
ti. Cuando estás viviendo una vida de oración, estás caminando tan cerca de Dios
que Él puede mantenerte alejada del peligro y guiarte a donde necesites ir. La búsqueda de la presencia de Dios y la oración
por cada aspecto de tu vida son claves para
andar en la voluntad de Él y en sus maravillosos planes para ti.

La oración que lo cambia todo

Una de las cosas más maravillosas de Dios es que vive en nuestra alabanza. Aun cuando su presencia está siempre con nosotros y nunca estamos solos, cuando lo adoramos, Él viene a morar con nosotros en poder.

Es por eso que cada vez que tú alabas a Dios, algo cambia dentro de ti o dentro de tus circunstancias. Cambian los corazones, cambian las mentes, cambian las actitudes y cambian las vidas. Tú no puedes estar en la plenitud de la presencia de Dios sin que esta influya en ti de una manera que cambie la vida.

Hay muchas razones para alabar a Dios cada día, y hay tiempos cuando nuestra alabanza es crucial por completo. La vida marcha mejor cuando tenemos ese invaluable conocimiento.

La alabanza es la oración que lo cambia todo.

«Señor, enséñame cómo orar por mis hijos adultos. Sé que tú eres mayor que cualquier cosa que enfrenten. Gracias porque mis oraciones por ellos tienen poder porque tú me escuchas y responderás. Te ruego que los guíes, protejas y ayudes para que lleguen a ser todo para lo que se crearon».

El poder de la oración por tus hijos adultos

Quizá estés observando a tus hijos adultos que salen al mundo y deseas apoyarlos más mientras les das la libertad que anhelan. Tú puedes. No importa cuán pequeños ni mayores sean, puedes descansar en el poder de Dios obrando a través de tus oraciones. En esta importante continuación de *El poder de los padres que oran* (más de un millón setecientos mil ejemplares vendidos), Stormie Omartian aborda tus preocupaciones únicas como padre de hijos adultos.

Con historias de otros padres y el conocimiento profundo obtenido de su experiencia personal, Stormie proporciona nuevas orientaciones acerca de la oración con el poder de la Palabra de Dios sobre tus hijos adultos y sus

- elecciones de carreras y razón de ser
- matrimonios y otras relaciones importantes
- habilidades para la crianza de los hijos y papeles de liderazgo
- luchas económicas y pruebas emocionales
- fe, salud y capacidad para tomar buenas decisiones

«Cuando le llevamos nuestras preocupaciones al Señor, confiando en que Dios escucha nuestras oraciones y las responde a favor de nuestros hijos adultos, significa que nuestras oraciones tienen el poder para realizar cambios en sus vidas», dice Stormie. «Además, eso nos da una paz que no podemos encontrar de ninguna otra manera».

«Dios me enseña a confiar en Él en cada paso que doy».

Suficiente luz para el próximo paso

¿Alguna vez te has preguntado cómo puedes llegar a donde necesitas ir en la vida y moverte en el propósito que Dios tiene para ti? Durante esos tiempos cuando el camino por delante parece incierto, aprende a tomar la mano de Dios y permítele que te guíe a los lugares que no puedes llegar sin Él. Descubre cómo cuando caminas en su luz tú puedes

- vencer el temor y la duda en situaciones difíciles
- aprender a ver las cosas desde la perspectiva de Dios
- confiar que Dios te dará todo lo que necesitas en el momento que lo necesitas

Permite que *Suficiente luz para el próximo paso* sea un valioso recurso en tu vida devocional de oración a medida que pasas tiempo cada día con el Único que sabe dónde tú necesitas ir y la manera de guiarte hasta allí.

7

Life Changes

Just when everything seemed to be going perfectly, my life took a drastic downturn. At least that's how it seemed at the time.

In February 1975 we had adopted our daughter, Jana Lee. Three years later, in 1978, our youngest daughter was born, and our family was complete. Jolene was able to quit work and be what she wanted: a full-time Mom. We became more involved with serving in our church, attending weekly Bible studies, and going to police couples conferences at Mt. Hermon and Hume Lake. We also joined the Fellowship of Christian Police Officers.

Now that I had the necessary degrees and law enforcement experience, I began pursuing a career with the FBI. I had been accepted and was being processed for admittance to the academy. Life was looking good!

I was attempting to make an arrest on a large, violent and out-of-control female, when my Vietnam war injury came back to haunt me. I began to feel severe pain in my left arm and left upper back. When I tried to lift my arm, I was unable to do so. I radioed dispatch and told them I had a physical impairment and needed a backup unit. Those around me thought I was having a heart attack. I wasn't sure what was going on.

My commander arrived and drove me to the hospital ER, where the doctors determined that it was not a heart attack. They called in an orthopedic specialist, who explained that the pain was caused by the residual effects of the gunshot injury.

I would require months of therapy and be on medical leave. What I thought would be a temporary sick leave turned into eighteen months off the job. Never being one to stay idle, I took three courses from Moody Bible Institute and spent a lot of time in the Word.

Four months after the arm injury I began to get severe stomach pains, and lost 40 pounds in seven weeks. Doctors initially thought it might be cancer. It wasn't, but it was a severe infection. I was being loaded up with antibiotics and medications, which were beginning to interact with each other and cause more problems than they were helping. Our family doctor said I needed to stop all the drugs. I did, and I began to feel better, the infection eventually disappeared and I was back to normal.

Shortly after this, a group of orthopedic doctors determined that I would not regain enough strength in my arm to be a street cop for at least three years, and possibly not at all.

The FBI was now out. Even the sheriff's department was out. I was in no physical shape to be an effective police officer.

Those first months after my shoulder injury was the worst period of my life. I was angry and depressed about missing my opportunity to join the FBI, and about the loss of my law enforcement career. As it turned out, the entire year-and-a-half of my recovery was a tremendous time of growing, which would shape my faith for the years to come.

During this period, when I had to re-evaluate my life and figure out what to do next, my friend and mentor, Bob Blecksmith began to disciple me daily. This was something I had never experienced in my lifetime. He was with me in the days after the injury, and never left. He took me to my physical therapy sessions, and drove me to appointments for testing and treatment of the infection. He always seemed to know what I needed and he was there to provide it.

When I was angry about the loss of my career, he would come over every night and talk and pray and cry with me. I had told him that I often couldn't sleep at night because of the pain, and I'd sit up and read the Bible all night long. When he was working the graveyard shift, he'd drive by my house at 3:00 a.m. If he saw a light on in the window, he'd know I was up and come in and pray with me.

Bob's wife, Sheila, was a great influence and help to my family, but Bob was the one I really depended upon to get me through the pain and depression of losing my law enforcement career. He took me to prayer camps, family camps, and events with his family and other cops.

I sometimes felt bad that he spent so much time helping me, but he said that was what God wanted him to do.

Galatians 6:2 tells us to "Bear one another's burdens, and so fulfill the law of Christ."

Bob has always been that type of person. He truly "carries his brother's burden" as the Bible tells us to do, and I've never had anyone else be such a strong, consistent friend to me.

Eventually, my insurance ran out, and medical bills were beginning to pile up. Bob talked to the cops and to people at church, and amazing things began to happen. The police officers were especially helpful with gifts of food, money and emotional support—and a *lot* of each! More than once a van backed up into our driveway and dozens of sacks and boxes of food were unloaded, plus a $300 gift certificate for more. Firewood would be delivered and stacked for us. Money orders constantly showed up in the mailbox—enough to eat and pay the bills—and we never knew who had sent them.

I praise God for my brother and sister officers and all the fantastic friends and family He's given us.

An elder of our church, Jack Nash, had also been meeting with me twice a week for discipling and prayer. He was a retired army major, and I could relate to him on a military level. When it became apparent that I would have to find a new career, he encouraged me to check into a variety of options. By the time I'd been on leave without pay for a year, the elders of the church were convinced that I should go to seminary. They said I should use my past experience with the military and law enforcement to become a police chaplain. In that role, I could continue to work with both groups. I wasn't sure I was cut out to be a chaplain, but I listened to what they had to say.

Bob Blecksmith helped me work through the pros and cons of going to seminary, and helped me make the decision to go.

There might be a problem though. I had used up all my GI school benefits to get a BA degree for law enforcement. Now that my war injury was keeping me from physically performing the job

I was educated for, would the VA possibly pay to rehabilitate me? Would they consider seminary with an emphasis on the chaplaincy? The answer was eventually, yes! We had prayed for the entire year and a half and we knew the time was right.

Now I needed to decide which seminary to attend. There were several I could choose from, and Portland would be my last choice because I didn't really like the rain. However, all the others I called said they didn't provide chaplain-specific programs, only full ministerial programs. When I called Western Seminary in Portland, Dr. Radmacher was the only one who was open to the possibility. I drove to Portland, sat down with the staff and explained why I wanted to be a chaplain instead of a pastor. They said no one had ever asked for that before, but they would have me meet with a counselor who would help me write up a proposal to the Board of Directors to develop the program.

The process went smoothly, and I was soon accepted into their brand-new chaplaincy program.

Our house sold in three days and with the help of dear friends we loaded a truck and moved to Portland. I drove our family car, and the Blecksmiths followed in the U-Haul, and would fly back home. They refused to let me drive the truck because of the strain on my arm.

We were off to a new life and a new calling.

8

Seminary

My friend Brad Spellman wrote a brief piece about the need for Police Department chaplains, which I'm reprinting here.

Chaplain Programs for Police Departments

So why would a police department need a chaplain program designed for police officers and their families? Police work is so unique that most in our general society will never understand the mindset of an officer. The same applies to the soldiers in our armed forces who have fought together in wars. These are men and women who understand service without reward, who develop a brotherhood and sisterhood that no other can simply join.

Police officers deal with the stress of what may be considered a war against evil for their entire career of twenty or more years. Police officers, especially those working on the street, need the support and peace only Jesus can provide. A police chaplain has the unique ability to enter a police building or perhaps a shooting scene and bring such peace. The police chaplain does this well because he has earned the trust of the officers before the breakdown event happens.

I pray our police chiefs across the country will support their chaplains and not be afraid to say words like "God" and "Prayer." No doubt this would lessen the workload of their internal affairs division.

I certainly could believe in the premise and the need for police chaplains, and was looking forward to becoming a part of that profession.

I started seminary in January 1981. I would do a four-year course, with my last 18 months in the field of psychology, death and dying, and crisis and trauma. I would also have to intern somewhere during the entire four years. Most of the students interned at a church, but since I wasn't going to be a pastor, that wouldn't apply to me.

I contacted some police departments about the possibility of interning with them, and one paid off. Ed Stelle, the full-time chaplain at Portland PD, wanted to interview me. He said "I've been praying for over two years that God would bring an intern chaplain to work with me, and here you are!"

He had me sworn in and assigned me to the Beaverton PD to work for 20 hours a week with no pay. Ed Stelle would become a good friend and mentor to me during all the time I was there.

I took a job as a hospital security guard on the night shift for 20 hours a week and went to school full time, taking 60 units of classes.

Within 90 days of my going into seminary, the Army Reserve told me I could rejoin the army and serve as a chaplain, even though I had a gunshot injury with a disability from the Vietnam era. Since army chaplains were not held to the same physical requirements as infantry or another branch of service, as long as I could comply with the basic physical demands and the PT test, I was in. The push-ups were difficult because of the pain in my arm, but I managed to do the required number. I was so grateful that God opened that door to the army chaplaincy, and I spent the next thirty years on active duty and in the reserve as a chaplain, and performed weekly services. It has been a real blessing from God that He made it possible for me to go back into the military.

Our friends from back home in NevadaCity, both from church and law enforcement, remained very supportive, and we had 13 sets of company during our first year in seminary. Our church continued to exercise eldership over us and helped support us financially.

In March of 1983, I was in my third year of seminary, when my mom died of Lupus. She was only 56 years old. I last saw her in the summer of '82 in Reno. At that time she gave me a plaque she had bought for 25 cents at a garage sale. It said, "Troubles are often the tools God will use to fashion you for better things."

Mom and my stepdad had both retired by then and spent a lot of time together. Since Mom suffered the most physically, Earnest assumed a lot of the household chores. My relationship with him had continued to improve. He seemed surprised at how God changed my feelings for him. I know it was from God and not in me alone to make those changes. I was able to see him as a man who was handicapped and emotionally stunted by his own lack of love as a child.

He never admitted to himself or others what he had been like before he became a Christian. In fact, if someone who had known him before, talked about that part of him, he denied it or said they were exaggerating.

Ironically, Mom had become very negative and would often nag and belittle my stepdad. I think it was indicative of her inability to let the past go and—in her own way—she was getting her own digs in. I think she may also have been a little jealous. She was the one who had faithfully stood by me and wanted the best for me, while he didn't care at all. But now he was claiming bragging rights, telling others about "*my* son the police chaplain," or that "*my* son went to Vietnam."

Even though I know Mom was happy that our family could be together peacefully, I believe she didn't like sharing me with the man who had mistreated me.

The day before she died she wrote me a little note that said, "I can't go on any longer. I look forward to being with the Lord." I don't know what she knew about the day following, or whether she had a feeling she would be leaving soon. The next day she woke up in pain and my stepfather rushed her to the hospital. At 6:00 that evening she died from a massive blood clot caused by her medication. She was at peace, finally, and although I missed her very much and was heart-broken about her death, I was glad she was away from the violence, the memories, and the stigma that my stepfather had created over the years. Even though he had reformed, the memories were always there. I thanked God that she was out of that pain and out of the thoughts and memories of what had transpired.

One night shortly after Mom's death, I saw a child at the hospital who wasn't going to make it. A three-year-old boy had been in a car accident. His little body was so mangled that I was completely emotionally overcome. I shook uncontrollably for almost an hour, and was freezing cold. I didn't understand what was wrong at the time, but I later learned that it was a normal reaction to an abnormal traumatic situation. I told the supervisor that I needed to go home and take a couple of days off.

Though I had suffered with depression for some time, this was my first real symptom of PTSD since my reaction to the "gunshot" episode in Reno. I would eventually come to learn much more about the workings of PTSD.

When I talked to Dr. Free, my seminary professor, about my reaction to the three-year-old boy, he said, "You probably need to take a break from death for a while. That may be your gift, but you need a break in order to use the gift more effectively."

I tried, but I had three kids, and bills to pay, and had to go back to my job. After dealing with a homicide a few weeks later, I had a similar reaction. I said to God, "That's it, Lord, I quit. I can't do this anymore."

But I knew I couldn't quit my job, and I also realized that I'd been trying to do it myself, without His help.

I told God if He was going to have me deal with death, He was going to have to give me the strength. I realized that this was what He wanted me to do, and that it was my privilege to work with people who are dealing with death and dying.

I finally began to feel more comfortable, not with death, but with being there and doing what needed to be done. I'd still often cry at home, but I could be strong during the crisis.

By my senior year at Western Seminary, I knew that God was definitely pointing me toward becoming a police chaplain. I was still working part-time for Beaverton PD, and they were very responsive to the program. I was thankful that, having been a police officer myself, I could relate to some of the problems the officers were experiencing.

I was also involved in a police officers' Bible study with about seven solid believers. And for the first time in my life, I didn't put conditions on how God could use me. Yet he blessed me and gave me an area of service that I had wanted all along.

While I wasn't looking, my marriage fell apart and Jolene and I were divorced in 1985. I won't say much about it, other than it ended. Neither of us were to blame, or both of us were. It's hard to say.

The board of my church at Cedar Mill Bible impressed upon me that I needed to take care of my children and not be dating. I had no desire to date anyone at that time, as I was working three jobs and still recovering from the divorce.

About four years later, I met Nita. She was in the reserve unit and always came to my army chapel services. Actually, I'd probably seen her at chapel off and on during that time, but I didn't really know her and we had never spoken. Chapel services were always crowded and we were on a tight schedule, so we really didn't have a chance to talk to the soldiers.

At some point, however, Nita and I began chatting and I learned she had been a nurse in Vietnam, though it was after I had been there. We began sharing stories of our experiences and discovered we had a lot in common.

We enjoyed each other's company, and I felt that God was opening the door for a relationship.

9

A New Beginning

Me and Nita - 2006

Nita and I were married in 1990 and began thinking about what to do with the rest of our lives, when God opened another door.

Dr Earl Radmacher, who had been President of Western Seminary for 25 years, had moved to Phoenix to start a seminary at Scottsdale Bible Church in 1988. That school, now known as Phoenix Seminary, has since become a nationally recognized, fully accredited, graduate-level theological seminary. A couple of years after its beginning, Dr. Radmacher asked me to come to Phoenix to start a police chaplaincy program with the police departments in the Phoenix metropolitan area.

Nita and I flew to Phoenix to do some research and talk to some of the chiefs and other people Dr Radmacher knew. Everyone we spoke with seemed to be open to the idea, so we felt it would be a good move. Nita had family in Green Valley, about a two-hour drive from Phoenix, which made the move even more tempting. After praying about it for a long time, we felt God was opening the door for us to move and start a new life.

In March, 1991, Law Enforcement Ministries became official and I began working full time for Phoenix PD and the City of Peoria PD. The Alcohol, Tobacco and Firearms agency eventually asked me to work with them as well, which I did. The John F. Long Corporation, a huge housing developer in west Phoenix, gave us a 5,000 square-foot office building to use, which was a real blessing. The building was totally secure with entry codes, and was open 24 hours a day so the police officers could come in during their breaks. In addition to our offices, counseling rooms, and a large chapel, there was a meeting room for the officers, a kitchen with stoves and refrigerators for their lunches, and a big garden area for them to just get away and unwind a bit. The officers loved that.

The ministry with Phoenix Police department was very exciting, and the chiefs who came and went were always supportive of the chaplaincy. I thank God for them and their help. I worked with two chiefs in particular who became friends. Dennis Garrett is an outstanding friend and supporter of the chaplaincy. Anything we needed or he could help with, he would see that we had. He was followed by Jack Harris, who, with his wife Connie, have been supporters of the chaplaincy program as well as of me personally. Though I've had to cut back because of health issues, I'm still on-call part-time.

In the years we've been in Phoenix, the ministry has been overwhelming. It was often exciting and heartwarming, and just as often was devastating and heartbreaking. I've worked so many calls, with so many officers, involving shootings, homicides, suicides, and accidents. It was not always pleasant for me, and certainly not for the officers who are the first responders. They are the ones who have to face the dangers of evil head on, and cope with the tragedies and trauma of what they see, all while holding it together, controlling the scene, and containing the families until there is some resolution. Our job as chaplains is to give them the support they need so they can get back on the street and continue doing what they do best—protecting the public.

Police officers are awesome men and women who do more than the public will ever understand. The amount of distress that's placed on them is way beyond what most people can endure. It produces anxiety, trauma, and PTSD. It is similar to being at war for a year or two; the amount of death they see, the trauma they feel and experience, the nightmares, the inability to sleep or to eat — that's where PTSD comes into play.

The general public thinks of PTSD as being about violence, but that's seldom the case. It's about isolation and setting yourself apart from people because you just don't have the desire to participate in idle conversation. It's nothing to do with you being better or smarter, or that you know more than others do, or that you're holy in some way—it's nothing like that at all. It's simply that you've lost the desire for common chit-chat. I think when people see and experience so much trauma and death and pain of others—especially of children—it's difficult to regain that innocence they felt before becoming a law enforcement officer. It's more than a job, it's a calling, a way of life, a sub-culture within a culture.

Being a cop is not easy, and most often, it changes people. And yet men and women take on that calling every day, wanting to help, serve, and protect. They need the support of family, friends, and the spiritual help that chaplains can provide.

10

Columbine

Nita and I really needed the week off—it was the first one in nearly three years or so—and to say we were looking forward to it would be a gross understatement. We were going to Portland to see our kids, and I joked with my wife that it would be good not to have to worry about packing any uniforms for a change. We hit town on April 19th, and were looking forward to a few perfect days—rest, relaxation, time with the kids and weather that was promised to be in the mid-70s. It doesn't, I thought, get much better than this!

On the morning of April 20th, 1999, I arose early and "snuck" out of the house, leaving my wife and family still asleep. I took a leisurely stroll downtown, and then stopped for a cup of coffee. Sipping it, and enjoying the peace and quiet of the day, I was in a euphoric state of tranquility that I seldom get to enjoy. At about 8:30 Portland time my cell phone rang. Musing that it was undoubtedly my wife calling to see where I was, I felt the icy chill of reality as I noted it was the ATF Office in Washington.

"Hi John, have you listened to the radio this morning?" the voice on the other end asked.

When I informed him that I had not, he quickly filled me in on the mass shooting at Columbine High School. He told me to pack my bags and get to the airport, that a ticket would be waiting for me once I got there. I explained that I wasn't in Phoenix, and he assured me that it didn't matter. He was speaking quickly and advised me that I needed to be at the airport in two hours or less. He went on to inform me that I would be meeting up with the Peer Support Team, a trauma crisis team that would consist of five individuals, including myself. Assuring him that I would be there, I went back to my daughter's home to pack.

When I arrived I told Nita that I needed to pack. Still groggy, she replied, "But we just got here, where are we going?" I told her that she was going nowhere, but I was headed for Colorado. As I packed, I realized I had no warm clothing at all—I had flown from Phoenix to Portland and had brought only short-sleeved shirts and other lightweight clothes. Knowing there was nothing I could do about it at the time, I got ready and made my way to the airport, with a sweatshirt borrowed from my daughter.

I arrived in Denver where I met up with the Peer Support Team, and we prepared for the journey to Columbine. I was asked about the lack of uniforms and warm clothes, and when I explained my dilemma, everyone went about hooking me up with the proper attire. Once we were underway we had a confidential briefing on what we would be doing with the agents working inside the crime scene.

Though it was mid-April, the weather in Columbine was ominous as we were greeted by winter storm clouds. The campus was cordoned off for more than a block around it. I was stunned to see the number of reporters, as there were more than fifty media trucks about two blocks away. Not only was there media from all around the country, but from around the world, as I specifically saw a truck with a Chinese TV team.

Arriving at the crime scene, we immediately made our way to the ATF command truck. For the next fourteen hours I worked alongside the agents who were processing the crime scene. My assignment was simple, though not necessarily easy: I was to be visible and accessible at all times. Fatigue was a non-issue; I had to be available regardless of how tired I was.

It is at times like these that I realize how different a police chaplain's ministry is from that of most members of the clergy—the difference being what could be described as "the terms of engagement." I've heard people say that many churches seem to be adopting a "CEO" mentality, where pastors and staff are available on a 9-to-5 basis. If that is what a young person strives for in their life, then I would strongly suggest they not consider the position of police chaplain. I have found that the law enforcement community isn't concerned about "church." Rather, they are concerned with real-life issues, not church theology. They want to hear how God works in the trenches. They are frustrated when they call their church or pastor for help and are told they will have to wait until the next day to receive it. They know—for they encounter the situation daily—that death and tragedies do not stop at 5 p.m.

It was a "post 5 p.m." tragedy that I found myself involved in at Columbine. I was dealing with the men and women who had to see, hear, and smell the aftermath of the carnage that had been wrought at the school that day. Compounding the disaster was the fact that everyone had to contend with the knowledge that the vast majority of the victims were just kids; young and full of life and innocence. Kids like the ones most of us had left behind to come and work the scene.

You may wonder what I could do to give solace to the agents placed in the position of dealing with this terrible tragedy. The answer may surprise you. All I did—all I could do—was *be there*. Time after time agents would come up and simply pat me on the back. That contact was an act of assurance—assuring themselves that I was still there and, as a result, that God was still there. As time went on and we were able to take short breaks away from the crime scene, I had the opportunity to pray—and cry—together with them.

One of the major efforts that first day was monumental—the removal of the victims' bodies. While on the surface it may appear that this would be a devastating and demoralizing task, we actually felt privileged to be involved. The feeling we all shared was that in doing this we were removing these innocent children from the evil that could be sensed all around us. Too, we knew that we were helping to bring a sense of closure to all the parents who had to wait until the crime scene could be processed before they could see their children.

It's interesting that every parent or spouse of a victim of violence that results in death always asks the same question; "Did they suffer?" The knowledge that they died instantly brings peace to the survivors—the living victims.

Finally, at 3 a.m. on April 21st, we were through for the day. We had a quick de-briefing and then rested as much as we could in the next four hours. We had to be back to work by seven that same morning. The processing continued for an entire week. It got better, it seemed, if for no other reason than that the bodies were no longer there. Each night we would have a de-briefing, and during those meetings, we found that we were getting closer to agents from all over the country than we sometimes do with those we worked with every day in a lifetime.

While pondering that, I discovered that undoubtedly, the reason this is true is because you share the joy of life in the despair of the Valley of Death. You find yourself sharing things about your own family—those you can't wait to get back to. The tragedy you're dealing with brings about a keen awareness of your own mortality, and this opens everyone up for a real, in-depth study of the Word of God. You find yourself constantly hugging each other —even hugging the dogs in the Canine Corps—just to sense the life that you all still possess and are sharing. A situation like this brings you to a place of sharing an eternal perspective—and you feel that everything you do you need to do as unto God.

We were ministering to everyone, regardless of what agency they might work for. One individual said he couldn't stop crying, and I assured him that God was crying with him. I shared the story of the death of Lazarus, the story where the shortest verse of scripture is located, "Jesus wept." What I was sharing—what everyone wanted me to share—was the Gospel of Hope. This had become a special time, a time when all of us had come together as human beings and set aside all the things of the world. We had simply become "us." We were doing everything as unto God, as unto the victims and as unto their parents. All the while, we were dealing with the anger that was welling up in us in regard to what had transpired. We would call our own kids in the middle of the night, just to hear their voices and know they were all right. One of my daughters had hair like one of the victims; the girl who had been told to renounce God or die. She chose death, and the sight of her created a need within me to talk to my daughter ... frequently.

When I got home, I was emotionally spent and found myself crying for days. My wife, who understands my plight as a chaplain who constantly deals with death, ministered to me much as I had ministered to those at the crime scene.

The week ended with us attending a memorial service. All the kids in attendance wanted to hug everyone in uniform. I'm glad they did, for their love helped all of us to get through the ordeal we had just experienced. The event had burned itself not only into my memory, but into my entire being. You can't go through something like that and not have it affect you—not have it change you. For me, this change took several forms.

First, I became much more humble. Too, it made me even more aware of the uncertainty of life. A question that constantly came to my mind was, "are you ready for your demise?" I began to wonder what kind of a legacy I was leaving behind for my wife and children, the people who really matter in life. It made me quicker to minister to others I encounter, (but not *preach*-minister!) I had ample opportunity to do that the week I was in Colorado, and I carried that desire into the rest of my life.

I have been asked, "Why do police officers seem so hard?" and "Why don't police officers open up to their wives and families?" Officers tend to open up only in the presence of other officers and during a de-briefing time because they don't want to scar the minds of their loved ones. In regard to their "hardness," they choose this demeanor because they realize that someone has to stay in control in order to help and protect you, and they take it upon themselves to do that. It is during the de-briefings that they can "let go" and tell what they really saw and what they really felt. The feelings are often those of anger or fear as well as frustration because of the evil they have to see and deal with.

I still have dreams where I see the faces of the victims—not with a tortured or hurting look, but in their innocence. It helps me to appreciate youth and its innocence. It helps me to appreciate life and love. It helps me to get up each morning, for I know I will undoubtedly be facing death again that day, along with the despair that it tends to bring. I recall my Columbine experience, however, and know that I will again be able to share the Joy of Life in the despair of the Valley of Death, and that is what God has called me to do.

11

9/11/2001

The attacks on the World Trade Center and the Pentagon, and the crash in Pennsylvania were devastating for all Americans. We could not believe this had happened in our free, "safe" country. Every American who had access to a TV was glued to it, watching the events unfold. What many did not realize was that the ATF would be looking for more devices that may not have detonated yet. It's a tactic of terrorists to include explosives that will go off later and kill those responding to the initial attack. Since I was attached to the ATF, as well as Phoenix PD, as a chaplain, I was called to be an ATF responder for the first two weeks while they looked for those devices. Thankfully, they didn't find any.

There was also a crew helping to look for survivors, which turned into a recovery effort. After a couple of days, as soon as planes were flying again, I was headed for New York City. I worked out of One Police Plaza and reported to the ATF supervisor at ground zero, as well as NYPD Chief Esposito, and the chief of chaplains, Father Bob Romano. They were an outstanding group to work with. The chief of police and the commissioner, Kelly, gave me full leeway to hold Protestant

The devastation of 9/11

services along with Father Romano when he held Catholic services every morning at 0700 hours.

While there were quite a few chaplains present, only a few were sworn officers. Besides myself, my buddy Larry Derocher was also sworn. Larry was a former Phoenix police officer who was attending Phoenix Seminary at the time and serving as chaplain with the Paradise Valley Police Department. He was on the first two trips with me, then became ill and didn't return.

When I arrived at ground zero, where the twin towers had been, I was unprepared for the darkness. Fires were still burning from the jet fuel, and the air was thick and black with smoke. The heat was nearly unbearable. An FBI team monitored the fires and the temperatures on a regular basis, and advised us that temps

Me with Chaplain Larry Derocher

were over 2000 degrees in some places. If we stood in one place for too long, our boots would actually melt, it was so hot.

I've never seen so much debris scattered over so large an area in all my life. The crime scene itself, 16 square blocks, was taped off. Down by the waterfront where the Coast Guard was located, six or seven gunboats were armed with heavy machine guns in case of a secondary invasion from the water. They searched for and found remains in the water, which were from the impact of the aircraft. Because of the height and the force of the impact, some had been thrown blocks away. It was beyond comprehension.

It was impossible to fathom the magnitude of destruction we were seeing for blocks in every direction. We forced ourselves to focus on one small area and try to shut out everything else around us. If we didn't stay focused on the task at hand, we could not function at all. It just wasn't possible. We didn't feel the pain of being tired, because our fatigue was meaningless compared to the devastation we were seeing and the loss of life. Our pain was nothing compared to what we were trying to recover. Nothing at all. Many of the police officers had also lost friends and family, and we wanted to help them find their loved ones. It was heartbreaking everywhere we turned.

I was speaking to one police officer who had been there during the first hours after the attack. He was still shaky and emotional because he had witnessed people jumping out of windows to their death, from 80 or 90 floors above. One after another, they hit the ground. The officer was struggling with the fact that he couldn't do anything to save them. And he couldn't. All he could do was care about and respect those who had died, and in doing so he was respecting their families.

When the first plane hit the north tower, the heat disintegrated well over 1000 people, according to the FBI. The ashes from their remains were everywhere. It was devastating for the recovery team to realize we were actually standing in the ashes of the victims. We respected them, and knew we had no choice, but it was very difficult on everyone's emotions. As much of the ashes as could be gathered, were salvaged and kept. Later they were divided and put into about 3,000 small jars and given to any family members who wanted one.

Amid all the devastation, one event occurred that touched us deeply and provided hope. Larry Derocher and I were walking through the rubble early in the morning, talking to several FBI and ATF agents. A recovery worker, Frank Silecchia, yelled for us to "come and see this." He was very emotional, near tears. We went to where he stood, pointing to a hole in the rubble. Metal and wires were everywhere. But in the midst of it all, stood a perfectly formed cross—a remnant of a cross-section of steel I-beams that had fallen into the shell of one of the adjacent office buildings that had been destroyed. By this time we were all in tears, and took it as a sign that God had not deserted us.

Crosses in the rubble

We put in 17-hour shifts at ground zero, working alongside police officers and firemen. We helped, as needed, with their recovery efforts; but as chaplains, our main purpose was just to be there for them. We weren't there to lecture, give "on-the-spot" sermons, or to judge, just to be present, to pray with them if they wanted it, and to answer questions as they had them. Larry and I were in police uniform, with "Chaplain" across the backs of the shirts, so they knew we were "badge-carrying chaplains;" the term they used.

It was so hard to comprehend all that was going on, or even what had actually taken place. I'd been to the World Trade Center many times before 9/11, and had eaten at the restaurant on the top floor. What I saw now was surreal and bore no resemblance to what I remembered. But I was so impressed with the police department, the police commissioner, and police chief. Every one of them was the best I've ever seen in my life, and under such devastating circumstances. Some of the cops at ground zero had family members who had been in the towers; wives, brothers, sisters, husbands. The cops were looking for their family members, and would not go home at all. They slept for a few hours on the ground right there, woke whenever they woke and continued to search. Larry and I often slept on the ground with them.

Initially we were told to stay and sleep on the hospital ship, the USNS Comfort. By the time we got off shift at midnight and got down to the comfort station, it was 1:00 in the morning. Then we had to go through the complete security check, which took another hour, before walking about eight flights of decks to get to our bunks, which were overcrowded. We'd try to take a shower, sleep a bit, and get up again at 5:00 a.m. if we wanted anything to eat before getting back out front for a police car to pick us up.

After a couple of nights of that hassle, Larry and I said, "what's the point?" All the work we had gone through to sleep maybe two or three hours at the very most wasn't worth it. So we stayed at the site, at a local Starbucks, or occasionally in a hotel room where we could take a shower to get rid of all the stuff we were breathing, and change into fresh clothes.

The showers were necessary, as we felt incredibly grimy from the smoke and debris. Before stopping work each night, we were hosed off from our lower calves and boots, with a special soap solution that would kill any bacteria or chemical. We were told not to take the boots when we returned to our homes, but to throw them away. We were happy to be rid of them.

Another touching moment took place late one night at the Starbucks where we'd been sleeping. This particular Starbucks was dedicated to helping the rescue workers in any way they could. They stayed open 24/7 and provided a place to sleep for rescue workers. Even though it was only their floor, it was better than a sidewalk outside in the rubble. And of course we were given free coffee. About 50 or so of us, including my buddy Larry, were lying there trying to sleep after a grueling day. Over the shop's music system I heard a song playing, and I couldn't believe I was hearing correctly. I nudged Larry and told him to listen. It was Louis Armstrong singing, "Nobody Knows the Pain· but Jesus." The song played for over an hour. I went to the manager and said I wanted to buy that CD. The manager said it wasn't for sale, it was one of the Starbucks private CDs that made the rounds through all the shops. When I told him of the song I was interested in, he was surprised that it was even on the CD. It was a poignant song, and perfect for the times. The next morning I was even more inspired to go back to work.

After ATF had given up the search for secondary or tertiary devices and left ground zero, my job with them was finished, and I came home for a couple of days. When I returned, it was as a Phoenix police chaplain, rather than an ATF chaplain. I continued working in Manhattan for an entire year, taking a break every 2-3 weeks for a few days to come home, get clean clothes, and then fly back. The clothes we wore the first couple of months were just thrown away, since it was impossible to clean them from the chemicals, soot, and other debris.

Besides being on the scene as support for the recovery workers, my function as a chaplain was to pray over the remains as they were found—especially if there was some indication that it was a police officer or firefighter. We prayed over all the remains, but when we came across remains with the fireproof clothing of a firefighter, a police officer badge, or other ID, the recovery was even more solemn. We treated all remains, no matter how small, as a full, complete body and with full respect and honor. No matter the size, the remains would be placed in a body bag and wrapped in an American Flag. Then I was asked to say a prayer for the person.

I was happy to know that the police officers and firemen wanted the chaplains there. They wanted us to lay our hand on the body bag containing the part, to pray and thank God for the service and sacrifice of their fellow officers and their families. It meant a lot to the surviving rescuers to have us do that. This is a good lesson for new chaplains coming on board, who may have to work a major disaster in the future. There's nothing to be afraid of, and it's immensely helpful to those left behind.

Everyone I met was open to having chaplains on site. I'm sure they were also feeling the loss of one of their own spiritual guides. Chaplain Mychal Judge was a Franciscan Priest assigned to the New York City Fire Department. He was killed on 9/11 while administering last rites to a dying firefighter when the South Tower collapsed. What is now known as "Mychal's Prayer" were the words he often prayed, and that I sometimes used as a reminder to myself:

"Lord, take me where You want me to go;
Let me meet who You want me to meet;
Tell me what You want me to say,
And keep me out of Your way."

I didn't come across anyone who wasn't open to the gospel, at their request. I never once initiated any type of spiritual conversation, or certainly not a sermon. They all asked me about God and salvation and Christ. It was amazing that every police officer and firefighter I talked to was very positive in that area. They were very angry with the terrorists, of course, as we all were and still are. Terrorism is an act of cowardice, whether you kill thousands of people or just one.

We continued going back, day in and day out, week after week. When requested, I went to the main morgue downtown to perform services for the families who showed up. A temporary morgue had been set up in a very large tent at ground zero. Remains were first taken inside the tent and examined by doctors and medical examiners. The tent kept the media at bay, so photographs could not be taken. Once parts were identified as remains, and the location where they were found was noted, they were put in a large refrigerated truck and taken to the main morgue for DNA testing. There they were placed in one of many 18-wheeler refrigerated trailers, which were labeled by location. For example, truck #1 was all remains of NYPD police officers, 23 of whom lost their lives. Thirty-seven Port Authority police officers and 343 fire fighters also died that day. The remains of all the civilians were also labeled, to provide the medical examiner with some idea as to where they had been found, giving a clue as to who they were. Of course everyone was ultimately identified by DNA.

My wife, a nurse, was in Manhattan with me for several weeks, assisting in the morgue. We met so many wonderful people while we were in New York, from all over the world. One of these was the chaplain assigned to the main morgue, Betsy Parker, a wonderful lady of God. I can't believe the amount of remains and death she had to deal with, and she stayed there for over three years. It's beyond comprehension. Betsy also worked the American Airlines flight that crashed in Queens a couple weeks after 9/11, killing everyone on board—268 passengers— and she helped unload all the bodies. She was an outstanding woman of God, to keep her composure under so much tragedy and pressure. I so respected her.

I talked to a forensic scientist working for the FBI, a very intelligent woman whose job was to send small cameras down into the subway area looking for remains, bodies, or hopefully, someone still alive. But she found nothing. The police officers had gotten everyone out of the subway on Canal street and West street before the buildings fell, or there would have been much more loss.

We talked to people from all over who came with dogs to help search, and rescue teams from Sweden and France. Some could not even speak English. But we managed to communicate with them. They were wonderful people, all of them, and were so broken and so sorry for what happened.

After we had been working there for some time, I asked Arizona Governor Jan Brewer if we could take an Arizona flag that had flown over our capitol to present to Chief Esposito in

New York City. She happily agreed. The day I presented the flag to the Chief, I was surprised to see that he also had a flag already framed for me. It was the flag that had been flying over the New York City Police Department on 9/11. Needless to say, I was extremely touched by his generosity.

From left to right: Nita South, Chaplain John South, Chief Joe Esposito, Chaplain Larry Derocher

12

Where I Am Today

In my Chaplain uniform

While much of this book is about my life, it is also meant to help people—especially those going into the chaplaincy—understand more about depression, distress, PTSD and suicide, and how to better understand and effectively counsel with them.

The abuse I suffered in childhood from my stepfather, while not directly causing PTSD, certainly caused much anxiety, which can be a precursor to depression. When I was shot in Vietnam, then went back and fought again, I saw enough death that should have lasted a lifetime. Later, as a police officer and then a chaplain, it seemed there was no escape from the death, despair, sadness, and depression that seemed to be everywhere. I often reacted strongly to loud noises or being awakened suddenly. I had—and still have—dreams of the children killed at Columbine, and the horror of finding remains after 9/11.

In the last couple of years I've been suffering from internal ailments that doctors say are probably the result of being sprayed by Agent Orange in Vietnam. And just recently I've been diagnosed with Parkinson's disease.

All of these events have contributed to my ongoing depression, and yes, PTSD. Without my faith in God, I don't know that I'd be here today. Being a believer does not make the problems go away, but it helps me to deal with them, rather than give up.

There is often a sense of loss of self-worth for career soldiers and cops when they leave their profession and return to a "normal life," whatever that is. They get up in the morning to … what? No uniform to put on, no purpose. They feel lost, dropped from society. Their thoughts are, "I have nothing left to offer. I'm a has-been. What do I do with my life now? Can we live on my retirement?"

I had all these thoughts and more when my early physical problems put a halt to my work as a police officer, and my current health deteriorated to the point that I could no longer work as a chaplain. I have thoughts of dying and being released from the pain and depression, but I am not suicidal. I still have hope that things may get better, whereas those who are suicidal have lost all hope and see no future for themselves. I have my faith in God, and that gets me through the bad times, but the bad times still exist. The thoughts are still there. I just have a way to cope, that those with no faith are lacking.

PTSD has many levels that take time to sort out, and therein is the problem: Time. Sufferers don't want to spend the time seeking help that they believe won't work anyway. Friends don't want to take the time to really listen. And counselors limit their time to 45-minute chunks, spread over months. It's not enough.

We need more people like my friend and mentor, Bob Blecksmith. Over the years we have stayed in touch regularly, through phone calls or visits back and forth. After I moved to Portland, when I'd go visit my mom I'd also go see Bob and Sheila. When my mom died, Bob came and helped with the services. I did the same for him when his father died. They came to my graduation from seminary. Bob is 80 years old now, and we're still in touch constantly.

You don't see that kind of longevity very often; usually those helping relationships only last a few days, weeks, or maybe months. But seldom do they last for years and decades.

But that's the kind of friendship and support system that is needed to help those with depression and PTSD. There is no "quick fix." It's an on-going illness that needs on-going help.

I hope the next few chapters can provide some insight into depression and PTSD, not just from a clinical standpoint, but from a human one: what a sufferer actually feels and experiences on a day-to-day basis. And I hope those of you in the helping professions; the ministry, counselors, chaplains, doctors, or even family and friends—get a better feel for how to help the victims of these diseases.

PART

II

13

Depression and PTSD

Depression

Many of us go through periods in life where we are sad, feeling down, or have "the blues," and often we refer to these feelings as being depressed. It's a valid description, but *clinical* depression is much more than just having an off day, or a low period in our life.

Depression is sometimes described as having no feelings at all, not even of sadness. It's more a feeling of emptiness, loneliness, lack of self-worth, hopelessness. The depressed person feels so overwhelmed with those feelings, that it's difficult for them to work, hold a conversation, interact with others, or have fun.

The treatment of depression is usually dependent upon the cause. In some cases an antidepressant may help, while in other cases, counseling or a change in life experiences might be more helpful. Causes of depression are many, including:

Loneliness

Stressful life experiences (loss of job, death of loved one)

Financial problems

Lack of social support

Health problems

Family history of depression

Of these, Loneliness may be the hardest to deal with.

An article called "Loneliness is Deadly" appeared on the web,[1] which stated that, "Loneliness is not just making us sick, it is killing us. Loneliness is a serious health risk. Studies of elderly people and social isolation concluded that those without adequate social interaction were twice as likely to die prematurely."

When I counsel soldiers, they tell me this is how they feel when trying to talk about those feelings to old friends, or when trying to make new ones. They often feel shut out, feel a social rejection, and they become more isolated in order to protect themselves from people who—they feel—don't really care anyway. When they have difficulty connecting or forming a relationship, they begin to think they just can't handle any more meaningless conversations.

The article also stated that even those, such as celebrities, who know hundreds of people can be lonely. It's not the number of people we know, it's the quality of those relationships. We need people we can trust, depend on, open up to, and who won't judge us. The author states, "You could be surrounded by hundreds of adoring fans, but if there is no one you can rely on, no one who knows you, you will feel isolated." And, "Feeling isolated can disrupt sleep, raise blood pressure, weaken immunity, increase depression and lower subjective wellbeing."

---

[1] Loneliness is Deadly by Jessica Olien Aug 23, 2013
www.Slate.com/health_and_science/medical_examiner

Some of the other causes of depression are situational, and may be helped with counseling, the passage of time, or a change in circumstances. If we've lost a spouse or close family member, our grief and depression will probably diminish over time. If loss of a job and long-term unemployment is causing the depression, finding a job can help eliminate depression.

In other cases, such as lack of social support, health problems, or a family history of depression, antidepressants or other treatment may be necessary.

What is PTSD?

PTSD and depression often go hand-in-hand, though not always. Those suffering from PTSD are often severely depressed as well, but the chronically depressed are not necessarily suffering from PTSD. Since I'm attempting to help those suffering from either or both, the terms will be used interchangeably in the following text.

I recently read an article about PTSD; what it is and what to look for. It was good as far as it went, but it did not go into the thoughts, fears, feelings of suicide, and wanting to die.

It's important to understand that thinking about dying to relieve mental pain and emotional madness is not the same as actually planning to commit suicide. Many of us have probably thought about the idea of dying as a way to escape pain, depression or despair. But most of us are unlikely to act on those thoughts.

PTSD is not limited to military veterans, though we usually hear it referred to in conjunction with troops returning home from a war zone. Law enforcement officers, medical workers, paramedics, and anyone who deals with traumatic incidents on a daily basis can also feel the effects. In fact, anyone in any walk of life could suffer a traumatic event, such as a crippling auto accident, or being the victim of a crime, which can also lead to PTSD symptoms.

My personal experience stems from my abuse as a child, my injury in Vietnam, and dealing with death and trauma on a regular basis as a police officer and chaplain.

While I recognize that PTSD is not restricted to military and police officers, I'll often be referring to one or the other throughout this portion of the text. But though I might say "veteran" or "police officer," I actually mean any victim of PTSD and/or depression.

Effects of PTSD

Not many people truly understand the turmoil that exists with people living with Post Traumatic Stress Disorder. Knowing how it feels and accepting that I have had it for many years has helped me to talk with other servicemen or women living with the same disorder.

PTSD is different for everyone. The differences don't matter to me; I'm willing to talk to anyone suffering from it, and about its many forms. I want to hear what vets have to say. I want to hear their story and how they have come to terms with dealing with their anger, sadness, and distress that comes from suffering. I want to talk and listen to someone who has "walked the walk."

Everyone has a different story and opinion of what PTSD really is. I found it to be helpful for those who are suffering, to reach out and talk about their problems, while it's helpful for me to hear their stories of what is happening to them and their understanding as to why.

I've been asked what it's like to live with PTSD on a daily basis. It's one thing to read a list of general symptoms from textbooks, and quite another thing to live it. Because it affects everyone differently, there is no one pat answer, and all sufferers do not experience all these symptoms. But the following are typical:

Lack of hope

There's a deep sense of despair when we wake up in the morning, struggling to face the day, and we know that tomorrow won't be any better. It's hard to find a reason to get out of bed, to eat, to do anything. Our energy is drained to the point that the smallest task can seem overwhelming, and even getting dressed is difficult. We may have lost our desire for food. It dampens the hope of any future change or joy of life. It's a constant depression, combined with overwhelming anxiety that destroys our day before it even begins.

The despair causes us to feel that there is no innocence left in life. We believe there is no purpose in life for us because we are either a disgrace, or worthless. We feel we have nothing to contribute to society or to our family. We might even think we're a burden to our family and to God; that even God couldn't love us because we're too rotten. I've heard people say they feel like a piece of dung.

The effort it takes to try to regain a purpose and a real life seems pointless, then hope dwindles and dies and we give up. We may self-medicate with drugs or alcohol. Relationships are strained and may become non-existent. Often, our only friends are a few other burned-out vets who understand where we are and why.

One of the key challenges vets have is loneliness and the empty feeling inside that something is missing and we can't seem to find it, or even know what we're looking for. We have no interest in fellowship with those whose company we used to enjoy.

Communication

One of the symptoms that's most difficult to explain to family and friends is the lack of communication. When one is suffering from PTSD, serious depression or even severe physical pain, it's very difficult to carry on a normal conversation. When we're dealing with emotional and physical issues, the body, mind and spirit want to take a prolonged sabbatical. All we can emotionally cope with is a way of getting through the day, or even the next hour. The pain, coupled with depression, is such a heavy weight and burden that the body cranks down the power, to rest within itself, while the mind helps us cope with the boundaries that we have to survive.

Normal conversation seems plastic, shallow, not real. When others ask normal questions and expect answers, it adds to the burden of the sufferer and increases our anxiety. When that happens, we have to walk away as calmly as possible. Most of the vets I know or have talked to over the last 40 years feel we can't talk about our daily lives, so why talk at all. That just keeps us locked in our shell.

When we try to talk to friends and family about what we're experiencing, we get the impression that they don't want to hear it. They look bored or uncomfortable, glancing over our shoulder looking for an out, or just tuning out. Listening takes effort, and people often don't want to make the effort or invest the time. They give off the vibe, "you're too messed up and I don't have time to help you, when you're not able to help yourself."

When friends ask, "How are you?" we'll often give the expected response: "Fine, how are you?" What a joke that is. One day we answer, "If you really want to know, it might take a few minutes."

Then we see our friend's body language shift, and we read in his eyes, "Why did I ask?" And so we stop subjecting ourselves to that kind of rejection, which just contributes to our lack of self-worth.

This is why many go into isolation mode, not because we don't care about others and our relationships, but because we feel the need to refuel and survive. We assume others don't want to hear about our obstacles. We assume that those who cannot relate cannot understand. We wonder, "Why even bring it up?" and so we choose not to do so, which causes more isolation, which leads to more hopelessness. We appear lost with nowhere to go and with no sense of hope to be found.

Isolation

Unfortunately, we who suffer from Post Traumatic Stress Disorder will often push away those who try to help, including pastors and those involved within our church family. We tend to keep to ourselves rather than seek help from others who can relate to the struggles we face on an everyday basis.

Of the sufferers I've talked to, I've found that the ones who hold their emotions in are the most likely to become violent. About 98% of people with PTSD are loners. We isolate ourselves and feel estranged from the world we once knew. Where we once felt comfortable and at ease at social functions, we find ourselves easily transformed into loners.

Hyper-vigilance

We rarely sleep more than an hour or two at most, and eventually become hyper-vigilant, which is a key symptom of PTSD. Doctors define hyper-vigilance as a "constantly tense and on-guard state of sensory sensitivity along with an exaggerated behavior of high intensity with the sole purpose of detecting threats."

Those with PTSD often find themselves constantly on red alert, and will jump at the slightest unfamiliar sound, such as an infant crying or the overbearing clamor of folks at the mall. Lighting can also be a factor, causing severe agitation. We eventually become strangers even to ourselves. At a family gathering or in a crowd, we may sit in the corner and be on the lookout for any possibilities of a threat. The more sufferers try to hide the effects of PTSD, the harder it becomes to live with it.

Living in the Past (which becomes a way of life, in the present)

This is a problem you won't hear much about, but it is serious, causing many divorces within military and law enforcement families. The past becomes a daily part of their life and conversation, reaching a point where family members can't continue to live in that environment.

Let me give one example, that of a combat veteran—one who has served most of his or her life in the military and has been to war once or more. They've probably witnessed a lot of trauma and the deaths of their buddies. Once they are back home with not much to keep their minds busy, or a mission they feel is worthwhile, they will start living in the past, trying to connect everyday life and their current purpose to those past events. Why? Because that's when they felt they were making a difference and being given the trust and opportunities to help others and to make serious decisions. But now they're back home where nothing in their minds and heart can compare with what they have done in the past, nor with the trust and authority they once possessed.

These feelings will increase the symptoms of PTSD and the former soldier begins to feel that his or her present life is so dull and useless that the past is all there is and ever will be. Therefore, trying to connect the past to the future will take a real toll on marriage and families.

The Lord says, "Don't look back, but push forward." That is something most know would be best, but they can't seem to find an open door or the tools needed to take that first step. Where it can get hard and confusing for some is when, for example, a spouse will say, "You know, you should live for now and look ahead to our future."

But the thought for many is, "For what?" It's like a Navy Seal retiring and returning home and having folks tell him to relax and take a job at Safeway. It can't be done in most cases. Why? Because there's no purpose in a job like that. That's one reason thousands of Vietnam vets, after returning home to riots and rejection, somehow got the word out to move to upstate Washington, almost to the Canadian border.

Much research was done on why so many felt the need to make that move and why most stayed and lived as a small community to themselves. Those I interviewed during the '70s said they were where they felt wanted and accepted. They emphasized that they were not Vietnam vets who were burned out and looking to shoot someone, as the press often assumed and reported. They just no longer felt a part of America, so they created their own America and lived and died with each other.

The difficulty in understanding that mindset is that, unless a person has been in an environment that will leave that kind of memory imbedded in their mind, heart and soul, they can't understand, nor can they counsel those who are dealing with that part of PTSD and rejection. This is where the inability to agree or compromise in a marriage will end the relationship. We can't blame a spouse for needing to leave someone with that mindset, but we should also understand why many sufferers can't let it go. It's not that they limit God, they have just fallen so far down into the pit of nothingness that they now believe that's where they belong.

I have felt all of this at one time or another. I have been where countless others have been. Many days I am still there. At times I feel angry inside of rejection and loneliness, but I know I have to turn the inside feelings over to the Holy Spirit. I need to pray for myself and be led to verses that will tell me the truth, rather than listen to people who don't know what to say.

I ask God then to help me remember that my family has needs as well as I do. I might have to go out to dinner on nights when I feel like staying in, or see a movie I may not want to see, but I do it for them. It helps me to get outside of myself, if that makes sense.

Every day I wake up with a certain amount of depression. Where it comes from each day differs. I have a Doctorate Degree in Crisis, Grief, Suicide Intervention, and PTSD and I can tell you what I know and why I think depression exists everyday, but I can't tell you how to fix it.

What I experience is the deep feeling of being alone, not distance from God or my faith in Christ, but from life here on earth.

The feeling of being alone or isolated exists even when we have family and friends who are supportive. My wife, Nita, is caring, loving and nurturing and I love her immensely. Yet I still feel alone. It's not her, it's me, as the saying goes.

I am fortunate, in that I have a wife who actually does understand what I feel, because she is also a victim of PTSD. While it is fortunate for me that she understands, I would love to be able to take away the burden of her own PTSD. Nita served as a nurse in Vietnam, and saw more than her share of mangled bodies, hurt and despair. She, too, saw young men die from their wounds, and she carries those memories with her. There are times when we are both just trying to get through the day after something has triggered a memory, or a dream takes us back to a place of sadness, terror, or haunting. Below is her own interpretation of what she deals with and how she handles it.

I still don't like talking about the PTSD, even with those who have diagnosed it. I have never been one to talk about things that bother me. I pray about them. When I do identify a particular trigger that brings back flashbacks of trauma, or patients I have seen, or times we were under attack and running to a bunker, I try to isolate it and deal with it. Sometimes the trigger is a loud noise, or a televised memorial service showing scenes from Vietnam. It could be a TV show, a smell or a sound. Sometimes I don't even know what triggers it. I just know how I feel; cold, clammy, sometimes with abdominal cramping or other physical manifestations, like a panic attack.

What helps me is to focus on my breathing and be alone in a room away from the noise or TV show. My husband realizes I need that time to be by myself and he respects that. Since we both have PTSD it can present a problem when one wants to talk and the other doesn't. I try to listen, as that seems to help John, but when it gets to me and starts creating issues with me, I have to stop the conversation. Compromise between our differences has to begin by communicating what helps us individually.

Nita and I have worked out ways to help each other through our individual dark times. We've learned that when one of us wants to talk, the other just needs to listen; not offer solutions or advice, not say anything, just listen. When I want to just be alone and be quiet, she respects that and gives me my space. I do the same when she needs that alone time.

When a person experiences so much trauma and death, that person is changed in ways they never thought possible. I do not enjoy crowds of people, loud noises, sports or concerts. I don't laugh at jokes or salivate over delicious foods. But I know without a doubt that without the faith God blessed me with, I would have given up on society many years ago. I might have moved back to Vietnam or another country, or I might have fallen victim to another type of self-destruction. But God has carried me through.

14

Suicide

Dr. Edwin Shneidman, a well-known suicidologist and thanatologist, coined the phrase, "Psychache" to describe the intense emotional and psychological pain that can become so intolerable that suicide is often seen as the only way out.[2]

In the late 1940s, while working at a veteran's hospital, Dr. Shneidman became interested in the problem and motivations of suicide. He spent the rest of his life researching death and suicide and wrote 20 books to help others understand the causes and preventative measures that could be taken.

During his research, Dr Shneidman noticed that suicide numbers were very high, but no one seemed to pay attention to it. The victims were being stigmatized and labeled as mentally ill, mentally disturbed, or deranged; labels that he felt defined the person, rather than the psychological and emotional problems they were struggling with. His goal was to educate the

---

[2] *Suicide as Psychache, or A Clinical Approach to Self-Destructive Behavior*

community and the medical profession on ways to deal more effectively with individuals who were suicidal.

In his research with those who survived their suicide attempts, Dr. Shneidman conducted hundreds of interviews to obtain real information, not just speculation. He would ask why they had come to this place in their life, why they had wanted to die, and where they were emotionally, months before it came to the day they tried to end their life. What were they struggling with? What were their emotions? Were they depressed? Were they in despair? Did they lose someone close to them? Did they feel no self worth, no self esteem, no purpose in life?

He covered what constitutes our needs in life, emotionally, spiritually and psychologically. He asked about the parts they felt they had lost and could not re-attain. He talked about the pain of the loss, the depression and despair that was so strong that suicide was not an option so much as it was the *only* way of ending the pain. In both their subconscious and conscious states, the thought became a part of their day, as in, "I'll get up, eat breakfast and then I'm gonna commit suicide."

It wasn't a casual thought like, "Well, things are so bad I might as well just kill myself." It was more a fact of life, as, "The pain has gone on so long, I see no lifeline, I see no hope, I see no purpose, I have no self-worth, no one cares about me."

The common thread was: no purpose, no innocence, no self-worth. "I have committed so many atrocities or sin that no one is going to forgive me anyway; I have no purpose to continue to live; I just make things worse; I'm a burden on my family, my friends, my children; I can't stand myself and who I am and who I've become; nobody really likes me and nobody wants to be around me; I can't find any reason to go on; I can't even find the avenue to find a reason to go on."

One of Dr. Shneidman's findings was that the common goal of suicide is "cessation of consciousness." Suicide is both a moving toward and a moving away. The common practical goal of suicide is the stopping of the painful flow of consciousness. Suicide is best understood not as a movement toward a redefined death, but in terms of cessation; the complete and irreversible stopping of one's consciousness of unendurable and relentless pain.

The word "cessation" itself means to escape, to get away from, to stop, to leave. The pain in the psychological being, the mind, the body, the senses, is so severe that there's no way to find peace for it to stop. It's continuous, there's no light at the end of the tunnel. The pain is so bad that sufferers can't function, they can't have any joy, relationships, any kind of real dialogue, so they just want the pain to stop. That's what cessation is all about; stopping the pain. There's no way they can endure the pain, so they have to end it. Psychache is the psychological mind aching, literally, like being shot.

Sometimes all of us, when we're hurting, need to just be quiet with ourselves, as the Lord says, to "Be still and know that I am God." That means to be quiet, stop talking, stop trying to find a way to God's attention. He is there, and if we're quiet, and we're wanting to be with Him, we will know that. And people who are hurting need to know that their friends or family, or at least one person is really there, *no matter what*.

In the military we call that person our "battle buddy." Whether in war or not, every soldier is assigned a battle buddy who is responsible for that person to the best of their ability. Not for their morals, but for their health and welfare. If the buddy sees a psychological problem, or someone who is becoming quiet, reserved, unresponsive, or isolated, ideally, they'll talk to their buddy about getting help, and they'll seek out someone to identify what the problems really are.

Ending the Pain

When I was shot in Vietnam, the pain was so severe and constant that I could think about nothing else except wanting someone to make it stop. I couldn't think about my parents or what I had for breakfast. I didn't think about where I was going from there or what my future held. There was no room for any thought other than the pain: the burning, constant pain that was so severe I thought I would die from the agony itself. I just wanted it to stop, no matter what it took.

Pain medication works on the physical pain, but not necessarily on the mental, psychological pain. I've talked to many people about the hurt, the anguish, the actual soreness of despair and depression. We've discussed the aching of psychological pain, the feeling of shame or guilt, the humiliation, the loneliness, the fear of fear itself, of anguish, of dread, of growing old, of dying badly, (with a poor legacy) or dying in a horrible accident or fire. Or there's fear of living through some atrocity that would cause suffering of not only psychological pain, but physical pain as well.

Research indicates that one of the reasons people avoid talking about suicide, whether it's in churches or schools, or in seminaries or universities, is that they don't want to think about the effects of suicide. They don't want to think about the idea that someone can be that stressed. They don't want to believe anyone can be in that much pain, or that depression can take someone to such a level that suicide would become the answer. Psychological pain, or Psychache, means just that, that the soul itself is in so much pain that despair has taken over. With depression, in its onset, there's a little light at the end of the tunnel. Medication can sometimes help. It won't completely eliminate depression, but it'll offer an opportunity to enjoy some of the good times, and handle some of the bad times. But when the little light becomes dimmer, and despair sets in, then it becomes difficult to find anything that can give comfort.

When they get to the point that despair has taken over, and the pain continues, then suicide is at the forefront of their mind. It becomes their goal, their salvation, a way to end the pain. And they realize they have control over that one thing, that one way to stop the pain. They will stop the pain and they'll stop the ache and the depression will be gone. They don't think about the fact—or don't care—that they cannot return. There is no rewind button in life.

Some years ago I read the story of a police officer and former Vietnam vet whose wife had filed for divorce. He was devastated by the loss of his marriage. Dressed in uniform, he went to the one place where he felt a sense of belonging; the Vietnam Memorial Wall. He had felt connected to the military, and felt a family-like connection to law enforcement. He sat upon the grassy area facing the wall, and shot himself. Many vets spend time at cemeteries, as it is the only visible connection they may have to their memories and to those soldiers they may have served with. It brings them comfort to be among those with whom they feel a kinship.

Victims

Once a person completes suicide and is deceased, he or she is no longer a victim. Maybe they never were. Or they may have been a victim of physical or mental abuse, which drove them down the road to depression and despair. But once they end their life, their family, spouse, children and good friends become the victims, as they try to deal with the questions: "Why didn't he tell me?" "Why didn't she come to me?" "What did I do to cause this?" "I thought I raised him with love, but somewhere I failed."

Family members begin to doubt themselves and their own self worth. And if they don't get counseling, they too can become suicidal. Because when you lose someone so close to you, guilt always plays a role. Counseling can help victims understand that the events/thoughts/words that are causing guilt had no bearing on their loved one's decision to end his or her life.

The saddest suicides are the children. There are more twelve-, thirteen-, and fourteen-year olds—sometimes even younger—committing suicide than ever before in that age group. Many of these stem from the bullying at school, the name calling, belittling, and fighting. Others are caused by physical and mental abuse at home. It all leads back to the same issues of self-worth and self-identity. Kids think, "If no one likes me, then obviously I'm not likable. If my parents hate me then God must hate me."

Why?

Over the last twenty to thirty years I've officiated at a number of funerals for individuals who have committed suicide. They've

106

come from the ranks of active military, veterans, law enforcement, family members of those people, and teenagers. The first question family and friends ask is, "Why?"

They're searching for answers to why their loved ones would do this. "What led him to this place and this choice?" "Why didn't she ask us for help?" "How come we didn't see it?" "Why didn't he tell us?"

And when the victim leaves a note, *if* they leave a note, it usually doesn't describe the history leading up to the suicide, and can actually sometimes be more harmful than helpful. Many notes are written at the last minute, and are written in an emotional state of mind. They don't cover the details of what happened in their life six months ago, two years ago—whatever it might have been—that led to the feeling that suicide was their last resort to stop the pain or escape the reality of ongoing pain and more pain.

Another question asked by those left behind, especially those with a religious background, is, "What does God say about this? What becomes of my loved one's soul now?"

We can't answer all those questions, but we can go to scripture and look at incidents where God makes it very clear that he understands the heart and intent of man. I Kings, Chapter 19 deals with Elijah and his desire to die. He asked God to please let him die because he was so tired, and he was obviously depressed; his heart was broken, his heart was fearful, and he pleaded with God to take his life.

Instead, God was his lifeline, as an example to all of us who can be a lifeline for someone. God is all-knowing, and doesn't make mistakes. We can count on the fact that whatever decision God makes is the right decision. We obviously look at the human part, the human touch, because that's all we have externally.

When someone dies we can't communicate with God directly, face-to-face, in the sense of talking about why this happened, or about the person. Sometimes family members talk to their deceased loved one, wishing they would give answers. I've seen people talk to the body in the casket, asking, "How could you do this? Why did you do this? We love you so much," trying to get an answer in their heart that will give them some kind of peace.

The Man on the Bridge

Most of us don't want to take the time to commit to someone who needs emotional support on a long-term basis. It's easier to turn away and pretend we don't see. And I'm no different. I will give you a true story. When I was in Portland, Oregon as a police chaplain in the late 1980s, I was in a marked police car, having just finished working a homicide victim case in the west valley. I left the scene about 3:30 a.m., and headed home, crossing the Hawthorne Bridge. I had been working about 18 hours straight and was exhausted. I just wanted to go home and get some sleep in the few hours I had left.

The bridge had a pedestrian walkway, and as I crossed, I thought I got a glimpse of a white t-shirt and the side of a person's head. It was quick and I wasn't sure what I'd seen. The bridge is one-way in each direction, so I would have to go to the end, turn around and cross the bridge again, then go into town, turn around and come back on the south side again. Tired as I was, I really didn't want to do all of that, so I called for a unit from the City of Portland to come check out a possible person on the bridge. Everybody was on calls or busy. I could feel the spirit of God saying, "You need to go back and check." My exhausted body was telling me, "No, you need to go home and go to bed."

There was a battle going on within me, and I realized I couldn't live with myself if there was someone on the bridge planning to jump. So for the Holy Spirit, and for Him only, I made that turn and went back around. I stopped my car, got out and looked over the bridge. The man had crawled over the barrier and had his feet on the support beams. His arms were behind him, wrapped over the bridge rails. He was going to jump, there was no question about that.

I began to talk to him. "Hi, my name is John." I didn't mention being with the police. "I saw you when I drove over the bridge and thought I'd stop and see if I could help you. I really would hate to see you jump off the bridge. Would you mind sharing with me how you're feeling and why you think this is the best alternative?"

He looked at me and said, "Why do you give a damn about me, I'm nobody; why are you wasting your time?"

I said, "I'm not wasting my time. You're a human being and you're no different from me. I'm no better than you, and in my opinion, God made humans to watch out for each other if we can."

He said, "Do you really believe that?"

I said "Yes, I believe it. I don't think I always fulfill it and I don't think I'm always worthy of it. I'm sure you don't either. That's probably why you feel like maybe it's not worth living, it's time to give up on it."

I told him there were times in my life when I wondered, "Am I doing anything for God or for anyone?"

His attitude changed slightly and he said, "Maybe I'll get in your car and maybe we can get a cup of coffee and talk." Then he seemed to reconsider and said, "I don't know, maybe I should just go ahead and jump."

I said, "Can I ask your first name?"

"Tom" he replied.

I said, "Look, Tom, obviously you know that no one can be with you all the time and you can always jump later if you want to." I was being facetious and I think he knew that. I said, "Why don't you just give me an opportunity to talk or have coffee, and I can drop you off wherever you want to go."

He said, "Okay, I guess that makes sense. Would you mind telling me again who you are?"

I said, "My name is John, and I'm a chaplain with the police department. I work with people who are hurting and with the families of homicide or accident victims."

He said, "That's kind of cool."

It was an interesting response. He crawled over the barrier and got in the car. He realized it was my case car because he could hear the radio, but he didn't comment. I turned the radio off, and, right or wrong, I didn't say anything to dispatch at that point. I was concerned that I'd lose the trust I'd built so far if I called in that I'd found the subject and had him in my car. They would ask me where I was going to take him and I didn't want to get into that dialogue with him there.

So I just said, "Let's go to Denny's."

He said he didn't really want any coffee, he just wanted to drive around a little bit and talk. He said, "I really screwed up my life. I had a job and lost it. I'm in my twenties and I just feel like I've wasted most of my life. For a while I was on drugs, but I haven't done drugs in many years, and I've kept myself clean. But I've let my sister down. She lives in Portland and she tried to help me, but I couldn't find a job so I kind of gave up and felt like, 'why should I burden her with all my garbage?' And I just felt like I had nobody left, not even friends. I didn't feel like God could accept me for who I am anyway, so I was just gonna end it all."

I said, "I'm not going to try to tell you you shouldn't feel that way. I don't know what happened with your sister and it's not my business, but I know that at times in my life I've felt totally unworthy of God's love, or of anybody's love. You get down sometimes, things don't go well, you have bad days, and struggle and feel like, 'If this is life, I don't want to be any part of it.' We have wrong expectations, and there are good times and there are a lot of bad times. We have to decide if we want to try to make it as best we can with the people we know, and go from there, look for ways to improve ourselves.

He said, "I always thought about wanting to know God, but I didn't think God would care about anyone like me."

I said, "God talks to us through his word and we can hear his voice. We feel him in our hearts, a sense of conviction of right and wrong." He didn't understand that. I asked, "How can I help you understand that better?"

He said, "Can you teach me how to say a prayer?"

So I stopped the car and prayed and asked God to help him know that he was worth more than he thought and that God did love him. I said we were both broken individuals, struggling in life, but we can both have salvation in Christ and still struggle in life. We're going to have terrible days; days when we don't feel like our own friend, that life is what's destroying us.

He asked God to help him, forgive him of his sins and help him find a reason to live. That was his prayer. I said, "I believe God heard you, not because I'm talking to God, but because I believe what God's word says."

He asked if I'd mind taking him to his sister's house, and gave me the address. I took him to her house and knocked on the door. The sister was happy that I had brought her brother home, and thanked me over and over. I gave Tom one of the Bibles I kept in my car to hand out to police officers, and he thanked me.

I went home and never saw him again, but I never heard of anybody jumping. He might have done so in another city, but I don't think so. By the time I arrived home it was 7:00 in the morning. I thanked the Lord for allowing me to be a part of Tom's life, because I sure hadn't wanted to be. I wanted to go home. I can't take any credit for helping him; the credit solely belongs to the Spirit of God and the Lord's patience with me.

And that's often the simple way that we approach it. We depend on God for the words, because, as human beings, we don't always have the words to encourage others. But we can give them what we know, and love them the best we know how. Sometimes that's not very much, because we've never received the kind of love we wanted in life. But if we can express ourselves honestly, and people can identify with it honestly, there's nothing wrong with that.

The Woman Who Succeeded

I had another experience with a woman who wanted to kill herself, which did not turn out as well.

Some years ago a sergeant in homicide called me and said he wanted a chaplain to go to a residence with him to do a welfare check. The woman we were checking on was a supervisor at the local hospital, working in ICU. Her husband had recently left her, according to the information the sergeant had obtained, and she was living alone in an apartment. She had not been to work nor heard from by anyone for about three days, which was unusual.

We arrived at the apartment and knocked on the door, banged on the windows and rang the doorbell. When there was no answer, we found a window with a small space we could look through. She was lying on the sofa and didn't seem to be breathing. We heard a little yelp, as from a small dog, coming from somewhere. At that point the sergeant kicked the door in and we went inside. We were immediately overwhelmed by the stench of dog feces, as well as from the individual herself. Wine bottles were scattered all over the apartment and cigarette burn marks scarred the floor. I was amazed that the place had never caught fire.

The woman, who was still breathing, only weighed about 100 pounds at best. She was filthy and laying in her own feces. We called for a female police officer to come and help us with her, followed by a call for animal control to take the dog to a shelter for safe keeping. The sergeant and I waited outside while the female officer got the woman into the shower and into clean clothes. We took her to the ER for a physical exam, and for the doctors to put her on a 72-hour hold because of the fear of suicide, since she was still talking about wanting to end her life. She was mad at us for finding her, and cussed us both out for not letting her die. We had done the best we could for her and were glad we could do that.

She learned that I was a chaplain and called me at the police department a couple of days later, asking me to visit her. When I did, she told me she had lived her life as a woman of faith, and was a Christian, but had walked away from her faith when her husband left her for another woman. She had worked her whole life, put him through medical school, took care of him and their daughter, and worked full time as a nurse. Now in their 50s, she thought they were ready to wind down their lives a bit and enjoy it. When he left her for someone 20 years younger, she was devastated.

When she was released from the hospital she had to pay to have her apartment completely cleaned and re-carpeted, and she moved back in. Not long afterward we got another call from dispatch about the same woman. She had a gun to her head and just wanted to let the police know where she was. Once again the sergeant and I went to the apartment, and talked to her a bit from outside, then we got on the phone. We could see she had a large caliber revolver pointed to her temple, and it was loaded. We talked to her for about 2 ½ hours on the phone; about her faith, her family, her daughter, and that to end her life this way would be not only tragic for her, not being able to spend time with her daughter and future grandkids, but tragic for her daughter, who would have to deal with the fact of her mother dying this way.

She agreed with that and finally gave up the gun. She was not arrested so much as detained and taken back to the psychological hold at the hospital. They kept her for three days while she continued talking about suicide. Once she settled down they let her out again. We called it the revolving door: when people say the right words they just let them out. Once back home, she was still very despondent. One evening she drank a couple bottles of wine on an empty stomach, and took 30 to 40 Secobarbital pills, otherwise known as Reds. Those pills will slow your heart rate down to nothing.

She called for help and was taken to the ER. I was called and asked if I could get there quickly, because she was critical, and she wanted to talk to me. I went Code 3 in my police car, but she had just passed away a few minutes earlier. They tried everything they could but it was just too late. She had finally succeeded.

With suicide, it doesn't always end the way we want it to. If people truly want to end their life, outside of them being in complete lockdown, they will find a way. Tragically enough, she had lost so much, and given so much, and was so mentally exhausted and so chemically imbalanced from a lack of nourishment, and so thin, that her body just shut down. She felt that the only alternative to the pain of losing so much, was to end it and stop the pain. And she did.

15

Help for Those with Depression

Helping Others

Depression is complex. Obviously we don't know the mind, and we never will. But God knows the heart of the man. As He said, we only see the outside, God sees the inside. We can do our best to try to understand the person's emotional state and emotional needs; from their body language, from things they have done or said or shared with us. We need to know that there's a part of them that we will never be able to enter, a private little closet that they're holding close to their heart and their mind. Only God can get inside there.

But we can let those who are suffering from depression know that it doesn't matter that we can't get inside that place, we're still going to stand alongside, to be a friend, a resource and an ally, no matter what.

Maintaining a relationship

It's a sad fact that when someone is despondent or depressed, their own family and friends will often avoid them, when that's the last thing the sufferer needs. The avoidance comes in part from a sense of not knowing what to do, what to say or how to help. So they do nothing. The distraught person who is possibly thinking about suicide then feels abandoned by those he or she counted on, or those they thought would stick with them no matter what. If it's a spouse who is withdrawing from the sufferer, that's even more critical. That can often be the breaking point.

Some instances are especially difficult to recover from; the loss of a spouse, for instance—whether through death or divorce —or the death of a child. If no one comes along to help process that, it's a very long road to recovery—and then not a full recovery. There are some events from which one never fully recovers. But to recover enough to just be able to function takes time, and it takes people who are willing to minister through their *presence*; not words, not sermons, not Bible studies—although those can be good and there may come a time for that.

We who find ourselves in a position of trying to support sufferers of depression, have to realize that they can't think about it rationally; they can't fathom a future of peace and happiness and joy. They feel those emotions have been stolen from them, and can never be attained again, so why should they try. No one helps. No one even asks how they're doing.

In briefings with wives of soldiers coming home from war, I encourage them to try not to take the distancing of their spouse personally, to not make up reasons why their spouse might be acting the way they are. Wives have said, "He's so distant: I'm afraid he doesn't want our marriage anymore, I'm afraid he's found someone else. I don't know what I've done to make him so angry."

They're setting themselves up to fail. They will react to what they *think* could be the problem, by being angry, sullen, or pulling away, and their spouse will give up and not even try to explain what's really going on inside.

Listening

One of the more frustrating situations to deal with for those who are suffering is not being listened to. This takes the form of not paying attention in the first place, or not listening to really understand what is being said.

Since my wife, Nita, also suffers from PTSD from her time as a nurse in Vietnam, we have each learned how to give what the other needs, when they need it. For instance, when I returned from Columbine, I could not forget the one young girl whose long, blonde hair reminded me so much of my own daughter. Everyone at the scene, including the deputy sheriff and federal agents were crying. When I returned home about 2:00 a.m. I was at my breaking point. Nita said, "Talk about whatever you feel like." I said, "Just looking at those innocent children, being victims, their life being taken so senselessly, they had no recourse or options ..." and I just started crying. She just listened and held me. It helped me to get those emotions flushed out. She didn't try to offer advice, solutions or useless platitudes; she just listened and allowed me to vent.

It's been said that most people listen to reply, rather than listen to understand. Even if someone does ask "how are you doing?" they don't always listen for the answer. Instead, they often go into their own problems. Bob asks Mary, "How are you doing?" When she begins to tell about how she's feeling after her chemo treatment, Bob may reply with, "Yeah, I've been feeling a bit under the weather myself," and then go on to tell about his head cold. If Mary needs to talk about what she's going through, she needs someone who will listen fully and with compassion, even if there's nothing they can do about it.

If you're not sure whether or not the person wants to talk, just ask, "Do you want to talk about it?" If they do, just listen; don't try to offer solutions, don't say you can relate or know how they feel, just listen. Say nothing unless you're asked to.

Avoid bringing up specific incidents or "triggers" for those who have been through a trauma. Don't ask a cop to talk about the shooting he may have been involved in, or the soldier to tell you about the firefight that killed his best buddy. They'll talk about it when and if they want to.

If they say they don't want to talk, respect that and leave them alone, letting them know you're there if they need anything.

Communication

While listening is the key to understanding, how we *speak* to one another is just as important. Attitude, tone of voice or sarcasm can be detrimental, even for those who may just need some time to adjust. Often a soldier who has been away for a year or more, fighting battles, struggling with the day-to-day hardships of being in a hostile, foreign land, returns home to another type of hostile environment.

The worst thing you can do is nag a person to talk, to express their feelings. They'll do so when and if they are ready. To push or bully them into communicating will not help. They will not respond positively to questions such as, "Why are you depressed? Why are you grumpy? Why won't you talk?" and so on. That adds more pressure to come up with reasons for how they feel. No one should have to justify their feelings: Feelings are neither right nor wrong, they just are. It's important that loved ones, especially spouses and those closest to the person understand this.

Granted, the spouse left behind has been struggling as well, being both mother and father to the children, keeping the home running, paying the bills, and usually holding down a job. While the following scenario applies to both male and female soldiers, I'll share an experience recently told to me by a soldier during counseling.

He's now back home, adapting to the "new" environment and trying to do the basic chores around the house. His wife has been running everything very capably, though it hasn't been easy. She has developed her own way of doing things, her own schedule, and now he is there and (in her mind) disrupting her well-ordered routine. When he doesn't follow the procedures she has set up, or doesn't do chores or pick up after himself, she talks to him like a child, and often tries to discipline him like one as well. She becomes sarcastic and angry. He feels attacked. His self-worth plummets and he questions his value to her as a husband.

When he tries to find some peaceful time alone, to just decompress, his wife gets upset. "You need to be involved with the family," she says. "Why not wait until everyone is asleep to have your alone time?"

He blames her for the setback in the relationship. She doesn't understand why he can't just pick up where they left off before he was deployed. She doesn't understand that he's not the same person.

If spouses had several weeks of counseling to prepare for their soldier's return home, they'd have a better understanding of what to expect and how to handle it. It may not eliminate all the tension, but it can certainly diminish it, and give the spouse some tools to work with.

Many soldiers have told me that there's a perception among family, friends and even counselors, that the sufferers are just feeling sorry for themselves. This attitude keeps them from wanting to share, and can cause them to turn away, or close the door altogether.

Helping

Often a person does not want to talk about what's going on with them, but they may need someone to take helpful action; take them to an appointment, take their pet for a walk, pick up some groceries, or something that would be a true help. Even a simple act like saying, "You look tired, can I get you something to eat or drink?" would be appreciated.

It's easy for us—perhaps with the best of intentions—to breezily say, "Let me know if you need anything," but it's often very difficult for those who are ill or depressed to actually make a request or ask a favor. They don't want to feel they're being a burden. They'd rather someone just see what needs to be done and do it. It's not as difficult as it might seem.

Understand that the needs of someone with PTSD are often different than our own. For instance, they may want a light on even while sleeping. If a returned soldier suddenly wakes from a really bad dream, having a light on can quickly orient him or her to where they are. They can see that they're in their own room in their own house, with all their familiar things; they are not in a jungle or a battle, but in a safe place. Be understanding about these needs and do what you can to assist.

One of the key problems I've found in dealing with PTSD is that this country does not have enough trained professionals to offer their time to those suffering from trauma.

About 80% of the veterans I talk to and counsel are disappointed in the caring and basic people skills of the VA doctors. I've felt this myself, as I've spent many hours in VA hospitals. There are some good doctors, but the majority don't make eye contact, they don't smile, they don't have even a brief, personable conversation. Their attitude is all business: Get the exam done as quickly as possible, get this patient out of the office and on to the next.

Then they wonder why the veteran doesn't give them good information, and has no desire to share anything. Medical school should include a People Skills 101 course.

Counselors are better at the people skills, but there is still that rush to move on to the next patient. They schedule time slots of 30 to 50 minutes per patient, which is not enough time to get into the horrific details that exist within the their thoughts and fears. While reaching out for help for myself, I've talked to a handful of pastors who have listened to me with no idea what I am talking about, much less how to help. They just don't have the background, training or understanding to know what to do or how to counsel someone with these types of issues.

After 9/11, when I had spent over a year going back and forth to New York City, working side-by-side with those who were burrowing through the debris in search of remains, I was having nightmares about the atrocities. I wanted to talk to my pastor about the devastation I had seen at Ground Zero. We sat in his office, across the desk from each other, and I told him of my nightmares and what I was suffering. When I paused after several minutes, he said, "Let's pray real quick." He mumbled a short prayer, stood, shook my hand, said, "It's good to see you again," and effectively sent me on my way.

I had been dismissed. I walked out thinking, "You no good piece of crap!" Not a Christian thought, I'll admit, but I was so angry that he had not listened, not taken me seriously, not cared. I've discovered over the years that pastors are not necessarily always good counselors. A counselor needs to be someone who is trained to listen, to ask questions, to give guidance and comfort. And most importantly, someone who is trained properly will take the necessary time needed and not look for a "quick fix."

Clinics and organizations may help for the short term, when the need is most severe. Friends may reach out because it's a noble thing to do and they're getting attention for it. But when other help is gone and they're the only ones left, they have to commit to dealing with a person who is deeply depressed, and dark and silent and isolated, and they begin to think, "I'm not sure I can do this, because they're not going to get better anyway." They've made their own diagnosis, without the knowledge or education in the field to understand the scope of the situation.

One example of this lack of understanding was a comment made to me by a seminary student when I returned to classes after my mother died. I was grieving and just going through the motions, trying to catch up on school work. Seminary is very intense, and students have to stay on top of assignments or they can get behind very quickly.

A few weeks after returning to school I was still struggling with the loss of my Mom, and still in a daze, but I was not looking for pity or anyone to talk to. There was a young man from class whom I knew, though not very well. I'm sure he was well-meaning when he gave the platitude used by many Christians, but the words were more hurtful than helpful. This young man commented on how depressed I looked, then said, "You know, your mother is with the Lord now," followed by comments that I should move on with my life. In other words, "Get over it."

Of course I knew my mom was with the Lord, but that didn't stop the ache in my heart that was missing her. That didn't stop the memories of the good times, and all we had meant to each other. It was a callous and insensitive thing to say. And the way he said it caught me off guard, as if he were chastising a child.

I was much older than he was, had served in Vietnam, and had been a cop for a number of years before coming to seminary. I'd seen a lot of death and dying and what it does to people. I asked him if he had ever lost a parent or anyone close to him. He said he had not. I said, "Well, that was not a kind or compassionate thing to say, when you really don't understand what it means to lose someone."

That example has helped me to always remember my own experience and show compassion and understanding when someone is grieving. We don't know their grief. We all grieve in different ways and for different periods of time. Often we don't need to say anything; we just need to be present if they want us there. We can ask if they want to talk about anything, talk about their loved one, or we can offer to pray with them, but should not force it on them.

The worst thing we can do is be judgmental. We're all human. We all started as infants and have grown up the best we could under our particular circumstances. Yet we often set people up to fail by the way we treat them; with arrogance, selfishness, or thinking we're better than others in our society. We look down on people we perceive as being less than we are. To act as if we're better than someone else because we have more money, are better educated, or even more spiritually aware, is arrogant, self-righteous, and even self-centered. The "holier than thou" attitude can destroy those around you who thought you were a true friend, someone upon whom they could rely. But if they sense that you are judging them as being weak, or if you lecture them on what they "should" do, they lose trust in you, and any influence you may have had is lost.

God said there will always be poor; there will always be those who have less than others. But that doesn't mean they're less a person. The Lord said He died for *all* mankind, not just for the wealthy, not for the highly educated, nor for those who have done well. He is waiting for us to come to Him, willing to seek His forgiveness and to choose His direction and strength.

Anyone struggling with deep depression or despair is more sensitive and more on edge. They need to be able to trust someone unconditionally with their feelings and thoughts. They need someone who will not judge them when they have thoughts of suicide. They don't need someone to preach or lecture to them. Jesus Himself never did that. You meet them where they are. You talk to them about their own needs where they are. You don't criticize them; you have no right to do that. The only right you have, given the opportunity, is to try to reach out and help them.

In trying to help those struggling with grief, depression, or PTSD, we can be a lifeline; not as obviously as God can, but God does expect us to reach out, as he says in Ephesians 6:18: "In the same way, prayer is essential in this ongoing warfare. Pray hard and long. Pray for your brothers and sisters. Keep your eyes open. Keep each other's spirits up so that no one falls behind or drops out." He tells us to be an instrument of friendship, to reach out to a brother or sister in need and help carry their burden, however long it takes.

God is timeless; therefore we should not constrain our time limits in taking on someone who is hurting. We should not give up if they don't measure up. We should not walk away if they come to a place where *we* feel they're well and ready to go back into a normal life. We can't know, because we don't know their heart and their emotional state.

God doesn't walk away from us and we shouldn't walk away from others. But we, in our culture, are so tuned in to time, and moving on to the next thing, even when we don't know what that is, because the world is moving and we have to move with it. As Christians, we can't take on that mentality. We live *in* the world, we're not *of* the world, and we can't let the world's time constraints be placed upon us.

There is a lesson in patience to be learned from Vietnam vets. We take care of each other. We can all relate to the feeling of returning to the place we once called home to find that, except for our families, "home" no longer wanted us. So we all moved on and accepted that fact and looked for another purpose and group to fellowship with. We found each other. We are now, and will always continue to be there to lend a helping hand or ear.

This should be a lesson for everyone, to look and find the time to offer it to those who need it most; whether it be a family member, a friend, or the lonely man at the supermarket you see every week and never speak to. Everyone in today's society is in a hurry, with no time to stop and look around; no time to stop and listen to someone else's problems. There is never time for communication, even a simple "Hello," "Thank you," or "Goodbye."

Advice often given to many who suffer from PTSD is to find a hobby or do something fun. This however, is sometimes easier said than done. Most of us vets have lost that ability or even the understanding of fun, much less a hobby. It is all we can do to stand on our own two feet and take each day as it is given by the Lord. One must walk through life at his or her own pace. There is no timeline as to when the suffering should end, or if it ever will. There are no definite answers, only opinions. But know this; there is no judgment with God. He is always there and it is never too late to seek His guidance during one's darkest hour.

The key to getting down to the basics of understanding depression and suicide as best we can, is to recognize it when we're exposed to someone who is struggling, and to take it upon ourselves as God would want us to, and help carry their burden. Whether we know their problems or not is irrelevant. If we see somebody hurting we should reach out and try to make an effort to say, "I'm here for you. I'm here to help you. I don't know what the problem is, and I don't need to know unless you want share. But I'm going to stay with you and help any way I can, so you'll know I really care about you. I'm not going to just say a few words and walk away."

People have to feel that social, humanistic connection of care that's genuine, not words that are empty, not looks that are empty, not looks that are over their heads instead of into their eyes or their souls. It has to be real, because they will detect falseness very quickly, through body language, through our words, through our compassion—or lack of it. Is it real compassion or is it just a pat on the back and a, "Gee, I hope you get better; call if you need anything," as they walk away.

The importance of a social support system was considered in a study of depression and PTSD symptoms and treatments. At the beginning of the study, the patients were asked to rate their depression symptoms, such as loss of interest in hobbies and daily activity, problems concentrating, sleeping difficulties, appetite increase or decrease, sadness and suicidal thoughts, and then rate them again at the conclusion of the study. It was found that those who had a positive support system—people who encouraged patients to talk about and confront issues—had a greater and faster reduction of depression symptoms, while those who had a negative support system—receiving blame or negative feedback— showed greater spikes in depression and a harder time managing their PTSD. The value of a strong, positive support system can't be over-emphasized.

One of the most significant things I've learned from my years of interviews and research with PTSD sufferers is that, like new-born babies, they need to be loved and held. Most of the vets who have PTSD-related problems lose their family or spouse (physically or emotionally) and no one ever reaches out to touch them. They miss the critical feelings of a handshake, a hug, unconditional love, acceptance and forgiveness. The absence of touch in a person's life can cause them to slowly die inside and lose the will to live.

In addition to not feeling heard by friends and family, many soldiers I have counseled, listened to and prayed with feel ignored and abandoned by our leaders.

Most of our soldiers believe in and live by The Soldiers Creed. (See Appendix A) They are dedicated to the cause of protecting our country and our freedom, no matter what the cost. And yet they don't feel the appreciation that is due them when they return home from war injured, emotionally broken, and in need of help from the very ones who sent them to fight. They believe that the most destructive element to our military right now is the administration. Why? "They don't have our back," a soldier told me just yesterday. "They send me into a possibly life-ending battle and tell me they have my back. Really?"

The truth is, the attitude of our leaders is often, "we might have your back if it doesn't cost us points on the political stage. Maybe another ally will show up and help. If you're captured, we're sorry—unless you're a deserter, we really can't help."

This feeling of abandonment by our leaders, family and friends results in a sense of despair among soldiers and veterans. Their thoughts run to, "If they don't care about me, obviously I'm not worth anything, so why should I think I am when I know I'm not?" They begin to lie to themselves, and in order to find a solution to their problem, too many turn to a permanent solution —suicide. I don't believe—and the research has indicated this over the years—suicide is really a choice many want to make; but the mental pain is overwhelming, and hope is gone, with no life-line in sight.

The following is taken from a story that was published in a booklet titled "Leadership with a Human Touch," published in the 1980s. It exemplifies the kind of leadership and compassion our soldiers today need.

President Abraham Lincoln often visited hospitals to talk with the wounded soldiers during the Civil War. On one occasion, doctors pointed out a young soldier who was near death, and Lincoln went to his bedside. The soldier, who didn't recognize Lincoln, was able to whisper with some effort, "Would you please write a letter to my mother?"

A pen and paper were provided and the President carefully began to write down what the young man was able to say: "My dearest mother, I was badly hurt while doing my duty. I'm afraid I'm not going to recover. Don't grieve too much for me, please. Kiss Mary and John for me. May God bless you and father."

The soldier was too weak to continue, so Lincoln signed the letter for him and added, "Written for your son by Abraham Lincoln."

The young man asked to see the note and was astonished when he discovered who had written it. "Are you really the President?" he asked.

"Yes, I am," Lincoln replied quietly, and then he asked if there was anything else he could do.

"Would you please hold my hand?" the soldier asked. "It will help see me through to the end." In the hushed room, the tall, gaunt President took the boy's hand in his and spoke warm words of encouragement until death came.

This is a wonderful example of what it means to "be there" for us when the bad days become worse. Having someone's back

—someone that we as a country have asked to volunteer to give their life if need be—knowing those in leadership care about that volunteer as a person, not just a warm body who will go fight, is more important than we can possibly imagine. It's important not only to soldiers, but also to veterans and police officers. If they were treated with the kind of respect and support that Lincoln gave, I believe the number of cases of PTSD and suicide would drop. The country owes veterans that respect, not just in words, but by treating our vets as people who are hurting for the sake of God and Country; people who are dying for our flag. As my veteran friend told me, "The very ones who need us and send us to go fight will—more often than not—turn the other way when we need them the most."

Helping Ourselves

Everyone feels a sense of sadness or anger in his or her lifetime. Even David was depressed many times, as he wrote in the Psalms. There is no shame in it. Anyone can be weak at times and fall on their knees; but on our knees is the perfect place and time for one to pray.

God gave our bodies recovery methods we don't always understand. The body can teach us more about ourselves and our anxieties and fears than we realize. Sometimes it can take a person suffering with such issues months in isolation, and/or a place where they can be still and quiet within themselves. As we spend time with God away from interruptions, that's when we can hear (if we listen) God's word and Spirit helping us understand what we need to do to accept whatever is happening. But remembering it is not an easy or quick process. We can't set a time and expect that when that time comes, we will have recovered.

If we are really going to deal with our PTSD—or any problem—we must first allow ourselves to be transparent. We need to willingly be stripped bare; mentally, emotionally and physically (referring to physical health issues caused by mental anguish and trauma.) The key to any communication is transparency.

Those around us may not understand our need for isolation, and won't see the importance of it as a healing time. They may stigmatize our actions, or fail to support our need for alone time. We can't take that kind of rejection as our fault or feel guilt over it. But we may have to let go of those individuals, their rejection or their critical spirit, if they are not supportive and understanding.

I know from my own experience with years of depression, PTSD, and pain, which continues even today as I deal with serious health issues, that I have to take the steps to follow the health and spiritual paths that will help me recover.

I try to spend my fair share of time with the Lord on a daily basis. I find it helps me deal with the dark cloud that still, after all this time, seems to follow me around. I reach out primarily to those who understand what I have been through—veterans or cops—who have seen death and trauma as I have. If I can't fully recover, I need to learn to live with the problems in a productive way for myself and my family. I realize too that I need to reset my priorities. It helps me to think about what I *have* to do as opposed to what I *want* to do.

It's okay for sufferers to accept the fact of our condition and allow ourselves the time needed—however long it takes—to recover to life the best we can. But it must be done in a way in which we don't miss the lessons and tools that will follow us—with a positive impact—through our lives.

Spiritual Help

Even as a Christian who should know better, there were times when I felt that God was tired of my constant prayers. But I know that is never true. God is always with us. God is always willing to listen to anyone suffering, even when no one else will. Without the help of God, where can one go? For many, the only alternative they see is alcohol or drugs. From there they may end up on the streets, in prison, or the final alternative: suicide. Some try to stay so busy that they burn themselves out trying not to think about such horrors.

Christians have the same struggle as anyone else living with PTSD. For someone to say, "Christians should be able to get over it," shows a lack of sensitivity or knowledge about PTSD. A Christian suffering from PTSD does have spiritual support, but the effects and the symptoms are still there and just as real.

However, I have often received that support from Christ and His word. For example, 2 Timothy 2:3 says: "Jesus is looking for those who are willing to take their share of suffering. They are the best soldiers for His kingdom."

We have to remember that Jesus saved us through what He suffered, not through what He did in the way of public ministry. Suffering achieves far more than all our activities, which can easily become self-gratifying. When we accept suffering in our life, great things will be accomplished for His kingdom, and in eternity we will reap a rich harvest.

I was reminded of these words recently from a good friend who ministers to me as my Sister in Christ. Her name is Sister Daniela, of the Lutheran Order of Nuns. She serves the Lord every day, seven days a week, ministering to our military in uniform. These words she wrote me, as I requested she pray for me for some relief of depression and the suffering of not being able to do my normal ministry. Her words helped me in many ways. It goes to show that it can be beneficial to ask for help from our friends.

"I know Jesus understands all of us, military or civilian, who suffer from PTSD and the constant, unexplained anxiety. When I have tried to seek counsel from church leaders, most are unprepared to counsel in this area of need and acceptance. One of my favorite verses to daily live by is John 14:27: 'Peace I leave with you, my peace I give unto you: not as the world giveth, give I unto you. Let not your heart be troubled, neither let it be afraid.'"

I have spent days alone praying silently and out-loud, asking God to give me the patience and His strength to get through this day, even as the pain and depression over-shadowed the entire day to the point where I could not do anything else, even have a normal conversation, much less with laughter.

A key verse for me is when the Lord said in Jeremiah 29:13, "If you want to hear *Me* and know *Me* ..., we (I) have to seek Him with my whole heart, mind and spirit."

This means not in 5- or 10-minute bursts with God, but to make it a lifetime goal and to practice daily with our thoughts and actions. Does it hurt? *Yes.* Does it get better? *Sometimes, and sometimes not.* But He still promised me He will never leave me or forsake me (or you) even when everyone else does—and at times they will.

As David wrote in Psalms 23, God said He will walk with us "through the valley of the shadow of death." And as we know, shadows can't hurt us. In addition, He Himself is our bodyguard and He carries the complete power over death. Nothing or no one can destroy the soul except ourselves, if we do not allow Him to be our Lord and Savior and Bodyguard.

16

The Role of a Chaplain

The role of a chaplain should be that of a friend and a comforter. Yes a chaplain can and should pray with those experiencing trauma when—and *only* when—that person wants it. I've served as a chaplain for over 30 years, with police departments and the military, and I've seen some chaplains who insist on praying with a family who has lost a loved one, or are determined to witness to someone experiencing trauma. Sometimes their efforts are accepted and appreciated. Other times they are resented, and the recipient feels uncomfortable.

I think many times we as Christians often assume that—because we're pastors, chaplains, or men and women of faith—we should be automatically accepted as the one to pray and begin to talk about spiritual issues. But it's really up to the person who has been affected by loss or trauma to allow us the privilege to be a part of their lives and to be there with them. It's up to them to share their needs with us when the time comes, if it comes. We shouldn't be in any way controlling of their space or their thoughts or their pain, because we have no idea what they're going through.

We need to back off a little bit and stop trying to do the work of the holy spirit of God and allow him to work through us, rather than us working through ourselves. Because, as I've found, if we try to take control, it's probably not going to go well. We just need to be supportive, be a friend and say nothing until the time is right. And we'll know when that time is if we listen to the spirit of God. In the meantime, just hold their hand if they want to, sit and have coffee with them, or listen to them. Offer only what they are open to hearing, without lecturing, without preaching, without judging. We want to be very careful with our words, and make no promises that we know we can't keep.

The concept of chaplains is simple. Mother Teresa was simple. She was profound in her faith; she knew who her master and king and commander of chief was and is. She didn't make any bones about that, nor did she apologize for it. But she did not walk over people in the name of Christ, as if she was better or knew better. She did not threaten those she worked with, that if they didn't listen to her they wouldn't receive any kind of help. That's not going to work with anyone and if you try it you're just going to push people away.

Trauma opens a door for a lifeline. People who are severely traumatized are so broken and raw, internally, emotionally and mentally, that they don't know what to do. They're not only in shock, but they're trying to obtain some kind of security blanket, some reassurance that they're going to be okay. And our job as chaplains, our ministry to them, is to help them find a secure atmosphere where they can feel guarded; where they can believe they're okay, that they're not losing their mind, that though they've been through a very traumatic incident, we're all going to work together to help them through it. That's what builds credibility and trust, so they will talk to those they need to share with. Because they do need to share. They need to talk about it so the trauma doesn't fester and become worse than it was at the time of the original event.

If we shut them down at the beginning, with lecturing, limitations, or boundaries—"you do it this way; my way"—we won't be helping. They'll turn off completely, and their bitterness will increase until they turn away from any kind of spiritual help, possibly turning to alcohol, drugs, or some other escape. If there's no one they can turn to and trust, their life could become disastrous, and suicide may seem like their only way out. And that's something we do not want to see happen.

Epilogue

Moving Forward

As I mentioned before, I can write about these topics, not just because I've studied and researched them, though I have done so for years, but because I have lived it all; abuse, depression, PTSD, and constant struggles with both mental and physical pain.

The fact that I'm a Christian and a chaplain does not mean I won't have health issues, depression, despair, and many hard days ahead until I leave this earth. The fog over my head of Vietnam, and the wounds I sustained there will be with me until the end. God never said they will stop. But He will lift me up and give me peace.

Now, at 69 years old, I have Parkinson's, scoliosis, and prostate problems, all related to war and possible exposure to Agent Orange. The Parkinson's causes internal shakes and severe exhaustion, which in turn causes depression.

I'm often angry about this, but I am not bitter and I have not lost my faith. God has a reason for this to be happening now and for the Parkinson's to be progressing as quickly as it is. Because I'm human, I sometimes feel numb, unsettled, and fearful. This is normal human behavior. But the Bible tells us that Jesus will carry us, and I can live day-by-day with His support. I just need to let go and do what I can do and let Jesus carry me when I feel I can't do any more.

I believe most of our society does not believe or accept the long-lasting health issues of veterans. Many think the symptoms and illnesses should have disappeared long ago. But we live with them 24/7. War changes people. They will not be the same as they once were.

I will live with the aftermath of Vietnam until I die. I have no choice in that. But I do have a choice in how to handle it: I can trust the Lord or not. And that is the problem for those who don't want to let Him carry their burden. Most can't carry the baggage of war, death, fear, nightmares and disease without the Lord's help.

2 Timothy 2:3 says, "Join with me in suffering, like a good soldier of Christ Jesus."

When we join forces with the Lord, He is there to watch our back, and help carry our rucksack, so to speak. He can allay our fears.

My purpose in writing this book is to offer hope. Yes, life is hard. Yes, these illnesses and emotional problems are difficult to overcome, or to live with if they can't be overcome. But with faith, we can get through them, if we are willing to accept His help. John 14:27 says, "Peace I leave with you; my peace I give you. I do not give to you as the world gives. Do not let your hearts be troubled and do not be afraid."

And Hebrews 13 tells us: "5-Never will I leave you; never will I forsake you." "8-Jesus Christ is the same yesterday and today and forever."

Whether your role in life is that of a soldier or veteran, a police officer, a counselor or religious leader; whether you have suffered with depression or PTSD, have family members who are living with it, or you are in a position to work with those who suffer, I hope this book has brought you some insight, knowledge, and mostly, peace and hope.

Life, unfortunately, does not come with a rewind button. We can't undo anything that has happened to us, or change the past in any way. All we can do is move forward the best we can, and realize that we can't do it alone. We can reach out to others for help, and we can reach out to God for His support and His promise to see us through the dark times. We can wear the Armor of God, as Ephesians 6 tells us. "10-Finally, be strong in the Lord and in His mighty power. 11-Put on the full armor of God, so that you can take your stand against the devil's schemes."

When the day is done, those who have put on the "shield of faith" the "helmet of salvation and the sword of the Spirit" (Ephesians 6:16-17) will be better prepared to face the end.

Like most Christians, the closer I come to the end of my days, the harder it will probably be to accept, because the flesh gets in the way, and we don't want to give up the life we know. But as we continue to grow in His grace and salvation, we realize that death is not something to fear.

I love the story of Corrie Ten Boom, a Dutch Christian whose family helped many Jews escape the Nazi holocaust during WWII. In her book, The Hiding Place, she tells of asking her father what it was like to die and go to heaven. Her father told young Corrie, "It's like when we go to your grandmother's house for dinner and you go to sleep in my arms as we walk back to the train. Then you wake up and it's morning and you're in your own bed and you ask how you got there. Well, I carried you on the train and off the train and into our house and put you in your own bed."

Going to heaven will be like that. We will fall asleep, and will be carried in Jesus' arms to wake up in our real home.

When that day comes for me, the words from 2 Timothy 4:7-8 will be on my mind.

"7-I have fought the good fight. I have finished the race. I have kept the faith. 8-Now there is in store for me the crown of righteousness, which the Lord, the righteous Judge, will award to me on that day—and not only to me, but also to all who have longed for his appearing."

Appendix A

DOs and DON'Ts of HELPING

DO ask if they want to talk about it.
DO respect their desire to be alone
DO listen without offering advice
DO let them cry
DO offer to get them something to eat or drink
DO touch them if they're receptive, a hug, pat on the shoulder, etc.
DO communicate without adding stress or adding to their burden
DO understand if they have unusual needs; wanting a light on,
        need to be alone, need to cry, etc.

DON'T say you know how they feel
DON'T distance yourself from the sufferer.
DON'T think you can "fix" them
DON'T offer solutions or unsolicited advice
DON'T ask "Why" (are you like this, won't you talk, are you
        grumpy, depressed, etc.)
DON'T try to force them to talk about the war, shooting, whatever
        their trauma was.
DON'T blame them for what they're going through
DON'T try to sound as if you have all the solutions, or know
        exactly what's going on
DON'T just tell someone to "Pray about it." That doesn't make the
        problem go away
DON'T say "Get over it," "You're feeling sorry for yourself," "It's
        been three months," or anything to indicate that they have
        control over what's happening with them.

Appendix B

Soldier's Creed

I am an American soldier.
I am a warrior and a member of a team.
I serve the people of the United States, and live the Army values.
I will always place the mission first.
I will never accept defeat.
I will never quit.
I will never leave a fallen comrade.
I am disciplined, physically and mentally tough, trained and
proficient in my warrior tasks and drills.
I always maintain my arms, my equipment and myself.
I am an expert and I am a professional.
I stand ready to deploy, engage, and destroy, the enemies of the
United States of America in close combat.
I am a guardian of freedom and the American way of life.
I am an American soldier.

Appendix C

A CHRISTIAN SOLDIER

The following is the testimony of a Christian Soldier. The author wishes to remain anonymous, but offers a true testimony of an Infantry Soldier for Christ, one who will stand firm in battle daily, for what is right.

I am a soldier in the Army of my God. The Lord Jesus Christ is my Commanding Officer. The Holy Bible is my Code of Conduct.

Faith, Prayer, and the Word are my weapons of Warfare.

I have been taught by the Holy Spirit, trained by experience. Tried by adversity, and tested by fire.

I am a volunteer in this Army, and I am enlisted for Eternity.

I will either retire in this Army or die in this Army; but, I will not sell out, be talked out, or pushed out.

I am faithful, reliable, capable, and dependable. If my God needs me, I am there.

I am a Soldier, I am not a baby. I do not need to be pampered, petted, primed up, pumped up, picked up, or pepped up. I am a soldier. No one has to call me, remind me, write me, visit me, entice me, or lure me.

I am a Soldier. I am not a wimp. I am in place, saluting my King, obeying His orders, praising His Name, and building His Kingdom!

No one has to send me flowers, gifts, food, cards, candy, or give me handouts. I do not need to be cuddled, cradled, cared for, or catered to. I am committed. I cannot have my feelings hurt bad enough to turn me around.

I cannot be discouraged enough to turn me aside. I cannot lose enough to cause me to quit.

When Jesus called me into this Army, I had nothing. If I end up with nothing, I will still come out even. I will win.

My God will supply all my needs. I am more than a conqueror. I will always triumph. I can do all things through Christ.

Devils cannot defeat me. People cannot disillusion me. Weather cannot weary me. Sickness cannot stop me. Battles cannot beat me. Money cannot buy me. Governments cannot silence me, and Hell cannot handle me! I am a Soldier. Even death cannot destroy me.

For when my Commander calls me from this battlefield, He will promote me to a captain. I am Soldier in this (HIS) Army, marching, claiming victory.

I will not give up. I will not turn around. I am a Soldier marching Heaven Bound. Here I Stand!

John South was raised near Detroit Michigan, and went to Vietnam in 1966, where he suffered severe injuries to his arm and shoulder. After spending 3 ½ months in a hospital in Japan, he returned to Vietnam to complete his tour of duty.

Upon returning to the U.S. he served as a police officer in California and Oregon for 13 years. When the war injury brought up renewed physical issues, he gave up the career he loved and became a chaplain, serving with the U.S. Army. He was later transferred to Phoenix, where he served as a Chaplain with the Army Reserve in the 164th Support Group, the ATF, and full-time with Phoenix PD. He was deployed as part of Iraqi Freedom from 2002 until the end of 2006.

John is married, has six children, seven grandchildren, and lives with his wife and their Golden Retriever in Phoenix, Arizona.

Made in the USA
San Bernardino, CA
23 June 2018